G. Treffer
Israels Identitätskrise

Gerd Treffer

Israels Identitätskrise

Israel zwischen Judaismus, Zionismus und Israelismus

Gerd K. Treffer

tuduv Buch

ISBN 3 88073 012 1

8000 München 2, Gabelsbergerstr. 15, Tel. 089 / 280 90 95
Gesamtherstellung: Fotodruck Frank oHG, 8000 München 2

Mein Dank gilt allen, die beigetragen haben, dieses Buch entstehen zu lassen, für seine Unterstützung Herrn Professor Dr. N. Lobkowicz, für seine Betreuung und Hilfe Herrn Dr. Peter J. Opitz. Er gilt in gleichem Maße Fräulein Sylvia Zapf für ihre Hilfe bei der technischen Ausführung.

Mein besonderer Dank gilt meinen Eltern für die Schaffung der Voraussetzung und Möglichkeit der Abfassung wie meiner Frau für ihre geduldige Unterstützung.

INHALTSVERZEICHNIS

EINLEITUNG

Der Anspruch eines „auserwählten Volkes“ als jüdisches Attribut ist für die einen Zielscheibe des Angriffes, für die anderen eschatologische Offenbarung. Hier sei er zunächst einmal betrachtet als die Umschreibung einer Identität, die dem jüdischen Volk gegeben war und die das jüdische Volk auf sich nahm: eine Identität, die ihre innere Wirkung tat, als Zusammenhalt einer elitären, „auserwählten“ Gruppe, die ihre äußere Funktion der Abgrenzung gegenüber Dritten erfüllte. Wer von der Eigenschaft der „Auserwählten“ spricht, muß diese Fragen nachschieben: auserwählt von wem, wozu und wodurch? Und weiter, will man dem Rahmen dieser Arbeit folgen: welche Konsequenzen hatte diese Auserwähltheit für das politische und soziale Verhalten? Will man eine direkte Linie von den antiken jüdischen Stämmen zum heutigen Judentum, eine fortlaufende jüdische Kontinuität annehmen, so hat sich das jüdische Volk über einen vergleichsweise sehr langen zeitlichen Raum erhalten[1].

Es drängt sich die Frage auf, ob dieses Überdauern nicht zusammenhängt, mitgetragen wurde von diesem Bewußtsein der Auserwähltheit.

Es wird in dieser Arbeit die Frage gestellt werden, ob der Mythos der Auserwählung noch existent ist und die durch ihn mitgeschaffene Identität sich bis in den Staat Israel hineinziehen konnte.

Erwählt wurden die antiken jüdischen Stämme von Gott in einem feierlichen Verheißungsakt zu einem Bund mit Gott (der Berith) mit der Verpflichtung, die von ihm gesetzte Heilsordnung zu achten[2].

Die bis dahin recht uneinheitlichen Stämme wurden geeint, religiös, aber auch sozial und im weitesten Sinne politisch in einem Akt, „kraft welchem sich alle Stämme dieses Gottes halber untereinander verbündeten“[3].

Die antiken jüdischen Stämme wurden zu einer nationalen Einheit verschmolzen (Josua 24). Es war dies eine politische Einigung unter einer Identität, die in den sozialen Regeln für das Zusammenleben ihren Ausdruck fand. Auf dem Bund mit Gott beruht die Einsicht der jungen Gemeinschaft, ihrer Einheit und ihrer Solidarität, „auf der Autorität des göttlichen Bundeswillen beruht die verpflichtende Kraft, die den Anliegen des Volksganzen gegenüber seinen einzelnen Gliedern innewohnt"[4]. Daß dies einen inneren Zusammenhalt konstituierte, ist einsichtig[5].

In dem Moment, in dem der Anspruch der eigenen Auserwähltheit weitgehend aufgegeben wird und damit auch die strikte Beachtung der damit verbundenen Gesetze und sozialen Regeln fällt, bietet sich der Schluß geradezu an, daß diese Identität abgelegt wird, verloren geht oder durch eine neue ersetzt wird. Eine Abkehr von den althergebrachten Regeln vollzogen die Zionisten. Ihr Bestreben, zu sein wie andere Völker, einen Staat neben anderen Staaten zu etablieren, ist eine deutliche Absage an die Auserwähltheit! (Denn Auserwähltheit basierte entscheidend mit auf Andersartigkeit, die ein „Gleichsein", ein „Nebeneinander" nicht zulassen durfte. Daraus auch erklärt sich die noch zu behandelnde Feindseligkeit der Orthodoxie gegenüber den ersten Zionisten.)

Hauptangriff der Orthodoxen gegen die Zionisten aber war deren politische Aktivität als solche, die sich in Gegensatz zu der traditionellen jüdischen Passivität setzte.

Nimmt man also die abwartende Haltung als Charakteristikum des Jüdischen, so lassen sich dagegen Argumente ins Feld führen aus der antiken jüdischen Geschichte: man kann anführen, daß das biblische Judentum sich sehr aktiv politisch gebärdete, daß sich also die Wechselwirkung von Endzeiterwartung und Politikfeindlichkeit, ja Staatsfeindlichkeit nicht so ohne weiteres ergebe, zumal man ja unter Saul auf die Errichtung einer Monarchie verweisen kann.

Es muß deshalb an dieser Stelle ein kurzer Exkurs in die biblische Geschichte der jüdischen Stämme erfolgen[6]:

Sauls Königtum entsprang der Notwendigkeit, mit einem obersten Feldherren eine wirkungsvolle Exekutive zu schaffen. Vor Saul war äußeren Gefahren begegnet worden durch Richter, die ähnlich etwa den römischen Diktatoren mit zeitlich und aufgabenmäßig begrenzter Macht versehen wurden. Als nun zu Sauls Zeit die philistische Bedrohung latent und allgegenwärtig wurde, lag es nahe, eine ständige Exekutive mit der Abwehr und der Wache über diese Gefahr zu betrauen. So entstammt die israelitische Monarchie pragmatischen Erwägungen, „nicht mythischer Grundlage"[7].

Darüber darf nicht vergessen werden, daß es eine starke antimonarchische Opposition gab, die das Königtum als „historischen Fehler" betrachtete. Diese Opposition kam aus den Reihen der – will man den modernen term gebrauchen – Religionsphilosophen. Für die Ausprägung einer religiös motivierten Antipathie gegen politische Aktivitäten finden sich die geistigen Wurzeln in der Epoche des babylonischen Exils und der nachexilischen Periode.

Man fragt nun im Retrospekt nach den Ursachen für das Scheitern des Staates und die damit verbundenen menschlichen und nationalen Katastrophen: man fand sie begründet im Fehlverhalten, im Abfall der Könige. „. . . jeder einzelne König steht nun gleichsam vor einem geistlichen Gerichtshof, der darüber befindet, ob der Regent JHWH's Weisungen erfüllt habe oder nicht. Das Urteil ist meist negativ und stets im Blick auf die Gegenwart, nicht aber unter Berücksichtigung der zeit- und religionsgeschichtlichen Verhältnisse des jeweiligen Herrschers"[8]. Hosea gar geißelt die Monarchie als solche als Revolte gegen Gott: „Wohlan, ich gab Dir einen König in meinem Zorn", heißt es dort und: „Israel, Du bringst Dich in Unglück; denn Dein Heil steht allein bei mir"[9].

In die Periode des Exils fällt auch das Wirken einer Reihe von Propheten, die eine geistige Restauration des jüdischen Volkes initiieren. Damit einher ging der Beginn des jüdischen Universalismus, der vom Propheten Deuterojesaija dem Volk dargelegt wurde: Gott ist nicht an ein Land gebunden, auch im Exil ist seine Anbetung Gebot[10].

Es setzt hier im Exil eine Katharsis ein, die das Volk auch nach dem staatlichen Zusammenbruch, auch nach der staatlichen Desintegration, nach der Verschleppung ins Exil vor dem Untergang bewahrt. Die Weissagungen der Propheten werden das Fundament des gemeinsamen Lebens. Die Propheten aber orientieren sich an der Zukunft, an der Eschatologie, ausgerichtet am Bewußtsein der Auserwähltheit, der Gewißheit der Überlegenheit, die der politischen Macht entbehren kann[11]. Im babylonischen Exil entstand so, umgeben von einer feindlichen Mehrheit, beim jüdischen Volk die Ghettomentalität späterer Jahrhunderte voraus. Voraus auch wurden gefunden die Methoden, in dieser Situation die eigene Identität zu wahren und zu erhalten: der gemeinsame Glaube, die gemeinsame Hoffnung auf die Endzeit wurde einigender Besitz, zusammenhaltendes Band. Die Weissagungen Daniels interpretieren den Untergang des irdischen Reiches als einen in die Zukunft weisenden Hinweis auf das Reich, das nicht vergeht, auf das Reich, dessen „Macht ewig sein" soll und dessen „Reich niemals zerstört werden" kann (Dan 7, 2 - 18).

„And the history of Israel as the people under God is consummated in the vision of the unknown genius for as the representative sufferer Israel has gone beyond itself and become the light of salvation to mankind"[12].

In Daniels Treue gegenüber seinem Glauben und dessen Geboten, in seinem – und seiner drei Freunde – Festhalten, in seiner apokalyptischen Vision der Erlösung liegt der Ursprung jüdischer Hoffnung auf die Endzeit, die die gesamte jüdische Religionsphilosophie durchzieht. Nicht politische Macht ist von Bedeutung – Daniel selbst hat ja die ihm angebotene Statthalterschaft über Babylonien zurückgewiesen – sondern die Vorbereitung auf das Kommen des Erlösers. Nicht die weltliche Macht ist anzustreben – ihre Vergänglichkeit zeigt sich in der Vorhersage des Niedergangs vieler Reiche, die vor dem Kommen des Messias vergehen werden.

So wird die Geschichte entpolitisiert und fortan unter theologischen Vorzeichen gesehen, aus der politischen Gemeinde wird die religiöse Gemeinschaft (Neh 12, 27 - 47), aus „der staatlichen Monarchie ein 'Königtum von Priestern und ein heiliges Volk' (Ex 19, 6)"[13], eine Theokratie, die bis zur Hashmonäerzeit Bestand hatte. An ihren Strukturen vermochten auch die wechselnden Herrschaften persischer, makedonischer und ptolemäischer Provenienz nichts zu ändern. Erst der Versuch, das jüdische Volk zu hellenisieren, der an die Wurzeln der geistigen Existenz gegangen wäre, führte zu politischem Engagement, zu einem Aufstand, der von verschiedenen Gruppen – voran den Hashmonäern – getragen wurde. Er erbrachte eine gewisse Autonomie, aber keine nationale Wiedergeburt (über ein wackliges Fürstentum hinaus).

Bezeichnend ist, daß die Chassidim, die Frommen, aus der gemeinsamen Kampffront ausbrachen, als die Freiheit der Religion gesichert schien; ein darüber hinausgehendes Interesse an diesem Aufstand fehlte ihnen. „Zu einem echten jüdischen Leben gehörte nach Meinung dieser Gelehrten das Studium, die Auslegung, Anwendung und Entwicklung der heiligen Schrift, aber keine kriegerisch-politische Aktivität"[14].

Mit den von Flavius Josephus detailliert beschriebenen Kämpfen zwischen Juden und Römern wurde ein endgültiger Schlußstrich gezogen unter jüdische Politaktivität[15]. Zu allen Zeiten hatte es jüdischen Widerstand gegen den Staat, den jüdischen Staat gegeben[16]. Doch hatte dies die Fundamente gelegt für ein Überleben nach der Zerstörung des Tempels.

„Nun galt es ohne staatlichen und kultischen Mittelpunkt die geistige Zukunft des Judentums zu sichern und an eine Neuordnung des geistigen Lebens zu gehen."[17]

Die Methode war bereits in den Erfahrungen des babylonischen Exils angelegt. Ihr Schlüsselbegriff war die Auserwähltheit.

Diese Auserwähltheit bedeutet nun, erst dann an die Formung eines eigenen Staates zu denken, wenn dieser der Staat Gottes sein würde. Auserwähltheit bedeutet aber auch – praktisch viel relevanter – die Reinhaltung dieses Anspruches auf Auserwähltheit.

Zur schärfsten Waffe der Gemeinde wurde es, diejenigen, die die Auserwähltheit, die strenge Beachtung der göttlichen Gebote mißachteten, religiös wie sozial, aus der Gemeinschaft zu exkommunizieren[18].

Aus dieser Auserwähltheit scherten aus, wie schon oben angedeutet, die Zionisten, aber auch die Assimilanten an die jeweiligen Gastgesellschaften nach der Aufklärung. Aus der Perspektive der Orthodoxen bedeuten zwei an sich so grundverschiedene Haltungen wie Assimilation und Zionismus ein und dasselbe: Verrat an den Ideen des eigenen Volkes.

Staatsgründung bedeutet Assimilation an die internationale Umwelt durch die Errichtung eines Staates unter vielen[19], wie individuelle Assimilation Anpassung an die nationale Umwelt bedeutet. Beides aber ist Aufgabe des Anspruches auf Andersartigkeit, auf Auserwähltheit.

So besteht hier zwischen Zionisten und Orthodoxen ein Bruch: eine chiliastische Elite, die fast ausschließlich endzeitbezogen orientiert war, auf der einen Seite, kein geistiges endbezogenes Interesse auf der anderen. Hier eine Gruppe ohne Machtambitionen, dort eine Gruppe mit politischem, später gewaltorientiertem Ziel mit dem Hauptaugenmerk auf der staatlichen Behauptung[20].

ZU DIESER ARBEIT

Will man den Grundtenor dieser Arbeit vorausstellen, so soll dargelegt werden, daß in Israel wohl nicht so absolut der „Judenstaat" gesehen werden kann, wie dies oft geschieht. Es wird im Folgenden versucht werden, die einzelnen Teilidentitäten, die in Israel relevant sind, in ihre historischen Bezüge zu setzen und ihren Stellenwert im heutigen Bewußtsein der israelischen Nation festzuhalten. Dabei läßt sich der Weg verfolgen von der Identät des „Auserwählten Volkes" hin zum Staat Israel, in dem eine verbindliche Identität fehlt. Es wird dann vom Kulturkampf zu sprechen sein, der aus der Gegnerschaft verschiedener Teilidentitäten, in besonderem Maße aus dem Antagonismus von Orthodoxie und Säkularismus entsteht.

Dies führt zu der elementaren Frage, die der Arbeit zugrunde liegt; der nach den Grundmustern des israelischen Selbstverständnisses und seiner Abgrenzung gegenüber dem Selbstverständnis marginaler israelischer Gruppen. Bei der gesamten Arbeit besteht eine Gefahr, auf die eingangs hingewiesen werden muß. Es ist dies die Neigung, Zustände in Israel in gewohnte politische Kategorien einzuordnen, was aber dort fehlschlagen muß: so darf bei dem gesamten Fragenkomplex nicht übersehen werden, „daß Judentum als Religion in engerer und ausschließlicherer Beziehung zum jüdischen Volk steht als etwa die christliche Kirche zur westlichen Zivilisation"[21]. Der westliche Mensch des zwanzigsten Jahrhunderts verbindet mit Religion absolute Werte, denen eine Universalität anhaftet, die über Rasse und Nation hinausgeht. Diese Universalität ist Element des Religionsbegriffes. Elemente wie Folklore, nationale Sprache und andere Charakteristika der Kultur eines Volkes können wohl zu ihm beitragen, sind aber nicht integraler Bestandteil[22]. So unterscheidet sich denn der Religionsbegriff des Jüdischen wesentlich von den hier geläufigen Kategorien. Es drängt sich die Frage auf, wie denn Judentum überhaupt in einer Definition gefaßt werden kann.

Einer der bedeutendsten israelischen Gelehrten, Gershon Scholem, sagte einmal, es gäbe keine definitive Antwort auf die Frage, was Judaismus sei. Dies sei ein komplexer Fragenkreis, der in permanenter Entwicklung, in ständigem Wechsel stehe[23].

Es gehört zu den Grundschwierigkeiten jeder Arbeit, die das Judentum zum Gegenstand hat, also auch zu denen dieser Arbeit, eine praktikable Definition des Begriffes Judentum zu finden. Mit diesem Problem schlagen sich auch Walther Dirks und Eleonore Sterlin in einem Aufsatz mit dem Thema „Glaube, Volk oder Rasse“[24] herum. Sie bezeichnen als Hauptschwierigkeit das Fehlen einer Instanz, die Mittelpunkt und Grenzlinien des Judentums verbindlich festlegen könnte[25]. In der vorliegenden Arbeit neigt der Verfasser dazu, weniger die religionswissenschaftlichen und religionssoziologischen, als vielmehr die geschichtswissenschaftlichen und psychologischen Kriterien an den Judaismus anzulegen und ihn daran zu messen und mit dem Israelismus zu vergleichen. Als arbeitstechnisches Kennzeichen des Judentums soll dabei sein Minoritätencharakter verwendet werden. Den Minoritätenstatus der Diaspora als sozialtypisches Kennzeichen des Judentums zu verwenden, berechtigen auch die Ergebnisse der Studie von Rudy Zvi[26] auf soziologischer Basis. Er sieht die Diaspora nicht nur als typisch, sondern schlechthin als entscheidend für die jüdische Gesellschaft an[27]. Diese Charakterisierung durch den Minderheitenstatus umfaßt auch die jüdischen Gemeinden in Afrika und Asien, sie vermeidet es also, das Judentum allein in den meist verwendeten Kriterien des osteuropäischen Judentums zu fassen. Man wird bei dieser Reduzierung auf das typisch Jüdische sicher einige Verzerrungen in Kauf nehmen müssen. So muß deutlich gemacht werden, daß dadurch einige Gruppen, die sich selbst vielleicht in ihrem Selbstverständnis noch als Juden bezeichnen würden, entfallen, wie zum Beispiel die assimilierten Juden[28].

Anhand dieses Kriteriums für das Judentum läßt sich die Abgrenzung gegenüber Israel leicht verdeutlichen. Dieser Arbeitsbegriff hat weiter den Vorteil, sowohl religiöse als auch soziale Aspekte zu umfassen und nicht so bereits von vornherein einen der beiden relevanten Bestandteile des Judentums auszuschließen. Hier wird das Judentum also im weitesten Sinne als eine Traditionsgemeinschaft aufgefaßt, die – zu nicht unbedingt gleichen Zeitpunkten – unter ähnlichen sozialen und privaten Benachteiligungen und Verfolgungen in nahezu allen Diasporaländern zu leiden hatte.

Sicher muß man im Rahmen der freien Stellungnahme zum Judentum, die jeder für sich zu treffen hat, manchem die Möglichkeit zugestehen, in der in Israel gepflegten Art des Lebens einen jüdischen Lebensstil zu sehen. Doch kommen die Vertreter dieser Meinung in verschiedene Erklärungsschwierigkeiten, wenn sie manche spezielle Ausprägung israelischer Mentalität erklären sollen. Oft meistern sie diese Schwierigkeit, indem sie einen Wandel der jüdischen Mentalität in Israel konzidieren. Man wird hier die Frage, ob dies nicht allein ein „Etikettenschwindel“ sei, seinem eigenen Judentumsbegriff zur Prüfung überstellen müssen. Um diese Frage noch genauer betrachten zu können, wird im Folgenden noch die Abgrenzung gezogen zwischen Judaismus und Zionismus und weiter zwischen Zionismus und Judaismus.

Es wird kaum bezweifelt werden, daß alle drei Haltungen in Israel angetroffen werden können. Als ihr bedeutsamstes kenntliches Abgrenzungsmerkmal wird die jüdische Gewaltlosigkeit gegen die israelische Gewalthinwendung dienen. Anmerkungen zur jüdischen Gewaltlosigkeit werden sich finden im Abschnitt über den Judaismus, die israelische Gewalt wird dargestellt werden in den Lebensläufen dreier bedeutender Israelis und in einem theoretischen Teil zur Gewalt.

Fragt man nach dem Erkenntnisinteresse dieser Arbeit, so wird man nicht auf Bartikwa zurückgehen dürfen[29] und das Ziel darin sehen, einen Unterschied konstruieren zu wollen zwischen „unangenehmen Juden“ und den in manchen Punkten sich unterscheidenden Israelis, um (aus teilweise emotionalen Gründen) beide besser gegeneinander stellen zu können. Andererseits erscheint es unangebracht, in allen Dingen israelischer Existenz von der „Analogielosigkeit dieses Phänomens“[30] zu sprechen und daher Schlagworte unkritisch und unüberprüft in die eigene Perzeption der Dinge mit einzubeziehen. Eines dieser Schlagworte ist eben der Ausdruck „Judenstaat“ oder „jüdischer Staat“, der in der Presse, aber auch von mehr oder minder amtlichen Stellen überlegungslos kolportiert wird.

Daß die aus diesem jüdischen Charakter und dessen Gegnern resultierenden Probleme nicht reflektiert werden, daß soziale Konsequenzen, die dies zeitigt, aus der Diskussion fallen, wird kaum beachtet. Diese Arbeit soll mit beitragen, bei der Verwendung dieser Vokabeln etwas mehr Transparenz zu gewinnen.

Nicht Ziel der Arbeit ist dagegen die Trennung von Jude und Israeli mit der Absicht, Israel die Legitimität seiner Existenz zu bestreiten (die für den Autor außer Frage steht), die für einige mit der jüdisch-israelischen Kontinuität steht und fällt. Es soll auch den Israelis nicht bestritten werden, daß sie durchaus jüdischen Bekenntnisses sein mögen. Vielmehr soll der interessante Fall beschrieben und untersucht werden, in dem ein Volk aus dem Minderheitenstatus überwechselt und in der Folge dessen seine Verhaltensmuster ändert, dies bis zu einem Maße, in dem sich die neuen Verhaltensweisen ins Gegenteil der alten verkehren. Da aber aus der minoritären Situation Verhaltensmuster folgten, die mit dem Kennwort „jüdisch" eng verbunden waren, können die völlig unterschiedlichen majoritären Verhaltensweisen nicht ebenso benannt werden. Hier liegt der Identitätswechsel vor, der beschrieben werden soll, nicht zuletzt, weil er so vollständig vollzogen wurde, daß zwischen den einzelnen Etappen ein Zusammenleben für die Zukunft unmöglich scheint, weil aus ihm eine Krise erwuchs, voller Brennstoff, die die Abwesenheit einer verbindlichen Identität zur Folge hat.

Die daraus entstehenden Fragen sind sehr komplex. Selbst für ein interdisziplinäres Kolloquium aus Psychologen, Psychoanalytikern, Soziologen, Religionswissenschaftlern und Rechtshistorikern würden sie genügend Stoff abgeben.

Die Aufgabe dieses Ansatzes wird darin bestehen, mit deskriptiven Mitteln die israelischen Identitätsbestrebungen zu erfassen. Ziel also ist es, Züge des israelischen Selbstverständnisses zu umreißen. Da es unmöglich ist, die Komplexität eines sich andauernd wandelnden Selbstverständnisses zu erfassen, wird hier auf ein – entscheidendes – Element besonders Bezug genommen: auf die israelische Gewalthinwendung. Es wird zu hinterfragen sein, wie und warum die Gewalt in der israelischen Politik und Mentalität ihre heutige bedeutende Stellung erlangen konnte, wie sie das Leben der Israelis ganz allgemein beeinflußt[31]. Was sie dabei so bedeutsam macht in dieser Untersuchung, ist die Gegnerstellung, die sie zu dem traditionellen Wert des Judentums, der Gewaltlosigkeit einnimmt. Auf eine Darstellung der Rolle der israelischen Armee kann dabei nicht verzichtet werden, nicht in einem umfassenden Essay zur Rolle oder Struktur der Armee selbst, sondern in einigen Anmerkungen zur Rolle der Armee als Instrument der Identitätsgewinnung und Integration, aber auch – eng damit verbunden – als Instrument zur Ausübung von Gewalt.

Die vorliegende Arbeit leistet aber – in weitergespanntem Sinn – Beiträge zu allgemeineren politischen Fragen. Sie trägt am konkreten Fall Israels case-study-Charakter zu den Fragen von Totalität-Pluralismus-Toleranz, ohne daß diese Fragen weiter theoretisiert werden. Zum Problemkreis der Totalität mag die Haltung der Orthodoxie und in steigendem Maße die der jungen Israelis gehören. Eng damit verbunden ist das Problem der Toleranz. Waren die Zionisten noch aus humanistischen Gründen heraus tolerant gegenüber den orthodoxen Juden, von denen sie gleichwohl erbittert befehdet wurden, so wurde diese tolerante Haltung von den jungen Israelis ersetzt durch eine harte, totale, kompromißlose Ablehnung. Nicht zuletzt daher rührt die Situation, die die Bezeichnung einer Krise verdient. Allerdings darf nur mit großen Vorbehalten den jungen Israelis daraus ein Vorwurf gemacht werden, denn die Toleranzdiskussion hat längst die Gefährlichkeit gezeigt, die es in sich birgt, gegenüber Intoleranten tolerant zu sein, und die Toleranz gegenüber einer, den Staat ablehnenden strenggläubigen Gruppe birgt in der Tat eine existenzbedrohende Gefahr.

Darin liegt der Kern einer weiteren allgemeinpolitischen Frage, für die die vorliegende Studie ein Fallbeispiel ist. Inwieweit muß der Staat von seinen Bürgern Loyalität zu seinen Grundideen verlangen? Hypothetisch lassen sich verschiedene Fälle denken – mit allen Zwischenformen – und dazu auch die Pendants in der praktischen Politik finden. Die Identität des Staates mag von allen Bürgern gefordert werden, ohne Abstriche, total. Sie mag umfassend sein, einen Katalog der Grundwerte unterstellend, innerhalb dessen aber variable Ansichten zulassen, pluralistisch. Und es mag das eintreten, was in Israel der Fall ist; es existieren nebeneinander Identitäten, die sich gegenseitig ausschließen. Im weitesten Sinne ist hier das Spannungsfeld von Freiheit und Gleichheit betroffen: der Zwang für alle auf gleiche Werte, auf eine gleiche Identität um den Preis der Freiheit willen. Das andere Extrem aber, die Unvereinbarkeit der in einem Staat vertretenen Identitäten, drängt zu einer Bereinigung, die nur durch Kulturkampf behoben werden kann.

Die Verwendung der Vokabel Kulturkampf für das israelische Beispiel ist gefährlich. Einer historischen Analogie folgend verbindet man damit den Widerstreit zwischen Kirche und Staat[32]. In Israel aber fällt dem Staat eher eine vermittelnde Rolle zu[33], der eigentliche Kampf spielt sich ab zwischen verschiedenen Gruppen der Gesellschaft. Dabei lassen sich typologische Unterschiede feststellen: die Orthodoxie sucht die Identität von (totalem) Glauben und Staat; dies hat die Verfolgung Andersdenkender zur Folge, wie sie von den Rabbinatsgerichten betrieben wird. Daneben steht die Gruppe, die die Identität von Glauben und Staat bejaht, doch Abweichungen akzeptiert. Und letztlich die Gruppe der Sabres, die die Trennung von Glauben und Staat suchen.

Zu diesen allgemeineren Fragen kann diese Arbeit mit ein Beitrag sein.

Bei der Bearbeitung des Themas stand eine reiche Literatur zur Verfügung. Quellen und Sekundärliteratur zu Israel allgemein sind reich, zu reich, um sie allesamt sinnvoll verarbeiten zu können. Die Literatur, die verwendet wurde, den Kulturkampf zu beschreiben, ist deshalb eine Auswahl der Standardwerke über Israel unter besonderer Berücksichtigung der Werke mit religiöser Thematik. Sehr stark ausgewählt werden mußte bei den Abschnitten über Judaismus und Zionismus, deren Beschreibung ganze Bibliotheken füllt. Die Kriterien der Auswahl waren dabei mehr formaler als inhaltlicher Natur: Erscheinungen neueren Datums (mit Ausnahme der unverzichtbaren bekannten Werke) wurde der Vorrang gegeben vor älteren Werken; die Behandlung der Theorie der Identität wurde angelehnt an die Bücher von Erikson, Geoffrey und Bettelheim. Eine genaue Aufstellung der verwendeten Literatur findet sich im Anhang. Der Versuch einer auch nur annähernd vollständigen Bibliographie muß an der Bandbreite der sich im Thema versteckenden Einzelaspekte, aber auch an der Unübersichtlichkeit des erschienenen Materials scheitern. Über das publizierte Material hinaus dienten eine Reihe von persönlichen Gesprächen in Israel bei wiederholten Besuchen und eine ausgedehnte Korrespondenz zum Thema als Grundlagen der Arbeit.

JUDAISMUS – ZIONISMUS – ISRAELISMUS

JUDAISMUS

Der wohl wichtigste Wandel in der jüdischen Geschichte des ausgehenden neunzehnten und beginnenden zwanzigsten Jahrhunderts ist der Übergang einer Gruppe einmal von der orthodoxen und religiösen Haltung mit ihren messianisch-eschatologischen Hoffnungen und Erwartungen zu dem politischen Aktivismus, dem der Name Zionismus zugeordnet wurde. Der zweite wichtige Wandel ist der damit in kausalem Zusammenhang stehende Schritt vom minoritären Volk im Gastland zur Mehrheit im eigenen Land[34]. Diese Übergänge wurden jeweils von Eliten vorbereitet und von Pionieren vollzogen. Diesen Schritten aber standen jeweils traditionsbewußte, konservative Kräfte entgegen, die sich weigerten, sie mitzuvollziehen, ja sie nach Möglichkeit zu verhindern trachteten.

Der Ausgangspunkt, die hier zunächst zu untersuchende Identität, ist die des Juden des Diasporadaseins, die sich nahezu durch die gesamte jüdische Geschichte verfolgen läßt[35]. Ihr Charakteristikum ist die minoritäre Diasporastellung mit allen daraus resultierenden sozialen Konsequenzen und Stigmata.

Sie ist erklärbar als die endogene Abschirmung einer minoritären Gemeinde mit einer eigenen sozialen Struktur und eigenen Verhaltensregeln untereinander gegenüber einer übermächtigen Majorität mit dem Ziel der physischen Erhaltung und der Sicherung des geistigen Überlebens der eigenen Kultur und Tradition. Die Gründe für den engen Zusammenschluß der jüdischen Gemeinde sind zu sehen in ihrer zahlenmäßigen Unbedeutendheit, was den Zusammenschluß erleichterte, aber auch unabdingbar machte, als auch in den Forderungen des jüdischen religiösen Kodex, der dadurch eine Assimilation an die majoritäre Umwelt zu unterbinden suchte (beispielsweise durch Heiratsverbote). Es ist sicherlich nicht falsch anzunehmen, daß zwischen der sozialorganisatorischen Kategorie der jüdischen Gebote und den religiösen Forderungen ein dialektischer Prozeß ablief. Tatsache ist, daß der Kodex, verbindlich für alle Mitglieder der jüdischen Gemeinde, beides, religiöse und soziale Folge verlangte. Die Solidarität der jüdischen Gemeinde der Diaspora beruht auf religiöser und kommunaler Organisation. Durch die strenge Kommunalregelung wurden alle Gemeindemitglieder kontrolliert und zu Wohlverhalten angeregt[36]. Daneben bestand noch die ungeheure psychologische Affinität, die zwischen Individuen, die an einem gleichen Stigma leiden, herrscht. „Der Jude ist für den Juden der einzige Mensch, mit dem er WIR sagen kann.“[37] Ein Stigma einer Gruppe oder einer Person bedeutet, daß sie in unerwünschter Weise anders ist, als sie die Majorität antizipiert hatte. Genau dieses Gefühl, sich von einer Mehrheit wegen eines andersartigen Lebensstils als unerwünscht zu betrachten, spiegelt sich in dem Satz Herzls wider, die Judenfrage existiere überall, wo Juden in merklicher Zahl wohnten. Das Stigma ordnet ein Individuum einer Gruppe zu, die sich in ihrer Minderheit von der „Normalität der Mehrheit“ unterscheidet. Dabei existiert eine wechselseitige Interdependenz zwischen Minderheitenstatus und Stigma: einmal ist es gerade das Stigma, das die Minderheit zur ausgeschlossenen Gruppe degradiert, andererseits ist es gerade diese Minderheiteneigenschaft, die in sich ein stigmatisierendes Element trägt. Die Andersartigkeit der Sitten der jüdischen Minderheit machte sie zu einer ausgeschlossenen Gruppe, aber die Ausgeschlossenheit zwang sie, ihre eigenen Traditionen zu pflegen, eine Technik der Stigmabewältigung, auf die noch zurückzukommen sein wird. Diese Pflege der – für die Mehrheit fremden – Tradition war wiederum Anlaß des Stigmas[38].

Eine denkbare, konsequente Reaktion eines stigmatisierten Individuums ist der Rückzug auf Seinesgleichen[39], auf einen Kreis, innerhalb dessen es normal ist, stigmatisiert zu sein. Diese innere Abschließung gegenüber der feindlichen Umwelt ist die typische Diasporahaltung der jüdischen Gemeinden, ist ihre Antwort auf den Minoritätencharakter: eine völlige Hinwendung nach innen, eine Orientierung an den Mitstigmatisierten, in gesellschaftlicher, politischer und moralischer Hinsicht. Diese In-Group-Tendency der jüdischen Gemeinschaft ist eine Technik zur Bewältigung des gemeinsam zu ertragenden Stigmas.

Doch diese Technik – seit langem angelegt – bedurfte des Erlernens, bedurfte der Verstärkung: die Mitglieder der jüdischen Gemeinde mußten diese Innenausrichtung eingeimpft bekommen, sie mußten sich nicht nur passiv nach innen wenden, sondern in der Trennung aktiv werden: das, was von der Mehrheit trennte, mußte betont werden[40]. Darüber hinaus wurde die Mehrheit tabuisiert, als Warnung für potentielle Assimilation.

Die Steigerung der Innenausrichtung ist also verbunden mit der Betonung der eigenen Andersartigkeit. „Der Jude ist nur solange Jude, als er sich seiner Herkunft und Vergangenheit bewußt war."[41] Das hartnäckige Festhalten an Tradition und althergebrachtem Wissen wurde die Norm, herbeigeführt durch eine traditionelle Schulausbildung: die Knaben besuchten bereits im dritten, spätestens im fünften Lebensjahr den Cheder, die Kleinkinderschule, wo sie Hebräisch direkt aus der Bibel erlernten. Ehe die Knaben in die höhere Schule kamen, konnten sie ganze Teile ihrer alten Geschichte auswendig zitieren. Mit dem achten oder neunten Schuljahr lernten sie die Interpretation der Quellen und Gesetze kennen. Neben dem Hebräischen erlernten sie auch das Aramäische. Sie wurden vertraut mit ihren Traditionen, sie wurden darauf eingeschworen.

„Learning constitutes a central religious category in Judaism."[42]

Neben der Schulausbildung standen noch eine Reihe anderer Momente, die die Gruppe eng zusammenhielten. So fand die kulturelle und geistige Endogenie ihre Verankerung auch in den religiösen gesetzlichen Vorschriften. Religiöse Schriften – vor allem das Hauptwerk, der Talmud – treffen Anweisungen, die weit über dogmatische Glaubensfragen hinausgehen und in das familiäre und gemeindliche Leben regulierend eingreifen, meist bemüht, die Verhaltensweisen der Angehörigen der Gruppe untereinander zu regeln und ihre Trennung von der andersgläubigen Mehrheit zu gewährleisten.

Die jüdische Religion stellt – im Unterschied zu anderen Glauben – einen geschlossenen Way-of-Life dar, der im optimalen Falle alle Verrichtungen des täglichen Lebens einschließt. Sie ist nicht nur eine moralische, kultische Pflichtenlehre, sondern auch „ein System des Zivil- und Strafrechts"[43]. Zu den Elementarsätzen gehört die messianische Erwartung. Das bedeutet in anderer Formulierung ein Gebot zur A-Politik, das Gebot, nicht die chiliastische Hoffnung zu übergehen und politisch aktiv zur Selbstbefreiung zu schreiten. Diese Anforderung eines eschatologischen Gebots verbietet die politische Emanzipation[44]. Eine Erklärung für diese religiöse Forderung der Enthaltsamkeit politischer Aktivität wurde bereits in der Einleitung angedeutet, die nun im Zusammenhang mit dem Studium der alten Geschichte, wie sie traditionell betrieben wurde, erhalten blieb. So interpretiert auch Bartikwa[45]: er spricht von der Technik der Sakralisierung und meint damit, daß die bis zur Zerstörung der weltlichen Macht des antiken Staates Israel der Staatsführung anhaftenden Rechte und Aufgaben in einem Sakralisierungsakt auf Gott projiziert wurden und der Tabuisierung anheimfielen[46]. Alles, was nationale Prägung trug, auch Folklore, Kleidung, Sprache wurde ritualisiert[47].

„Die staatliche Souveränität wurde sakralisiert."[48] Es wurde fingiert, Gott habe die Führung über sein Volk selbst übernommen und leite es selbst. Jede politische Aktivität wurde verbannt in den Bereich der Revolte gegen Gott. Mit dieser Technik aber entstand auch die feste Bindung an eine bestimmte Form des Diasporadaseins: durch die Einbeziehung Gottes wurde der Abfall von der jüdischen Gemeinde und ihrer streng reglementierten Daseinsform nicht nur die Abkehr von den Leidensgenossen, sondern die Abkehr von Gott[49]. Gegenstand der jüdischen Religion ist denn auch das Schicksal des jüdischen Volkes, ausgerichtet an der göttlichen Bestimmung. Das göttliche Gesetz beherrscht das Volk in allen täglichen Verrichtungen. Sitte, Recht, Familienleben, das Verhältnis der Gemeinschaft und der Individuen untereinander gestalten sich nach dem Geist des Glaubens. Der Glaube wird integriert in die Gemeinschaft[50].

Sittlichkeit und Ritus als Grundträger der Religion stehen in den Bedürfnissen der Gemeinschaft über den Wünschen des Einzelnen. Die 613 Gebote, die zur Selbstdisziplin mahnen, erstarren zum Selbstzweck, tragen aber gleichwohl zum Überleben der Diaspora bei. „They persisted for centuries as a distinctif ethnic entity everywhere subject to a majority that at best tolerated but never really understood their existence."[51] Durch den Bund mit Gott hat sich das Volk von den anderen Völkern abgesondert, und seine Priester schützten es mit Hilfe der Gesetze und der Lehre einer Gemeinschaftsreligion. Bedeutender Pfeiler der Überlebenschance war die Selbstsicht als Volk im göttlichen Plan. Der Auftrag, vor den sich das jüdische Volk gestellt sah, wurde von dem berühmten jüdischen Historiker Simon Dubnov so dargestellt[52]:

„Du bist genügend gestählt, auch das bitterste Ungemach zu ertragen, bist mit einem unverwüstlichen Vorrat an Lebensenergie ausgestattet und kannst Jahrhunderte, ja Jahrtausende in Verhältnissen leben, in denen andere Völker auch nicht ein einziges Jahrhundert auszuhalten im Stande wären. Staat, Territorium, Heer, die äußeren Attribute einer nationalen Macht, all dies ist für Dich ein überflüssiger Luxus. Geh nun in die weite Welt und beweise es, daß ein Volk auch leben kann ohne diese Attribute, einzig und allein durch die Kraft des Geistes, die seine auseinandergesprengten Teilchen zu einem festen Organischen vereinigt. Und das jüdische Volk ging und bewies es."

Der letzte große geistige Mentor des deutschen Judentums vor dem zweiten Weltkrieg, Leo Baeck, sah in der Tatsache, daß das Judentum keine Staatsreligion bildet, ein Positivum. So hat die Religion innerhalb ihrer Autonomie bleiben können, so war sie der Gefahr enthoben, sich den wechselnden politischen Schicksalen angleichen, sie rechtfertigen zu müssen. Baeck spricht von der inneren Freiheit, die der Religion gegeben war; dem Judentum sei so – im begrifflichen Gegensatz zur Staatsreligion – der Weg zur Weltreligion, zur Universalität offengestanden[53].

Die Einzigartigkeit der jüdischen Geschichte liegt – verständlich aus ihrer Universalität – im Fehlen von Machtbestrebungen, in der Tatsache, daß dies eine der seltenen Geschichten ist „ohne aktives politisches Element. . ., ohne Diplomatenkünste, ohne Kriegs- und Feldzüge, ohne Faustrecht"[54].

Das Fehlen einer militanten Haltung läßt sich auch erklären aus dem Minoritätencharakter, aus der Situation der zahlenmäßigen Unterlegenheit einer Gruppe, die nur dann überleben konnte, wenn sie es nicht auf die offene Machtprobe mit der Mehrheit ankommen ließ. Des politischen Bodens, der politischen Mittel beraubt, konzentrierte sich das nationale Leben auf die Gebiete des Geistes. „'Denken und Dulden' wird die Parole des jüdischen Volkes."[55]

Doch muß man fragen, woher das jüdische Volk die Fähigkeit zu dulden nahm. Wo lag das Reservoir geistiger und seelischer Kräfte, die Ungerechtigkeiten, das Stigma, die sozialen Privationen duldend zu ertragen?

Die orthodoxe Ansicht, Verfolgungen, antijudaistischen Ausschreitungen, Schicksalsschläge nicht nur im familiären Bereich, sondern auch für das ganze Volk als göttliche Strafe für die eigenen Verfehlungen zu betrachten, öffnete ein Ventil zur Ableitung von Aggressionen, die so in den religiösen Bereich gedrängt wurden und nicht in die sozialen Konflikte mit der Umwelt eindrangen. Privationen, die Juden zugemutet wurden, führten somit nicht zu Aggressionen gegenüber den Unterdrückern, sondern wurden als Strafe absorbiert, gegen die Gewaltanwendung sinnlos war, wenn nicht gar ein Verbrechen, da sie eine Auflehnung gegen den Willen Gottes bedeutet hätte. Diese Haltung beschreibt auch – wenn auch von einem individualpsychologischen Einstieg herkommend – Loewenstein in einer Psychoanalyse des Juden[56]: „Israel nimmt die Schuld auf sich."[57]

Ein weiterer Erklärungssatz für die jüdische Gewaltlosigkeit liegt in einem Konflikt der jüdischen Philosophie, in der Frage, ob 'die Gesetze' minutiös zu beachten sind oder in der Interpretation ihres ethischen Wertes, in dem Konflikt zwischen dem „Weltlichen und dem Spirituellen, zwischen dem Nationalen und dem Universalen“[58]. Im Laufe der Geschichte tendierte die jüdische Lehre zur Spiritualität und zur Universalität. Beides aber bedarf der Gewaltlosigkeit. So entstand die „Hoffnung, das Königreich Gottes durch Gewaltlosigkeit zu errichten“[59], allein durch die präzise Beachtung religiöser Vorschriften:

„The traditional jewish values had taught passivity and the internalization of guilt in face of aggression.“[60]

In einer Studie des osteuropäischen Stettls beschreiben Mark Zborowski und Elizabeth Herzog den In-put jüdischer Erziehungsideale auf den jungen Juden, einmal interessant als Erziehungsideal, zum anderen als Symptom für die sich dahinter versteckende Philosophie: ein im Katalog wiederkehrendes Verbot ist das Untersagen des 'Sich Prügelns' als unjüdischer Verhaltensweise, als 'goyisch'. „A real jew does not fight.“[61] Er schlägt weder Mensch noch Tier; Erbarmen, Mitleid für alles Lebende ist eine Elementarforderung, Niemanden und Nichts zu verletzen ist Gebot.

„A real jew is moderate, restrained and intelectual and they (the children) are chided for betraying these ideals.“[62] Über allen Geboten steht dieses: „Fighting is unjewish in the extrem.“[63] Schlage niemanden, sonst fällt Dir Deine Hand aus, ist eine erwachsene Redewendung an sich prügelnde Kinder. Den Verboten für die Kinder entspricht das Ideal des Erwachsenen mit dem 'Jewish Heart'; der echte Jude ist Pazifist aus Überzeugung[64]: „He is a man of peace. Physical violence is abhorrent to him.“[65]

Doch die Notwendigkeit auf Privationen und Gewaltakte nicht mit Gleichem zu reagieren, brachte die Notwendigkeit mit sich, gegen die eigenen aggressiven Neigungen anzukämpfen.

Die dazu entwickelte Technik nennt Loewenstein[66] mit Anna Freud die 'Vermeidung'. Der Jude vermeidet Situationen, in denen er in Versuchung kommen könnte, Gewalt anzuwenden, später sogar die Vorbedingungen von Gewalt wie nationale Bestrebungen oder Kontakte mit der Mehrheit.

So motiviert sich der Rückzug in intellektuelle Positionen, der Verzicht auf Konfrontationen[67].

Diese Haltung fand Eingang in die Historiographie oft unter dem Aspekt der Feigheit[68]. „So wurde der Jude zum Symbol des Sich-Duckens oder dessen, der sein Leben lieber erkauft als darum kämpft, zum Symbol des Feigen schlechthin.“[69] Dieser Teil der jüdischen Identität ist den jungen Israelis vollends unverständlich. Doch gerade das Beispiel, das sie immer wieder zitieren, die Passivität der Juden während des Dritten Reiches oder in ihrer Sprache: „das sich wie Lämmer zur Schlachtbank führen lassen“, ist ein schlechtes Beispiel für jüdische Gewaltlosigkeit. Auf den ersten Blick ist dies erstaunlich: obwohl oft nur ein oder zwei deutsche Wachsoldaten bis zu 400 Häftlinge über die Landstraßen trieben, dachte niemand an einen Widerstand, obwohl durch einen Widerstand nicht viel riskiert worden wäre – ihr Tod war ohnehin beschlossene Sache[70].

Daß dies als Beispiel für jüdische Gewaltlosigkeit ein schlechtes Beispiel ist, zeigt Bettelheim: weniger jüdische Gewaltlosigkeit als die individuelle Erfahrung mit totalitären Staatsbürokratien und psychologischen Lagererscheinungen spielen hier eine Rolle[71]. Festzuhalten jedoch ist, daß dies auf das Unverständnis der jungen Israelis trifft.

Ein letzter Grund für die Gewaltlosigkeit soll noch angeführt werden, obwohl gerade er für das Judentum nur bedingte Gültigkeit hat:

Der Minderheitenstatus entsteht auch dadurch, daß Hindernisse aufgebaut werden, „die die Mehrheit gegen ein Übertreten eines Einzelnen aus der Minderheitengruppe in die Mehrheitengruppe errichtet“[72].

Dies in Verbindung mit dem Wunsch des Menschen, an sozialem Rang zu gewinnen, führt oft zu dem Versuch, die eigene Gruppe zu Gunsten einer stärker bevorrechtigten zu verlassen. Obwohl gerade dagegen die religiösen Tabus erstellt worden waren, kann nicht ausgeschlossen werden, daß dieser Wunsch bei einer Reihe von Juden ebenfalls bestand[73].

Wie aber soll der Assimilationswillige (als Gegenstück zum „real jew“, dessen Gewaltlosigkeit anders bestimmt ist) gegen die Gruppe Gewalt anwenden, mit der er sich künftig identifizieren möchte, in die er aufgenommen sein will?

Als Juden später im Zustand eines Beinaheschon-Staates, in einer Situation also, in der die Technik der Vermeidung der Konfrontation hinfällig geworden war, Gewalt anwenden mußten, beklagte dies die große zionistische Führerpersönlichkeit als Verlust eines jüdischen Wertes:

Chaim Weizmann nannte dies „die tragische, nutzlose, unjüdische Zuflucht zum Terrorismus und eine Umkehr der rein defensiven Bestimmung der Haganah – und das Schlimmste: in gewissen Kreisen eine gewisse Bereitschaft, mit dem Bösen zu paktieren, es politisch zu benutzen“[74].

Bedeutsam ist auch Weizmanns Ausspruch vor dem Komitee der UNSCOP[75]:

„Das Weißbuch hat gewisse Erscheinungen im jüdischen Leben ausgelöst, die unjüdisch sind, die das Gegenteil sind von jüdischer Ethik und Tradition. Du sollst nicht töten, dieses Gebot wurde uns auf dem Berge Sinai eingeschärft; vor zehn Jahren noch wäre es undenkbar gewesen, daß die Juden dieses Gesetz brechen, unseligerweise brechen sie es heute. Niemand beklagt das mehr als die große Majorität der Juden; nur mit vor Beschämung gesenktem Haupt kann ich von dieser Tatsache zu Ihnen sprechen.“[76]

Hier zeichnet sich ein Problem ab, das nach der Staatsgründung in der Frage um die Judaizität eine große Rolle spielen sollte: macht der Jude den Judaismus oder der Judaismus den Juden? Konkreter auf die staatliche Existenz bezogen, mußte diese Frage lauten: konnten sich die jüdischen Werte so verändern, daß sie trotz der veränderten Umweltbedingungen praktikabel blieben? Konnten sich die jüdischen Forderungen eines jüdischen way-of-life an die staatlichen Gegebenheiten anpassen oder blieben jüdische Werte und staatliche Existenz unvereinbar[77]?

Für den Strenggläubigen kann dies keine Frage sein. Leon Rot meint kurz: „Judaism is not to be considered in terms of the jews, but the jews in terms of the judaism. . . it is not a product, but a programme and the jews are the instrument of its fullfillment.“[78]

Nicht die jüdischen Werte haben sich dem Staat anzupassen, sondern der Staat den jüdischen Werten (wenn es überhaupt einen Staat geben soll)[79].

Von Durkheims These, in der Religion verehre sich die Gesellschaft und ihre Existenz, meint Zvi Werblowski:

„Ob das Volk, das aus der Religion geboren wurde, weiter leben kann mit seiner Religion oder umgekehrt seine Religion sich als dynamisch und anpassungsfähig genug erweist, um damit leben zu können oder sogar dem Leben neuen Sinn und neue Richtung zu geben, würde kein Historiker vorauszusagen wagen.“[80]

Die Darstellung der konstituiven Rolle der Religion für die Geschichte des jüdischen Volkes, des jüdischen Überlebens in der Diaspora bedeutet nicht, daß diese Rolle auch unter geänderten Umständen für die Zukunft beibehalten werden muß. „Ob man die (. . .) Gegebenheiten der Vergangenheit extrapoliert für die Zukunft, hat nichts mit Geschichte zu tun, sondern ist eine Angelegenheit der Ideologie.“[81] Als Technik der Anwendung der Ideologie kann es auch gesehen werden, wenn geschichtliche Berichte als Vorschriften gebraucht werden, wenn Mischehen weiter verboten bleiben, weil dies „seit Esra und dem früheren Autor des Deuteronomiums“ zur Tradition geworden und „mit dem Heiligenschein eines absoluten Wertes umkleidet“ war[82].

Die Religionsauffassung alter Kulturen war geprägt durch das Bedürfnis des Menschen zu einer Beziehung mit dem Übernatürlichen. Jeder Angriff auf die Religion mußte existenzbedrohend wirken, war ein Angriff auf die hergebrachten Grundformen des Gemeinwesens, von denen fingiert wurde, sie seien gottgewollt. Es war nur selbstverständlich, daß die Gemeinschaft die Verantwortung an sich zog für diese Dimension durch Feste, Kulte und Tabus.

In dieser archaischen Rolle des Hüters des Volkes vor dem Zorn Gottes sehen sich noch die heutigen Orthodoxen im Staat Israel, die das Dasein der Diaspora mit den in ihr entwickelten Verhaltensformen fortschreiben wollen[83]. Jude sein, nach den Maßstäben dieser Orthodoxen, kann nur, wer sich zur Gemeinschaft der Strenggläubigen mit ihren strengen Regeln bekennt.

Bezeichnet man die hier dargelegte Verhaltensweise als jüdisch, und dies ist wohl legitim, so kann man die Mehrheit der Israelis kaum jüdisch in diesem Sinne nennen.

ZIONISMUS

Der Vorsitzende der Exekutive der zionistischen Weltorganisation erläutert das Entstehen der zionistischen Bewegung gegen Ende des 19. Jahrhunderts als „Reaktion auf Elend, Unsicherheit und rein physische Gefahren, denen die osteuropäischen Juden ausgesetzt waren und Demütigungen, die die Juden in anderen europäischen Staaten angesichts der antijudaistischen Vorurteile zu ertragen hatten“[84].

Doch hier tut sich ein Widerspruch auf, der aufzulösen ist, ehe auf die eigentlichen Inhalte der zionistischen Idee zu kommen sein wird.

Nach den oben dargestellten Verhaltensmustern des Judaismus wäre die Verinnerlichung die logische und konsequente Antwort auf die Demütigungen gewesen. Bei den Zionisten aber erwiesen sich die Ideen der Zeit stärker als die eigene jüdische Tradition. Die Zionisten nahmen eine Technik an, die nationale Minderheiten oft ergreifen: sie reagierten auf die Feindseligkeit der sie umgebenden Mehrheit, die auf dem Nationalismus mit basierte, durch die Übernahme des gleichen Prinzips[85]. Ihren Nationalismus verstanden die Zionisten nicht kulturell, sondern politisch, durchsetzt mit einem Moment aktiver Militanz[86].

Die Zionisten distanzierten sich schon allein durch ihre politische Aktivität von der jüdischen Identität. Die Wächter dieser Identität, die Rabbis, reagierten auch entsprechend scharf auf die zionistische Aktivität[87]. Doch die Ablehnung, die dem Zionismus aus orthodoxen Kreisen zuteil wurde, ist offensichtlich und belegbar:

Herzl plante den ersten Zionistenkongreß in München, was aber am Einspruch der Orthodoxie scheiterte und zum Ausweichen nach Basel nötigte.

Eine andere bekannte jüdische anti-zionistische Reaktion war der Erlaß der sogenannten Protestrabbis in Antwort auf den Aufruf zum ersten zionistischen Kongreß[88]. Die Befürchtungen der strenggläubigen Juden sind in dem Satz von Martin Buber zusammengefaßt: „Nationale Formen ohne den ewigen Sinn, aus dem sie entstanden sind, bedeuten das Ende der spezifischen Fruchtbarkeit Israels.“[89]

In der Tat war der Archetypus des zionistischen Einwanderers der orthodox-Nichtgläubige. Die Fundamente des Staates-im-Werden liegen in einer Religion des Säkularismus. Aus dieser Sicht war Israel nicht die Erneuerung einer jahrhundertealten jüdischen Hoffnung, nicht die Fortschreibung alten Kulturgutes, sondern der Beginn einer gänzlich neuen Hoffnung und einer neuen Tradition. Die Theoretiker des Zionismus waren Areligiöse. Die Gründung des eigenen Staates war für sie keine Frage der Religion, keine Verwirklichung religiöser Verheißungen, sondern die praktisch mögliche Antwort auf die sozialen Konflikte, denen sie in der Diaspora ausgesetzt waren. Leo Pinsker, sicher kein „rechtgläubiger Jude", Arzt, gewöhnt an rationales Denken, diagnostizierte die Lage des, wie er es nannte, „auserwählten Volkes des Hasses"[90]. Pinsker hielt fest:

„Unsicher und prekär wird unsere Zukunft in Ewigkeit bleiben, solange in unserer Lage nicht ein radikaler Umschwung eintritt. Nicht die bürgerliche Gleichstellung der Juden in dem einen oder anderen Staat vermag diesen Umschwung herbeizuführen, sondern einzig und allein die Autoemanzipation des jüdischen Volkes als Nation, die Gründung eines eigenen jüdischen Kolonistengemeinwesens, welches dereinst unsere ureigene, unveräußerliche Heimat, unser Vaterland werden soll."[91]

Ähnlich beschrieb Herzl:

„Die Judenfrage besteht; es wäre töricht, sie zu leugnen. . . die Judenfrage besteht überall, wo Juden in merklicher Anzahl leben. Wo sie nicht ist, da wird sie durch einwandernde Juden eingeschleppt. Wir ziehen natürlich dahin, wo man uns nicht verfolgt. Durch unser Erscheinen entsteht dann die Verfolgung. Das ist wahr, muß wahr bleiben, selbst in noch so entwickelten Ländern – Beweis Frankreich – solange die Judenfrage nicht politisch gelöst ist."[92]

Politische Überlegungen, nicht religiöse, bestimmten Herzls Handlungen. „In Herzls Judenstaat schwingt nichts von der jüdischen Sehnsucht nach Zion."[93] Es schwingt dort die zionistische, nationale Begeisterung. „Nationale Souveränität und damit die Gleichstellung mit anderen Völkern und Staaten"[94] ist angestrebt. Herzl entwarf ein Wertsystem, geboren aus der gefühlsbetonten Antwort auf den Antisemitismus, in dem der neue Ethos des militanten Widerstandes begann[95]. Herzl postulierte Werte (besonders in seinem Roman: Alt-Neu-Land), die den alten Ghettowerten entgegenliefen. Er propagierte ein neues Ideal der „jüdischen Ehre", das sich abwandte von der traditionellen Passivität und der sozialen Isolation der Ghettogemeinde[96].

„Man gebe uns die Souveränität eines für unsere gerechten Volksbedürfnisse genügenden Stück Land der Erdoberfläche. Alles andere werden wir selbst besorgen."[97]

Diese so weltliche Konzeption seines Judenstaates brachte Herzl Kritik ein. Achad Ham warf ihm vor, seine Ideen hätten ebensogut aus einer Negerbewegung stammen können, da sie nicht auf jüdische Spezifika zurückgingen.

Die Spannungen von Religion und Staat, von Religiösität und Säkularismus spielten in der Vorstellungswelt Herzls keine Rolle[98].

Auch das Baseler Programm, die erste politische Plattform des Zionismus teilt die Nichtbeachtung religiöser Aspekte. Dort ist nichts zu lesen von jüdischer Religion, bestenfalls wird abgestellt auf jüdisches Volksgefühl und jüdischen Volksgeist, die gestärkt werden sollen. Vorrangig aber ist die Besiedlung, die Organisation, die Diplomatie[99]. Die auf Herzls theoretischen Zionismus folgende Zeit des praktischen Zionismus schuf erste Keimzellen der späteren staatlichen Struktur[100].

Das zionistische Ideal suchte die Verwirklichung der Idee vom Bauern, der sich das Land durch seiner Hände Arbeit erschließt. Viele der landarbeitenden Zionisten waren – was für die Ausformung ihres Identitätsbewußtseins wichtig ist – vor ihrer Immigration nach Israel in akademischen Berufen tätig gewesen oder sie waren zumindest in ihrer diasporären Umgebung mit sozialen Hierarchiemodellen in Berührung gekommen, die akademischen Berufen Vorrangstellungen einräumten und hatten diese zum Teil rezipiert. Daraus entstand der Typ des Zionisten, der zwar Landarbeiter war, es aber zu seinem Stolz machte, zu Hause Regale voller Bücher zu haben und sich nach getaner Landarbeit autodidaktisch zu bilden und geistig zu beschäftigen.

Die Generation, die jahrzehntelang die einfachen, handarbeitlichen Verrichtungen leistete und trotzdem ihre geistigen Interessen nicht verkümmern ließ, ist „eine für Israel wichtige und sehr typische Generation"[101]. Um es hier im Zusammenhang vorwegzunehmen: dieser Typ hat seine Typik für Israel verloren[102].

Die junge israelische Generation betont zwar noch – vielleicht auch in der Schule angelernt – die Komponente der Land- und Handarbeit. Den – in ihrer Ansicht – unnützen Bildungswerten messen sie wenig Beachtung bei. Dies führt auch oft zu einer Ablehnung des Ausländischen, bis hin zur Verachtung des Nicht-Israelischen. Ihre Isolation in geographischer Hinsicht und ihr Autismus in geistiger Hinsicht verstärken dies.

Doch muß festgehalten werden, daß für den Zionisten im Anfang beides – körperliche Arbeit und geistige Beschäftigung – Teil seines Images und Charakterbildes waren. Der Wegfall einer der beiden Komponenten muß automatisch das Gleichgewicht der Persönlichkeit stören.

Die Überbetonung der Härte durch die jungen Israelis und der Wegfall der geistigen Beschäftigung stehen in Wechselverhältnis. Die zionistischen Bildungsideale, gespeist aus dem Humanismus, hatten eine gewisse Härte, die wohl allen Pioniergenerationen eigen und unverzichtbar ist im Kampf gegen eine zu erobernde Umgebung, entschärft. Nach dem Wegfall der geistigen Komponente mußte wohl eine Brutaliesierung des ehemaligen zionistischen Weltbildes eintreten.

In dem Jahrzehnt der zweiten großen Einwanderungswelle, der zweiten Alijah, zwischen 1904 und 1914, bildeten sich die ersten Rechtsinstitute und wirtschaftlichen Strukturen des späteren Staates. Der Notwendigkeit gehorchend entstanden auch die ersten Keimzellen einer paramilitärischen Schutztruppe zur Bewachung und Sicherung von Leben und Eigentum der Siedler, nachdem sich die vorher gedungenen arabischen Wachmannschaften als unzuverlässig erwiesen hatten. Aus dieser Schutztruppe, Hashomer, entwickelte sich die jüdische Untergrundarmee und ihre Tradition „ist bis hinein in die Gegenwart der israelischen Armee lebendig geblieben“[103].

Das einstige Ideal des Pioniers ist auf den Offizier der Zahal übergegangen, Pionierqualitäten der Führerschaft, des egalitären Empfindens wurden in der israelischen Armee institutionalisiert[104]. Die Stärke des Pioniergeistes lag wohl auch darin, daß es keinen „countermyth or counterideology of any overriding validity“[105] gab.

Dabei verbanden sich in der Pionieridee Pragmatik und Ideal: Nichtausbeutende landwirtschaftliche und handarbeitliche Arbeit sollte betrieben werden unter einer starken Selbstverteidigung bei Selbstversorgung und Unabhängigkeit von äußerem Schutz und fremder Unterstützung[106]. Neben den Fundamenten von Armee und Parteien entstanden auch die Grundlagen eines Schulsystems[107]. In Tel Aviv wurde das erste hebräische Gymnasium errichtet. Zu den nationalen Zielen des Zionismus gehörte es – und hier stellte er sich wieder in Gegensatz zu den orthodoxen Ansichten – das Hebräische als nationale

Sprache in Dienst zu stellen und Gemeinden zu schaffen, innerhalb derer das Volk sich frei von den sozialen und kulturellen Belastungen der Diaspora entwickeln sollte[108]. So bildeten sich nach und nach staatstragende Institutionen heraus[109]. Sie erfüllten Ordnungsfunktionen und entstanden aus der Notwendigkeit der Regulierung, die innerhalb einer organisierten Gemeinschaft, zumal bei dem erhofften Einwandererstrom, unerläßlich sind.

Es läßt sich nicht in Abrede stellen, daß diese Organisation nahezu ausschließlich Juden diente und Juden dienen sollte. Dennoch trug sie – allein durch ihre politische Funktion – antireligiösen Charakter.

Das Fehlen religiöser Bindungen begünstigte für die Pioniere die Verabsolutierung ihrer Ideale. Die zionistische Idee wurde für sie zu einem Sendungsauftrag. Ihrer Sache waren sie derart sicher, daß sie Zweifel an der Berechtigung hier und so zu handeln kaum ankamen[110].

„Some zionists were so self-centred and self rightous that arab resistance appeared to them as nothing but perversion and weakness and arab guerillias as bandits and assasins.“[111]

Ihre antireligiöse Haltung manifestierte sich auch in der Art, wie sie Eheschließungen vorzunehmen pflegten. Bis zum zweiten Weltkrieg galt es unter Kibbuzniks als Eheschließung, wenn die beiden Aspiranten vom Siedlungskomitee einen gemeinsamen Wohnplatz forderten. Diese Bekanntgabe der Absicht genügte in ihren Augen. Diese Praxis entsprach der Idee der freien Liebe, importiert mit dem Gedankengut ihrer meist sozialistischen Herkunft, die mehr den Inhalt denn die Form der Ehe betont. Der Widerspruch zu orthodoxer Praxis mit Ritus und Sakralität ist unschwer zu erkennen[112].

In seiner Autobiographie führt Nachum Goldmann[113] einen anderen elementaren Bestandteil der zionistischen Ideologie an, daß es nämlich nicht nur um die Gründung des Staates allein ging, sondern vielmehr ursprünglich um die aktive Sammlung aller Juden in diesem Staat. Später milderte sich diese Forderung nach der Einreise aller Juden ab, in die jederzeitige Möglichkeit, dort einzuwandern. Die zionistische Idee konzipierte den Staat als einen Zufluchtsort der Juden in Zeiten der Gefahr[114]. Ausfluß dieser Idee im heutigen Staat ist das sogenannte Rückkehrgesetz, das jedem Juden die Möglichkeit einräumt, mit der Einreise die israelische Staatsbürgerschaft zu erlangen in dem Moment, in dem er israelischen Boden betritt[115]. Ziel des Zionismus war es, den Staat ins Leben zu rufen. Wenn das Staatsgefüge

1948 von den Intentionen der Zionisten abwich, so ist dies das Schicksal, das keine Erfüllung den Anspruch ihres Ursprungs erreicht und daher zum Kompromiß zwischen Ursprungszielen und Realität zwingt.

Mit der Staatlichkeit hatte der Zionismus sein Ziel erreicht, und nach der Erreichung dieses Zieles hat die zionistische Organisation „viel von ihrer ursprünglichen Kompetenz und Schwungkraft eingebüßt"[116]. Wenn sich der Zionismus mit der Gründung des Staates selbst überlebt hat, so muß man die Frage stellen, wie die Organisation ihre heutige Daseinsberechtigung ableitet. In der Tat sind die Formulierungen der eigenen Aufgabe, wie sie die Kongresse seither gestellt haben[117], als kaum mehr als „Verlegenheitslösungen", als „bunter Katalog von Zielsetzungen, die zum Teil von anderen Organisationen seit langer Zeit verfolgt werden"[118], zu betrachten.

Die zionistische Organisation wurde 1952 durch Gesetz, das sogenannte Status Law, in ein halbstaatliches Organ gewandelt[119].

Da Israel als Staat in seiner Einflußnahme auf (jüdische) Bürger anderer Staaten beschränkt ist, kam es zur Bildung eines „israelisch-zionistischen Kondominiums"[120]. Ben Gurion selbst erläuterte dies:

„Die zionistische Organisation (aber) ein freier Bund zur freiwilligen Tätigkeit, vermag das zu erreichen, was die Kompetenz und die Macht des Staates übersteigen würde."[121]

Doch hat auch das Ziel der Ankurbelung der Einwanderung an Bedeutung verloren. Siegfried Moses meint, der Gedanke der totalen Einwanderung sei irreal. Das Entscheidende sei für die Juden in der Diaspora, jederzeit einen Zufluchtsort zu haben[122]. Selbst der treueste Zionist muß zugeben, daß der „Bewegung nicht mehr die Schwungkraft"[123] innewohnt. Lange Zeit beherrschten die Zionisten den israelischen Staatsapparat; aus ihren Reihen kamen die ersten Garnituren der israelischen Staatsmänner und Politiker. Doch keiner Gruppe bleibt die politische Spitzenrolle als Monopolbesitz erhalten, „weil sie in Folge gesellschaftlicher und politischer Wandlungen einem Abnutzungsprozeß unterliegen, weil sich die Reihen einer Gruppe auf natürliche Weise lichten und weil mit der Zeit 'Jungtürken' nach oben drängen, die des Wartens auf die Nachfolge müde, selbst an die Macht drängen"[124]. Die Frage ist, ob diese neue Elite noch die Identität aufweist, die den Pionieren gegeben war; daß dies in einem Aspekt nicht der Fall ist, wurde bereits erwähnt. Neben die Pionieridentität tritt aber eine andere, die der im Land Geborenen, die nur die Staatlichkeit kennen und in ihr aufgewachsen sind.

ISRAELISMUS

Die Schwierigkeit der Abgrenzung des Israelismus und damit der israelischen Identität[125] rührt daher, daß sie abzugrenzen ist einmal von jüdischer Identität, zum anderen von zionistischer Identität, wie diese oben jeweils dargestellt wurden.

Zunächst aber: wer ist Träger dieser israelischen Identität?

Sicherlich nicht sind dies die Orthodoxen[126]; über ihre Staatsfeindlichkeit wird noch zu sprechen sein. Aber auch die Zionisten sind nicht ihre Träger; sie sind den Pionierwerten mehr verbunden als der Wertskala, die der Israelismus aufstellt. Die israelische Identität ist am Ausgeprägtesten bei den jungen im Land geborenen Sabres, denjenigen Israelis also, die jung genug sind, um weder die diasporäre Situation noch die Pionierzeit des Aufbaus miterlebt zu haben[127]. Sie stellen die zahlenmäßig größte Gruppe dar, und nach den Gesetzen der Wahrscheinlichkeit ist ihr Einfluß in Zukunft wachsend[128]. Was unterscheidet nun wesentlich in ihrer Haltung die Sabres von den Juden, wie deren Bild oben gezeichnet wurde?

„Die Vorfahren der überwältigenden Mehrheit der europäischen Juden haben vor mehr oder weniger langer Zeit das Leben im Ghetto kennengelernt, die Perfektion in der Diskriminierung und in der polyvalenten psycho-soziologischen Ausformung des Individuums. . . Die übertriebene Ausprägung physischer Züge, ein bio-soziologisches Phänomen, das sich häufig in Kollektiven findet, die abgesondert leben und in denen Endogenie herrscht. . . die übertriebene Ausprägung gewisser von der Ghettoliteratur genau beschriebenen psychologischer Züge, darunter ein starker Hang zur Kritik und zur destruktiven Analyse, eine Neigung zur Flucht in den Traum, eine lebhafte Einbildungskraft. . .“[129].

All die Erscheinungen dieser Beschreibung wird man an Sabres vergebens suchen – in manchen Punkten sind sie geradezu ins Gegenteil verkehrt. In psychologischer Hinsicht unterging das jüdische Element in den Sabres (will man hier eine Fortschreibung sehen) eine Charakterwandlung von ungeahntem Ausmaß:

„Only a term from the realm of geology, a word that connotes a change in substance itself such as 'metamorphosis' will suffice for the process of the psychic transformation with which we are concerned."[130]

Doch bedeuten diese starken Veränderungen der Psyche auch eine Abkehr von den Werten, eine Abkehr von der Tradition? Auf die Frage, ob in Israel es eine Fortsetzung der Geschichte des jüdischen Volkes gäbe, antworteten 72 % (aller Israelis) mit ja, daß ein neues Volk sich konstituiert hätte, meinten 22 % und daß ein neues Volk sich erst im Lande gebildet hätte, meinten 6 %. Ob Israel die direkte Fortsetzung der jüdischen Geschichte sei, bejahten 54 %, 28 % hielten nur die Fortsetzung der jüdischen Geschichte, soweit sie sich in Palästina zugetragen habe, für gegeben, 2 % für eine Fortsetzung der Diasporageschichte, und 16 % nahmen den Beginn einer neuen eigenständigen Geschichte an[131]. Eine Verbindung zur Geschichte – zur antiken jüdischen Geschichte im Gegensatz zur Diasporageschichte – wird gern aus propagandistischen Gründen angenommen. So etwa, wenn Aba Eban von der ERNEUERUNG der jüdischen Souveränität schreibt[132].

Der Gedankengang entzieht sich einer rationalen Untersuchung, er entspringt eher der Quelle einer mystischen Geschichtsinterpretation, die gleichwohl die Absicht verfolgt, eine Nutzanwendung daraus zu ziehen[133]. Doch müssen diese Bemühungen insoweit Beachtung finden, als sie in den israelischen Schulen verbreitet werden und sicher im israelischen Bewußtsein einen Platz einnehmen. Es wird den jungen Israelis Geschichtsbewußtsein vermittelt, das integrativ wirken soll. Dabei hilft die Kleinheit des Landes mit, den Einzelnen an die jeweiligen Schauplätze historischer Begebenheiten heranzuführen. Darüber hinaus wird damit der Zweck verbunden, die Kampfmoral zu stärken: denn die Erzählungen von den heldenhaften Bemühungen zur Verteidigung Massadas lassen sich unschwer zu heute in Beziehung setzen[134].

Doch ist das Geschichtsbewußtsein der Sabres sehr selektiv. Zwei Beispiele, auf die Burghard Freudenfeld[135] verweist, zeigen dies:

Leidensweg und Schicksal der Anne Frank blieben für den Sabre verständnislos. Dagegen stoßen archäologische Funde in Israel sehr wohl auf sein Interesse. Die Freilegung von Festungen judäischer Könige, die Ausgrabungen von Tempeln im Negev, das Auffinden hebräischer Schriften, all dies hat für ihn einen unmittelbaren Bezug.

Beiden Beispielen gemeinsam ist, daß sie zur jüdischen Geschichte rechnen – es unterscheidet sie jedoch, daß das erste Beispiel zum Kulturkreis der Diaspora gehört, wogegen das zweite das Land Israel zum Schauplatz hat. Den jungen Israelis erscheint interessant, was sich an historischen Begebenheiten innerhalb ihres heutigen Landes abgespielt hat. Es ist für sie mehr eine Landeskunde[136], Landesgeschichte, die wegen des persönlichen, lokalen Bezuges auf Interesse stößt. Die Sabres haben eine Beziehung zu jüdischer Geschichte, soweit diese im Land Israel ablief, zur Geschichte der Diaspora fehlt ihnen der Bezug. Mit dieser Aussage steht scheinbar im Widerspruch die offensichtliche Verehrung für die Helden des Warschauer Aufstandes und in besonderem Maße für ihren Führer Mordechai Anilevic: „Such acts of resistance Israeli youth really admire."[137]

Selbstverständlich gehört der Aufstand des Warschauer Ghettos nicht direkt zur israelischen Landesgeschichte, doch sind die Verbindungen enger als man geneigt sein könnte anzunehmen.

Der Anführer Modechai Anilevic war Mitglied der zionistischen Jugendbewegung Hashomer Hazair. Mitglieder derselben Bewegung wanderten in Israel ein, wo ein Kibbuz nach ihm benannt wurde[138]. Was die Bewunderung der jungen Israelis herausfordert, ist die Aufgabe der passiven Haltung, der aktive Widerstand[139], man ließ sich nicht, wie der oft gehörte Vorwurf lautet, wie Lämmer zur Schlachtbank führen.

Weiter ist als Erklärung für die Warschauer Helden noch anzuführen die These Alexandre de Tocquevilles, daß die Umstände bei der Geburt einer Nation – wie bei der Geburt eines Menschen – Einfluß auf die Persönlichkeit, die Identität der Nation haben[140]. So wurde das Trauma von Ausschwitz mit in das Bewußtsein der Nation als eigene jüngste Vergangenheit übernommen. Dies also kann nicht als Argument gegen die Selektivität des Geschichtsbewußtseins bei den Sabres angeführt werden.

„They have no difficulty relating themselves to the warriors led by Bar Kochba, at the fortress of Massada, or even much further back to the jews of the earliest biblical days. But there is an understandable problem in identifying with the long period of jewish minority-existence so different to the conditions from their own life."[141]

Yael Dayan stellt fest, daß die jungen Sabres nicht in die Synagoge gehen, am Sabbat keine Kerzen entzünden, nicht die religiösen Riten einhalten[142]. Da es schwierig ist, die jungen Israelis in die alten religiösen Kategorien zu drängen, spricht sie von einer neuen jüdischen Ethik und von einem Juden in „einem neuen und klar umrissenen Sinn"; doch muß sie sich hier den Vorwurf des Etikettenschwindels gefallen lassen. Den Sabre unterscheidet vom Juden grundsätzlich sein Verhalten, sein Bewußtsein als Angehöriger einer Majorität, das es ihm unmöglich macht, das Verhalten einer Minorität geistig nachzuvollziehen.

Die Israelis bilden – und darin liegt gleichzeitig ein Abgrenzungsmerkmal gegenüber den Zionisten – eine Nation.

„Was ist eine Nation. . . Eine Nation ist eine Gruppe von Menschen, die glauben, daß sie eine Nation sind, die als Nation leben wollen, ein gemeinsames politisches Schicksal haben, sich mit einem politischen Staat identifizieren, seine Steuern zahlen, in seinem Heer dienen, für seine Zukunft arbeiten, sein Geschick teilen und notfalls für ihn sterben. In diesem Sinne sind wir in Israel zu unserem Heil oder Unheil unmißverständlich und unwiderruflich eine Nation. Unsere Nation umfaßt alle von Dan bis Eilat, schließt aber nicht die Juden in Brooklin, Paris oder Bukarest ein, mögen sie auch mit unserem Land sympathisieren und sich ihm nahefühlen."[143] Diese Definition wurde von dem ehemaligen Parlamentsabgeordneten Uri Avneri gegeben, bezeichnenderweise in seinem Buch mit dem Titel „Israel ohne Zionisten". In der Tat schließt diese Definition weit mehr Menschen als Israeli ein, als dies die zionistische Ideologie getan hatte.

Nach der Staatsgründung mußte Israel alle umfassen, von Dan bis Eilat, gleichgültig, welcher Rasse, welchen Bekenntnisses. Israel mußte einen Nationalismus züchten, der alle verschiedenen Strömungen und Umweltherkünfte der Einwanderer auf seine israelischen Werte zu fixieren vermochte, sich also des integrativen Effekts jeden Nationalismus bedienen. Dieser neue Nationalismus mußte die zionistische Idee umfassen, er mußte aber gleichzeitig über sie hinausgehen. Die Notwendigkeit, alle Teilidentitäten zu umfassen, führte zur Politik der Kompromisse, die zur heutigen Situation führte, in der diese Kompromisse nicht mehr tragbar sind[144].

Liest man diese obige Definition, so fällt auf, daß Teile der israelischen Orthodoxie nicht in diese israelische Nation passen, denn – wie unten noch darzustellen sein wird – es gibt orthodoxe Kreise, die eben nicht in der Armee dienen, keine Steuern zahlen, die nicht zu diesem Staat gehören wollen und sich nicht zu ihm bekennen.

Avneri gehört zu einer kleinen intellektuellen Gruppe, die sich selbst als „die Kanaanäer“ bezeichnet. Sie lehnt die Konstruktion eines Zusammenhanges zwischen Israel und der Diaspora ab, ebenso wie die Annahme einer jüdischen Kontinuität in Israel. Sie setzen an deren Stelle die Forderung, den Staat als Bestandteil einer semitischen Region zu betrachten, was die Forderung nach einem Arrangement mit den semitischen, arabischen Nachbarn beinhaltet, möglicherweise auf Kosten des religiösen Charakters des eigenen Staates[145]. Avneris Gruppe verneint nicht die Existenz des Staates, sondern seinen jüdischen Charakter.

Avneri trug seine Ideen der Separation von Synagoge und Staat auch auf einem Seminar vor, das über die Ideologie des jüdischen Volkes gehalten wurde[146].

Er untermauerte dort seine Ideen durch das Argument, der Tod eines Israeli in Petach Tikwa müsse einem anderen Israeli näher gehen als der Tod eines Juden in Amerika. Eigenart des jüdischen Glaubens sei es, daß verschiedene Abstufungen von jüdisch nicht möglich seien, die jüdische Religion verlange ein Entweder-Oder, eine weltliche Alternative fehle: ein Bekenntnis zum religiösen Staat oder seine Abkehr davon.

Für Avneri dürfte die Entscheidung nicht schwer sein. Doch zeichnet sich der weltliche Kurs auch bei anderen ab. Im Moment der Staatswerdung verlas Ben Gurion die Worte, der neue Staat werde „volle soziale und politische Gleichberechtigung ohne Unterschied der Rasse, Religion oder des Geschlechts“[147] gewähren.

Der Staat Israel ist dabei, eine Nation zu formen; die Israelis werden zu einer Nation, weil sie sich dafür halten.

Es gibt keine jüdische Nation, es gibt auch keine zionistische Nation.

Aber: es gibt eine israelische Nation.

Der Staat, der als das Ergebnis der Herzl'schen Prophezeiung entstanden ist, ist kein „Judenstaat“. Im Staat Israel bildet sich ein Kollektiv heraus, das sich seiner selbst bewußt ist, aber in diesem Bewußtsein nicht allein die Zugehörigkeit zum jüdischen Volk umfaßt.

Die Bildung der neuen Identität ist ein langwieriger, von häufigen Gegenstimmen gesäumter Prozeß. Die Betonung nationaler Interessen ist im Zunehmen begriffen und dient auch der Absetzung gegenüber dem Judaismus:

„Nur die Zurückweisung dieser Prämisse (der Einheit von Staat und Religion; d. Verf.) durch den ISRAELISCHEN (Hervorhebung durch den Verf.) Nationalismus, einen Faktor von steigender Bedeutung, wird dazu führen, daß sich Israel allmählich in einen normalen, säkularen Staat verwandelt.“[148]

„The greatest danger to the state is a collective assimilation of chauvinist nationalism.“[149]

Dieser Nationalismus beruht auf einer Überbetonung der eigenen Stärke, auf einem täglichen Plebiszit, der persönlichen Entscheidung, dieser Nation angehören zu wollen und notfalls, wie Avneri es formuliert, für sie sterben zu wollen[150].

Unter der Kapitelüberschrift „Sind wir die Preußen des Orients?“ schreibt Avneri über die Rolle, die die Armee im Leben des jungen Israeli ausfüllt, von der spartanischen Art des Lebens in den Grenzkibbuzim. Es gibt wohl kaum eine andere Lebensart, die ein derartiges Oppositum zum Judaismus darstellt wie dieses Leben des Kampfes und der Härte[151]. Der israelische Nationalismus rückt dabei in seinen Methoden und Forderungen bedenklich nahe an Fanatismus heran, worüber noch zu sprechen sein wird[152]. Doch darf darüber nicht vergessen werden, den Hauptgedanken zu Ende zu führen, daß sich der israelische Nationalismus in neue Richtungen entwickelt, weg vom religiösen Judaismus.

Von Bartikwa wurde der Verdacht geäußert, daß der Atheismus, der in manchen der Regierung nahestehenden Kreisen gepflogen wird, das Land vom Verdacht der Rückständigkeit befreien soll[153].

Das setzt freilich voraus, daß man die zugrundeliegende These akzeptiert, Religiosität sei rückständig, Atheismus progressiv. Ohne darüber allgemein befinden zu wollen, läßt sich dies, projiziert auf die Verhältnisse in Israel, mit der Ansicht vieler Israelis vereinbaren, die die orthodoxe Praxis für „finsteres Mittelalter“ halten und im Weg eines nationalen und zwangsweise areligiösen Staates ein progressives Element.

Arthur Kösteler wird die Urheberschaft an dem Satz nachgesagt: geh nach Israel oder höre auf, Jude zu sein (ein zionistischer Satz); heute könnte Köstelers Satz vielleicht lauten: Geh nach Israel und höre auf, Jude zu sein.

EXKURS: DER NATIONALBEGRIFF

Geht man von der Frage aus, welche Kriterien die (Geschichts-) Wissenschaft entwickelt hat, um die Zugehörigkeit zu einer Nation zu definieren, so bieten sich mehrere an: Sprache, Wohnort, Geburt, Religion, Determinanten der Eltern, Wille des Kollektivs, persönlicher Wille.

Kurz kategorisiert also existieren objektive und subjektive Faktoren. Erstere mehr statischer Natur, abstellend auf die Umwelt, unabhängig vom Willen des Betroffenen, zweitere mehr die persönliche Präferenz des Betroffenen favorisierend.

Für beide Formen lassen sich historische Beispiele finden:

Der subjektive Nationalbegriff entstammt vorwiegend den westlichen Ländern: 1789 war jeder Franzose, der sich zu den Idealen der französischen Revolution bekannte. So erklärt sich auch Ernst Renans Ausspruch: „l'existence d'une nation est un plebiscite de tous les jours" oder das Wort des amerikanischen Soziologen Pillsburg: Der einzige Weg zu entscheiden, ob ein Individuum zu einer Nation oder anderen gehört, ist, es zu fragen.

Der osteuropäische Nationalbegriff war vorwiegend in objektiven Kategorien gefaßt. Er diente vor allem der Wahrung der nationalen Eigenart; zur Nation gehörte – unwiderruflich – wer in sie hineingeboren wurde. Besonders in Minderheitengesellschaften diente dieser Nationalbegriff dem Schutz vor der übermächtigen, integrierenden Mehrheit. Diese Vorstellung führte oft zu einer freiwilligen Abkapselung und bewußtem kulturellem Inzest. Diese Segregation gegenüber äußeren Einflüssen und die Pflege gemeinsamer Kulturwerte im Inneren ist die typische Haltung des diasporären Judentums. Es ist auch nicht weiter verwunderlich, daß eine Verbindung hergestellt werden kann zwischen diesem Nationalbegriff und dem hauptsächlichen geistigen Zentrum des Judentums im 19. Jahrhundert: Osteuropa.

Dieser Nationalbegriff stellt auf die Geburt ab (durch eine jüdische Mutter). Die Zugehörigkeit zur Gruppe war nicht freigestellt, sie war verbindend. Ihre Ablehnung war „Abtrünnigkeit", wobei noch die religiöse Komponente hinzutrat, gegen die alle Machtmittel der Gemeinschaft eingesetzt wurden, bis hin zur denkbar schwersten Strafe: dem

Ausschluß. Dieser Ausschluß aber bedeutet nicht die Akzeptierung des Ausscherwillens, sondern die Verstoßung in die feindliche Umwelt, die Säuberung der eigenen Gruppe.

Der politische Zionismus, der seine Entstehung, wie oben angedeutet wurde, nicht zuletzt seiner nationalgesinnten, feindlichen Umwelt verdankt, diente als Instrument der Realisierung eines politischen Zieles: der Mobilisierung einer unterdrückten Minderheit. Der Personenkreis, den er anzusprechen bemüht war, ist dabei sicher durch objektive Kriterien zu determinieren: er wandte sich ausschließlich an Juden, Menschen also, die durch objektive Faktoren, Geburt, Rasse, Religion bestimmt waren. Doch trat zu diesen Faktoren noch ein weiterer hinzu, der den Zionisten zum Zionisten machte:

Die Erfahrung gemeinsamer gesellschaftlicher Ächtung und sozialer Privationen und der Wille – ein subjektives Merkmal – etwas dagegen zu unternehmen.

Dem Zionismus fehlten die Machtmittel, seine Ideen gegenüber allen Juden durchzusetzen, so trat zu den objektiven Merkmalen des Jüdischen nun das subjektive Merkmal hinzu: der Wille, sich zu den zionistischen Idealen bekennen zu wollen.

Der Zionismus stellt also eine Mischform dar aus objektiven und subjektiven Merkmalen des Nationalbegriffs; man könnte ihn auch als Übergangsform vom objektiven jüdischen zum subjektiven israelischen Nationalismus bezeichnen[154].

Die Fortentwicklung des subjektiven Elements des zionistischen Nationalbegriffs hin zum israelischen Nationalbegriff war orientiert an der Notwendigkeit der Praxis, das voluntaristische Element zu stärken.

Durch die Unabhängigkeitserklärung, die die Freiheit und Gleichzeit aller Rassen und Religionen forderte, mußte der Zusammenhang von Voluntarismus und Integration bewußt werden. Der israelische Nationalismus mußte die Gesamtheit der im Lande versammelten Bürger ansprechen, eine integrative Basis für alle zu schaffen suchen, nicht nur für die, die sich durch gemeinsame Abstammung verbunden waren.

Die Basis war die Verbundenheit mit diesem Land, als die nur logische Konsequenz der Gemeinsamkeit, Arbeit, Anstrengung und Gefahr zu teilen.

Die subjektive Verbundenheit, der Wille, Bürger dieses Staates zu sein, ihm zu dienen, ihm seine Söhne zu opfern, dies ist das gemeinsame Band, der Wille zusammenzugehören, nicht irgendwelche objektive Kriterien, wie sie ein theokratischer Staat von seinen Bürgern fordern müßte.

Doch muß der israelische Nationalismus sich auch kritische Stimmen gefallen lassen:

Dieses Zusammengehörigkeitsgefühl ist auch propagandistisch zu nutzen, es ist nach den Notwendigkeiten der augenblicklichen Lage künstlich aufreizbar. Der integrale Nationalismus kann auch die Aufgabe erfüllen, soziale Spannungen und Problematiken zu übertünchen. Dies führt – ohne damit moralische Kategorien zu verbinden – zur Frage der Qualität des israelischen Nationalismus. Ein Nationalismus, der emanzipatorisch wirkt, einem Volk, einer Nation zur Selbstverwirklichung verhilft, wird oft gleichzeitig integrativ, verschmelzend wirken. Dagegen kann sehr wohl ein rein integrativer Nationalismus ohne jegliche emanzipatorische Wirkung existieren. Der israelische Nationalismus ist insofern emanzipatorisch, als er danach strebt, einem Volk seine Lebenschance zu sichern. Um diese Aufgabe lösen zu können, muß er integrativ wirken. Dabei muß er sicherlich die Rechte mancher Individuen beschneiden. Emanzipatorisch ist ein Nationalismus in der Regel, wenn er eine erhöhte Form des Self-Government mit sich führt, eine gesteigerte Partizipation am politischen Entscheidungsprozeß. Er wird also die Probleme und Bedürfnisse aller Individuen und in gesteigertem Maße aller repräsentativen Gruppen zu berücksichtigen haben[155].

Dies kann der israelische Nationalismus nicht leisten. Eine Reihe von Problemen werden durch Integrationsparolen übertüncht, allen voran das Problem der Orientalen. Von einer freien Entfaltung oder Respektierung ihrer Werte kann keine Rede sein. Von der Lösung dieses sozialen Problems einer Minderheit wird abgelenkt, ihre Mitglieder werden ohne Rücksicht auf kulturelle Eigenart in den Kreis der Majorität überführt[156].

ANMERKUNGEN ZUM BEGRIFF DER IDENTITÄT

Nach der Darstellung einiger Symptome des israelischen Selbstverständnisses soll in diesem Abschnitt der Begriff der Identität einige Beachtung finden.

Der Grundtenor des vorausgegangenen Kapitels war die Darstellung des Übergangs einmal von orthodoxer, religiöser politischer Passivität zu politischem Aktivismus und eng damit verknüpft die Überschreitung der zweiten Schwelle vom Minoritätencharakter zur nationalen Majorität.

Die Identität, sowohl als persönliche Definition als auch als Gruppenausrichtung, mußte sich durch diese Statusveränderung verschieben. So kam es im Laufe der neueren jüdisch-israelischen Geschichte wiederholt zu Spaltungen in der Selbstsicht.

Das Ergebnis dieser Splitterungen ist es, daß heute keine allgemein akzeptierte bekannte Identität vorhanden ist, kein kleinster gemeinsamer Nenner, auf den sich die Vorstellungen aller Bürger vom Charakter des Staates reduzieren ließen. Aus der Abwesenheit einer verbindlichen für die Gesamtheit der Bürger akzeptablen Basis resultiert die Krise in Israel. Sie rührt, anders formuliert, her von der Verschiedenartigkeit der Teilidentitäten, die die einzelnen Gruppen in den Staat einbringen. Diese beruhen auf den Erfahrungen, die die jeweiligen Gruppen getrennt von ihren nunmehrigen Kompatrioten erfahren haben und aus der Unterschiedlichkeit der in Israel vertretenen Werte aus den einzelnen historischen Etappen der Staatswerdung. Die Änderung des sozialen Status vollzog sich in einem Prozeß, der nahezu ein volles Jahrhundert dauerte. In diesem Zeitraum wurden variable Vorschläge einer israelischen Identität entworfen, die heute in großer Bandbreite entsprechend der jeweiligen Konservativismuskonzeption vertreten werden.

Der hier vorgelegte Entwurf einer israelischen Identität hat die Tendenz – vor allem in den folgenden Abschnitten – auf den Sabre als speziellen Repräsentanten der israelischen Identität abzustellen. Darüber wird leicht vergessen, daß die israelische Identität auch deshalb schwankend ist, weil mit den In-puts der Einwandereridentitäten gerechnet werden muß. Doch kann dies vernachlässigt werden, weil die Einwanderung nicht mehr den hervorragenden Faktor darstellt, der sie einmal war und als der sie geplant war und weil mit den Identitäten der Einwanderer in Israel in der Regel eine Umwertung geschieht. Sie unterliegen einer Transformation des Selbstbildes, die soweit führen kann, daß die bisherige Identität hinter einer – bis dahin – Teilidentität zurücktritt. Charakterzüge, die dem Einzelnen an sich selbst bis dahin nicht sonderlich wichtig waren, werden stilisiert zur bestimmenden Komponente der Persönlichkeit[157].

Im Falle des Einwanderers ist dies die Betonung der israelischen Werte, der Werte der eigenen Persönlichkeit, die sich am besten in die neue Umgebung einpassen. Diese Hebraisation ist eine Umwertung der Werte, die nur mit inneren Kämpfen durchgeführt wird und oft als Betrug gegen sich selbst empfunden wird. In diesem Kampf mag die Interaktion mit der Umwelt eine bedeutende Rolle spielen[158].

Die neue Selbstdefinition basiert oft auf den Standards der israelischen Gesellschaft oder besser den Standards einer der in Israel vertretenen Gruppen.

Die Rezipierung israelischer Werte fällt dabei umso leichter, als dem Einwanderer dazu noch einige Instrumente an die Hand geliefert werden.

Die Ulpanim, eigentlich als Sprachkurse gedachte Schnellkurse des Hebräischen, dienen als Instrument der „indoctrination and acculturation"[159]. Nach vollzogener Umwertung der Werte ist oft festzustellen, daß die mit einer neuen Selbstsicht Ausgestatteten gleichsam symbolisch ihren Namen wechseln oder hebraisieren[160].

Wenn oben der Ursprung der Krise gesehen wurde in der Abwesenheit einer verbindlichen Identität, so führt dies zu der generellen Frage, ob die Einheit der Identität in einem Staat denn die Regel sei. Man kann dem wohl entgegenhalten, daß in jeder pluralistischen Gesellschaft eine verbindliche Sicht der eigenen Identität (der staatlichen Identität des einzelnen Bürgers von der Stellung des einzelnen im Staat) kaum existiert, daß eine einheitliche Identität nicht unbedingt gewahrt sein muß. In der pluralistischen Gesellschaft ist die Meinungsdiffusion der Normalzustand. Dennoch führen die Unterschiede der einzelnen Identitäten in pluralistischen Ländern nicht zu Krisen der Identität.

Das mag einmal daran liegen, daß sich in vielen pluralistischen Ländern die meisten Menschen ihrer Identität nicht ausdrücklich bewußt sind, wogegen der Israeli mit den Fragen seiner Identität permanent konfrontiert wird. Zum anderen liegt dies daran, daß die Beschaffenheit der Identität keinen Brennstoff liefert in der Auseinandersetzung im privaten Bereich und mit der Tagespolitik keinen direkten Bezug hat.

In Israel aber wird die Diskussion um die Identität in den Privatbereich hineingetragen, und die Konsequenzen, die die Entscheidung dieser Frage für den einzelnen Israeli hat, etwa in der Forderung der orthodoxen Gruppen, den Talmud zu verbindlichem Gesetz zu machen, sind für ihn von vitalem Interesse.

Um den anstehenden Aufgaben Herr zu werden, etwa der Eingliederung der Einwanderer, muß die Identität klar umrissen werden, ein Prozeß, in den die Streitigkeiten der rivalisierenden Gruppen eingreifen. Dabei kommt es zu extremen Polarisierungen, was an sich schon den Anspruch eines pluralistischen Staates gefährdet. Diese Polarisierungen, die geradezu als typisch für die politische Landschaft Israels gelten können und den Unterschied zwischen Identitätsdifferenzen in anderen Ländern und denen in Israel markieren, sind es, die die Bezeichnung „Krise" rechtfertigen.

Die divergierenden Parteien halten, jede für sich, einen Exklusivitätsanspruch aufrecht, der dem Pluralismus, aber auch der notwendigen Toleranz für ein funktionierendes Staatswesen widerspricht. Die verschiedenen Richtungen bekämpfen einander mit einer Vehemenz, die nur aus der Überzeugung rühren kann, allein ihre Sicht des Staates – als Theokratie hier, als Säkularstaat da – könne den Staat vom Untergang bewahren. Ihre Sprache – besonders die der Orthodoxen – ist dabei voll formelhafter Beschwörung.

Thomas Mann schrieb: „Der Sprache der Zitate entspricht ein Leben in Zitaten."[161]

Die Orthodoxen leben im Mythos ihrer Zitate, sie handeln nach den Aussprüchen ihrer Vorväter, leben eher nach den Sätzen des Glaubens als nach einer aus der Vernunft kommenden Einschätzung der Lage. Für sie ist der Mythos „Inspiration und Schutz zugleich; er ist ein Modell für das Handeln in der Gegenwart und dessen Rechtfertigung". Der Mythos ist eine „Realität des Kollektivbewußtseins"[162]. Es ist Charakteristikum des Mythos, sich rationaler Prüfung zu entziehen, seinen Sinn nicht hinterfragen zu lassen. Er unterliegt auch nicht der verstandesmäßigen Evolution. „Orthodoxie ist nach westeuropäischen ideologischen Begriffen Mittelalter."[163]

Dieser formelhaften Beschwörung durch die Orthodoxen steht die Beschwörung der zionistischen Ideale durch andere gegenüber. Auch das junge Israel, wenn es weder zu den Orthodoxen noch zu den (bezeichnenderweise ebenfalls orthodox genannten) Zionisten neigt, ist dabei, sich einen eigenen Mythos zu schaffen: den der Gewalt.

Dies alles ist zu beachten, es fließt automatisch ein in die jeweilige Identität.

Da es sich bei der vorliegenden Arbeit um eine politikwissenschaftliche Untersuchung handelt, das zu untersuchende Problem aber eher im Bereich der Sozialpsychologie angesiedelt ist, sind für das Verständnis des bisherigen wie des folgenden einige begriffliche Präzisionen zu treffen.

Mit dem Begriff der Identität soll „ein spezifischer Zuwachs an Persönlichkeitsreife angedeutet werden, den das Individuum am Ende der Adoleszenz der Fülle seiner Kindheitserfahrungen entnommen haben muß, um für die Aufgaben des Erwachsenenlebens gerüstet zu sein"[164].

Dabei muß beachtet werden, daß diese Anforderungen des Erwachsenenlebens je nach sozialem Status und Gruppenzugehörigkeit eine variable Größe darstellen, die bei sozialen Minderheiten ihre Eigenheiten aufweist. Selbstverständlich kann nicht die umfassende inhaltliche Bedeutung der Identität Gegenstand dieser Erörterung sein, sondern vielmehr der Aspekt der persönlichen Identität, der die Stellung des Trägers zur und in der jeweiligen Gemeinschaft beleuchtet, die Stellung zum Staat und der Weg, der zu dieser Stellung führt. Nachdem aber gerade die Stellung im Staat den Unterschied umfaßt, der zwischen Diasporadasein und Israelismus steht und sich die Richtungskämpfe zwischen den rivalisierenden Gruppen aus den Identifikationen zum Staat herleiten, ist gerade dieser Aspekt für den Bewohner Israels konstitutives Merkmal der gesamten Identität und untrennbar von Momenten der Identität, die im persönlichen Bereich liegen. Eine Trennung von sozialen Teilen (will man diese Trennung einmal als möglich annehmen) und individuell-persönlichen Teilen ist in diesem Fall also nicht möglich.

Für diese Identität ist die Interdependenz zwischen Erwachsenenleben und vorbereitender Kindheitsphase aufschlußreich. Einerseits ist die zukünftige Stellung des Kindes bereits vorherbestimmt durch Teilidentitäten, die in der Kindheitszeit erworben werden. Andererseits aber sind die an das Kind herangetragenen Identitätsteile durch den sozialen Status der es umgebenden Erwachsenen beeinflußt. Dies ist umso deutlicher, als die Erwachsenen einer minoritären Gruppe angehören.

Durch die Sozialisierung, „wie sie vor allem in der Familie erfolgt"[165], werden vom Kind primäre Rollendispositionen erworben, es läuft ein Mechanismus der Identifikation ab, durch den die engste Umwelt zu einem „Vorbild für die generelle Orientierung"[166] wird. Derartige Lernprozesse schließen notwendigerweise Wertungen ein, die ihre Rechtfertigung aus der sozialen Erfahrung der Erwachsenen erhalten[167]. So wurden an den jungen Juden der Diaspora die Wertanforderungen und Vorstellungen seiner engsten Umwelt herangetragen[168]. In Israel werden an den jungen Israeli diese Wertungen ebenfalls übergeben durch seine Eltern, oft ersetzt durch Peergruppen und Jugendorganisationen.

Beide Bewertungen differieren naturgemäß gewaltig voneinander.

Diese Zeit der jugendlichen Identitätssuche kann als psycho-soziales Moratorium gesehen werden, „während dessen der Mensch durch freies Rollenexperimentieren sich in irgendeinem der Sektoren der Gesellschaft seinen Platz sucht, eine Nische, die fest umrissen und doch wie einzig für ihn gemacht ist"[169].

Der Unterschied zwischen jungem Israeli und Diasporajuden liegt nur in der Breite der Möglichkeiten, die dem freien Rollenexperiment gegeben sind. Für den jungen Juden war seine Rolle vorgeschrieben durch Tradition (die ihn in seinen Möglichkeiten erheblich einengte) wie durch seine Gruppe, die seinen Lebenslauf programmierte – eine Rollensuche konnte bestenfalls innerhalb der engen Gruppe stattfinden.

Für den jungen Israeli dagegen stehen eine ungleich größere Zahl von Rollen zur Auswahl, unter denen er sich seine ihm angepaßte auswählen kann. Seine Freiheit ist nicht von vornherein beschränkt durch seine soziale Gruppenzugehörigkeit.

So führen Kindheitsvorstellungen mit zunehmendem Alter und wachsendem Realitätsbewußtsein zu immer präziseren Selbstdefinitionen[170].

Die Teilidentitäten werden mit wachsendem Alter, mit gesteigertem Einschätzungsvermögen der tatsächlichen Möglichkeiten zur Erkenntnis der eigenen Identität abgeschliffen. „Jene endgültige Identität also, die am Ende der Adoleszenz entsteht, ist jeder einzelnen Identifikation mit den Beziehungspersonen der Vergangenheit durchaus übergeordnet; sie schließt alle wichtigen Identifikationen ein, aber verändert sie auch, um aus ihnen ein einzigartiges und einigermaßen zusammenhängendes Ganzes zu machen.“[171]

Die Psychologie nennt diese Phase der Verdichtung oder Absorption von Teilidentitäten zu einer neuen Konfiguration der Identität eine Identitätskrise. Diese Krise hat also die inhaltliche Aufgabe, den Zusammenbau aller konvergierenden und den Abbau aller divergierenden Teilidentitäten. Daß dies mitunter ein psychologisch äußerst schmerzhafter Vorgang sein kann, leuchtet ein. Teilweise müssen bevorzugte und geliebte Teilidentitäten der klaren Linie einer neuen Identität weichen.

Überträgt man diese personale Definition einer Identitätskrise auf einen Staat, so läßt sich das Gesagte dort nachvollziehen: im Begriff, eine moderne israelische Identität zu schaffen, wehren sich die alten Teilidentitäten, eingereiht zu werden (oder ausgeschieden zu werden). Pionierauffassung, Wächterstaatsidee, die Idee des orthodoxen, jüdischen Israel, all dies muß sich am Realitätsbewußtsein, an der Brauchbarkeit für den modernen Staat messen lassen, auch die Auserwähltheit[172].

Der Zusammenbau der divergierenden Identitätsvorstellungen stößt auf die Widerstände der Gruppen, die ihre Identität nicht als Teilidentität in den Staat eingehen sehen wollen. „Hier ist es wichtig zu erinnern, daß jede Identität ihr eigenes Gefühl der Freiheit kultiviert – weshalb das eine Volk kaum verstehen kann, wie auch andere Völker sich frei fühlen können.“[173]

In Israel gilt dies für die Gruppen untereinander. Keine Gruppe kann die Form des Staates gutheißen, die von der anderen angestrebt wird, denn jede verneint, daß sie sich in einer anderen als der eigenen Form frei fühlen könnte (frei von religiösem Zwang, respektiv frei von politischen Beeinflussungen des religiösen Lebens)[174].

Ein weiterer Grund für die Identitätskrise besteht in den unterschiedlichen Zeitperspektiven, die die israelischen Bürger an ihre historische Entwicklung anlegen.

„Die Menschheit lebt nie ganz in der Gegenwart, in den Ideologien des Über-Ich lebt die Vergangenheit, die Tradition der Rasse, des Volkes fort, die den Einflüssen der Gegenwart, neuen Veränderungen nur langsam weicht und solange sie durch das Über-Ich wirkt, eine mächtige Rolle... im Menschenleben spielt.“[175]

Ein Jude in Israel erlebt schon daher eine merkwürdige Situation, weil seine Vergangenheitsperspektive als Jude relativ lang, als Israeli relativ kurz ist. Über den von Freud angedeuteten Mechanismus gelingt es der Orthodoxie, als Bewußtsein der Nation, als Wahrer ihrer Tradition aufzutreten[176].

Dennoch ist das Ich-Ideal nicht starr, es ist vielmehr an die „wechselnden Ideale der historischen Perioden gebunden“[177].

Je stärker diese Ideale hervortreten, desto geringer ist die kohäsive Kraft der Tradition – in Israel entwickelt sich ein neues Ideal des Sabre, völlig verschieden von den Vertretern der orthodoxen Lehre. Aber auch zwischen Mitgliedern der Einwanderergenerationen und den Sabres tun sich schroffe Gegensätze auf, besonders in den Kibbuzim[178]. Die Familie, einst wichtiges Element der jüdischen Organisation der Diaspora, bildet im Kibbuz nur mehr eine formale Einheit. Eine wesentlich stärkere Prägung als durch die Familie erfährt der Jugendliche im Kibbuz durch die Peergruppe, seine Verflochtenheit mit gleichaltrigen Kibbuzmitgliedern. Mit den Eltern dagegen besteht ein Bruch.

„Es gibt keine institutionalisierte Kontinuität in Beruf, Spezialisierung oder Erbschaft.“[179] Bruno Bettelheim bestätigt den jungen Israelis, daß sie sich insgesamt in Charakter und Verhaltensweise von ihren jüdischen Vorfahren unterscheiden. Daß sie nicht die defensiven Charakterzüge des Ghettojuden teilten, sondern dessen Defensivität ins Gegenteil verkehrten, daß sie an Ghettowerten und Ghettoverhalten totales Desinteresse zeigten. Kurz, es ist erstaunlich, „how different is the kibbuz-born generation from their parent“[180]. Obwohl Bettelheim, wie er schreibt, viele Kinder kennt, deren Persönlichkeit sich von der ihrer Eltern unterscheidet, meint er nie eine gesamte Generation gesehen zu haben, die sich insgesamt so von ihren Vorfahren unterscheidet.

Ein dem Judentum zugesprochenes Kennzeichen ist der scharfe analytische Verstand, geschult an der kasuistischen, argumentatorischen

Interpretation der religiösen Texte, dem Abwägen von Argumenten, dem pointierten Nuancieren in den Aussagen.

Dem stehen die Erfahrungen aus Diskussionen mit Sabres gegenüber. Es zeigt sich, daß ihr aggressiver Lebensstil auch in ihren Diskussionsstil übergegangen ist. Diskussion müßte hier wohl besser durch die Vokabel Debatte ersetzt werden. Feinfühliges Argumentieren, Eingehen auf den Partner ist nicht ihre Stärke: „power and force have the last word, not good arguments"[181].

So haben denn auch in einer Auseinandersetzung innerhalb Israels die Sabres alle Chancen für sich, sich mit ihrer Identität durchzusetzen[182].

Das bedeutet nichts anderes, als daß die bisherigen Identitäten des Judaismus, des Zionismus ihre subsummierende Kraft verlieren müßten und in den Vorstellungen der israelischen Identität aufgehen müssen.

Als Gegenmaßnahmen kultivieren die einzelnen Gruppen bewußt ihre jeweiligen Mythen, ihre Gebilde der Symbole, Ideen, Ideale, Mythen[183].

Dabei erscheinen der einen Gruppe die Instrumentaria der anderen Gruppe oft als überkommen und abwegig. Die Wiederbelebung der hebräischen Sprache war für die Zionisten eine essentielle Frage, ein Mittel zur nationalen Selbstverwirklichung. Für die Orthodoxen stellte dies ein Sakrileg dar, da das Hebräisch als Sakralsprache nur dem Gottesdienst dienen durfte[184]. In der Tat hat die profane Verwendung des Hebräischen diesem viel von seiner magischen, kultischen Wirkung genommen. Auch die Synagoge hat als Symbol der Diaspora ihre Anziehung als Instrument der persönlichen Identifizierung eingebüßt. In der Diaspora war die Synagoge oft der einzige Ort, seine jüdische Identität öffentlich unter Beweis zu stellen, seine jüdische Abstammung durch ihren Besuch zu manifestieren. In Israel, wo die jüdische Abstammung an Bedeutung verloren hat oder besser: wo es nichts Besonderes ist, jüdischer Abstammung zu sein, sie unter Beweis zu stellen die Notwendigkeit nicht besteht, hat die Synagoge Anziehung und Ausstrahlungskraft verloren.

Auch der Zionismus, der durch seine Forderung der Einwanderung in ein nicht-existentes Land eine mythische Ausstrahlung hatte, mußte sich nach 1948 den Vorwurf gefallen lassen, sich bei der Staatsgründung überlebt zu haben[185].

So kam es immer wieder zu Streitereien um diese Ideen. Der Kulturkampf in Israel ist der Streit dieser Identitäten, der sich in eine scharfe Ideologisierung der israelischen Politik verwandelt hat[186].

„Israel ist zweifellos eines der ideologiebewußtesten Länder, die je existiert haben."[187]

Die Gefahr bei der Ideologisierung in der Identitätsfrage liegt in der Totalität des Ideologieanspruches und in der Neigung der Masse zu extremen Verhaltensweisen in dieser Frage: „Totalität ist ebenso exclusiv wie inclusiv. Ein Zustand: entweder oder, der ein Element der Gewalt enthält. Die Frage, ob die ursprünglich zum absoluten Kriterium erhobene Kategorie auch logisch sei und ob die darin vereinten Teile sozusagen eine Affinität zueinander haben, wird gar nicht erwogen."[188] Diese Beschreibung trifft genau auf den Aufeinanderprall der divergierenden Meinungen in Israel zu.

Eine Frage, die der genaueren Betrachtung bedarf, ist die Übertragbarkeit des individuellen Identitätsbegriffes auf eine gesamte Volksgruppe; lassen sich für Individuen registrierte Verhaltensweisen auf geschlossene nationale Kollektive übertragen?

Zur Beantwortung dieser Frage darf man auf die klinischen Notizen Eriksons zurückgreifen. „Menschen, die derselben Volksgruppe angehören, in derselben geschichtlichen Zeit leben oder auf dieselbe Art und Weise ihr Brot verdienen, werden von gemeinsamen Vorstellungen von Gut und Böse geleitet."[189]

Die Übertragung eines individualpsychologischen Begriffes auf eine soziale Gruppe geht von der Überlegung aus und rechtfertigt sich durch die Tatsache, daß „alle Menschen von Müttern geboren werden, jeder einmal ein Kind war, daß Menschen und Völker in der Kinderstube ihren Anfang nehmen und daß die Gesellschaft aus Individuen besteht, die sich aus Kindern zu Eltern entwickeln".[190]

Aus dieser Überlegung erwächst der Begriff der Gruppenidentität, denn durch die Eltern werden nicht nur persönliche Ansichten übermittelt, sondern auch „der Einfluß von Familien-, Rassen-, Volkstradition sowie die. . . Anforderungen des jeweiligen sozialen Milieus"[191].

Zu diesem Schluß kommt – wenn auch von einem anderen Ansatzpunkt her – Arno Plack; er glaubt, daß innerhalb eines Kulturkreises sich über repressive Reglementierungsmechanismen bei allen gleiche – aber verschieden starke – Wertbegriffe und Ich-Ideale bilden[192].

Eine Person mit einer gewissen ethnischen Identität ist den Mitgliedern ihrer Gruppe auch in ihren Wertvorstellungen automatisch verbunden und dadurch abgetrennt von den Mitgliedern anderer Gruppen[193].

Diese Tatsache ist für die Diaspora umso richtiger, als, wie dargestellt, der Judaismus seine Rettung in der völligen Endogenie suchte und allen Mitgliedern seinen Ehren- und Moralkodex mit voller Verbindlichkeit auferlegte.

Die Anforderungen des jeweiligen sozialen Milieus einer Gemeinschaft, in die ein Kind hineingeboren wird, lassen in ihm das Realitätsempfinden entstehen, das es zwingt zu erkennen, daß seine Ich-Synthese eine Variante der Gruppenidentität sein muß im Einklang mit der Raum-Zeit und dem Lebensplan seiner Gruppe. Dies bedeutet, daß dem Kind durch seine Gruppe Rollenmöglichkeiten vermittelt, angeboten und aufgezwungen werden, die seine spätere Identitätssynthese vorprogrammieren. Dieses Rollenangebot wird umso beschränkter sein, als das Kind einer stigmatisierten Gruppe – möglicherweise einer Minderheit – angehört. „Echte Identität hängt von der Unterstützung ab, die das (junge) Individuum von dem kollektiven Identitätsgefühl erhält.“[194]

Realitätsgefühl und kollektive Identität sagen dem Heranwachsenden, daß er einer Gemeinschaft zugehört, innerhalb derer gewisse umweltbedingte Tabus bestehen, gewisse Aufstiegsmöglichkeiten existieren, andererseits er aber mit gewissen sozialen Hindernissen – etwa Berufsverboten – rechnen muß.

In dem Teilbereich der Identität, der Bezug nimmt auf die Relation des Einzelnen zum großen, abstrakten Gebilde Staat, unterscheiden sich die dem jungen Juden der Diaspora und dem jungen Israeli vermittelten Möglichkeiten vollends.

Dem jungen Diasporajuden vermittelte das Realitätsgefühl das Bewußtsein der Zugehörigkeit zu einer stigmatisierten Gruppe in diesem Staat mit allen daraus rührenden sozialen Privationen; ein häufig angeführtes Beispiel der Rolleneinengung stellen die Berufsverbote dar, nach denen der Bereich der zugänglichen Berufe und damit die Etablierung in bestimmten sozialen Bereichen limitiert war. Auch die Mobilität innerhalb der eigenen Gruppe war streng vorherbestimmt, die Kreise, mit denen „man“ Umgang haben durfte, waren genau bestimmt.

Dem jungen Israeli vermittelt das Realitätsgefühl nicht den Eindruck, einer stigmatisierten innerstaatlichen Gruppe anzugehören. Berufsverbote in dem oben verwendeten Sinn bestehen für ihn nicht. Er kann all das werden, was er will, Polizist, Soldat, sogar Offizier. Auch Beschränkungen der Mobilität aus Tradition kennt er nicht. Er kann seinen Bekanntenkreis frei wählen und ist dabei nicht an die Auflagen der Älteren der Gemeinde gebunden. Seine Freizügigkeit innerhalb des Staates ist nicht auf Rayons beschränkt.

Der ganze Lebensablauf des jungen Israeli unterscheidet sich gründlich von dem des jungen Juden.

Zunächst sind die Kindheitseindrücke des jungen Israeli geprägt von der geographisch-klimatischen Natur seiner Umwelt. Es folgt die Zeit der Primärschule, in der er mit den Idealen der Kooperation und des Pioniertums bekanntgemacht wird, mit Geschichte und geschichtlicher Verantwortung. Die Ideologiebefrachtung dieses Stoffes ist unverkennbar!

Weiterhin durchläuft der Israeli dann eine Reihe von Jugendorganisationen, ehe er für verhältnismäßig lange Zeit durch die Armee geht, auf deren Rolle bei der Identitätsgewinnung noch zu kommen sein wird.

Einer der bedeutendsten Faktoren bei der Ausbildung der Identität sind die Jugendorganisationen; ihre Bedeutung läßt sich schon an den Zahlen der in ihnen Organisierten ablesen: über 40 % der israelischen Kinder sind Mitglied einer Jugendorganisation, eine Mitgliedschaft, die oft bis zum Eintritt in die Armee beibehalten wird[195].

Unter diesen Organisationen sind besonders bekannt die Boy-scouts, die National Youth Organisation und die Gadna. Die Gadna ist ein Verband, der von der Armee, vom Verteidigungsministerium und dem Unterrichtsministerium geleitet und gefördert wird. Sie ist spezialisiert auf militärisches und technisches Training. Lange vor der Unabhängigkeit gegründet, bildete sie einst die Jugendlichen für den Dienst in der illegalen Untergrundarmee aus, eine Zielsetzung, aus der – bezogen auf den heutigen Tag – nur der Präfix „Untergrund" zu streichen ist. Auf diese Weise sind Jugendliche, die das Militärdienstalter erreichen, „both, physically fit and extremly well informed about the problems and the purpose of the state of Israel"[196].

Das Ich hat die Neigung, „sich mit anderen zur gegenseitigen Stärkung in einem Gruppen-Ich zusammenzuschließen, das seinen Willen auf die nächste Generation überträgt“[197].

Man wird diesen Satz sicher anwenden können auf die israelischen Jugendverbände, in denen ja eine Ideologie vermittelt wird, die die erwachsenen Israelis entwickelt haben (etwa die israelische Weise der Verteidigung des eigenen Landes, auf die unten noch zu kommen sein wird). Ebenso aber wird sich dieser Satz beziehen lassen auf das geschlossene indoktrinierende Handeln der Orthodoxen. Der Unterschied zwischen beiden sind die vermittelten Lehrinhalte. Hier liegt ein Bruch vor, der sich zwischen den Generationen vollzog. Dieser Bruch liegt an der Schwelle des Übergangs vom minoritären zum majoritären Stand im Staat. Die Generation, die diesen Bruch vollzog, sagte sich bewußt los von den alten Ansichten; doch gelang es den Pionieren nicht, ihre Ansichten den nachfolgenden Sabres verbindlich zu machen; diese entwickeln eine neue Idee nach ihren eigenen Bedürfnissen, auch wenn diese Idee nicht die doktrinäre Geschlossenheit der anderen beiden Gruppen aufweist.

Für die lange Zeit der Diaspora war die strikte Werttradierung zur Sicherung der künftigen Existenz Gesetz gewesen. Die Identität von Individuen einer minoritären Gruppe bedarf der permanenten Bestätigung durch die Mit-Minderheitler. „In den Tagen kollektiver Gefahr ist die künstliche Ich-Stützung eine legitime Maßnahme.“[198]

Für die bedrohte Minderheit bedeutet also eine starke Identität nicht nur die Erkenntnis des eigenen Standpunktes, sondern auch eine Waffe im Überlebenskampf gegen die Majorität, der nur bestanden werden kann, wenn für die Minderheit eine gemeinsame Aktionsbasis besteht: „Hier weist der Begriff Identität also auf ein Band hin, das den einzelnen Menschen mit den von seiner einzigartigen Geschichte geprägten Werten seines Volkes verbindet.“[199] Für die Diaspora bedeutet dies eine Gemeinsamkeit, die sich nicht nur auf Religion und Rasse bezog. Dies drückt Freud aus bei seinem Versuch, Judentum oder wie der Begriff hier verwendet wird, Judaismus zu definieren:

Er sprach vom „klaren Bewußtsein innerer Identität, die sich nicht auf Rasse oder Religion stütze, sondern auf eine gemeinsame Bereitschaft, in der Opposition zu leben und auf die gemeinsame Freiheit von Vorurteilen, die den Gebrauch des Verstandes einschränken“[200].

Es wurde bereits wiederholt angeführt, daß Minderheitenstellungen ein Stigma bedeuten, ohne daß dieser Begriff des Stigma genauer erläutert worden wäre.

Dieser mehrfach verwendete Ausdruck definiert sich als die „Situation des Individuums, das von vollständiger sozialer Akzeptierung ausgeschlossen ist“[201].

Dabei existiert neben den – häufigeren, individuellen – physischen Stigmata, die im politischen Bereich relevantere Stigmatisierung, „das phylogenetische Stigma von Rasse, Nation und Religion. Es sind solche Stigmata, die gewöhnlich von Geschlecht zu Geschlecht weitergegeben werden und alle Mitglieder einer Familie in gleicher Weise kontaminieren.“[202] Ein Stigma einer Gruppe bedeutet, daß sie in unerwünschter Weise anders ist, als sie die Mehrheit antizipiert hatte. Ein Stigma ordnet eine Person einer Gruppe zu, die von der „Normalität der Majorität“ abweicht.

Mit dem Stigma läßt sich auch die feindliche Haltung erklären, die oft von Mehrheiten gegenüber Minderheiten eingenommen wird. Die Mehrheit konstruiert oft eine Stigmatheorie, die die Inferiorität der Minderheit nachweisen oder die Bedrohung der Mehrheit durch die Minderheit veranschaulichen soll. „Manchmal rationalisieren wir derart eine Animosität, die auf anderen Differenzen – wie zum Beispiel sozialen Klassendifferenzen – beruht. In unserer täglichen Unterhaltung gebrauchen wir spezifische Stigmatermini wie Krüppel, Bastard, Schwachsinniger, Zigeuner als eine Quelle der Metapher und der Bildersprache, bezeichnenderweise ohne an die ursprünglichen Bedeutungen zu denken.“[203]

Die Stigmatisierung wird der stigmatisierten Person durch soziale Kommunikationsprozesse mitgeteilt, sei es durch brutale Gruppenunterdrückung oder auch durch das, was ein Stigmatisierter empfinden muß, „wenn ihn die Kinder einfach anstarren“[204]. So wird dem Stigmatisierten bedeutet, daß die anderen ihn innerlich nach seinem Stigma einschätzen.

Eine denkbare Reaktion des so Stigmatisierten ist der Rückzug auf Seinesgleichen, auf eine Kleingesellschaft, in der es normal, d.h. nichtstigmatisierend ist, stigmatisiert zu sein[205]. Diese Antwort auf die Minderheitensituation ist die typische Reaktion der Diaspora; die Abkapselung nach außen, die totale Hinwendung nach innen ist die Antwort dieser stigmatisierten Gruppe auf die Feindlichkeit der Umwelt.

Mit dieser Haltung aber gehen Realitätsmaßstäbe verloren – die Folge ist oft eine Flucht in den Traum[206].

Die Folge der In-Group-Ausrichtung kann die Pflege einer gemeinsamen Kultur, gemeinsamer Leistungen – anderer als die der Mehrheit – sein. Individuen, die einen In-Group-Standpunkt verfechten, können eine „chauvinistische Linie verfechten, sogar bis zu dem Ausmaß, eine sezionistische Ideologie gutzuheißen. Das stigmatisierte Individuum wird. . . die vermeinten, besonderen Werte und Leistungen seiner Art rühmen.“[207]

Dies trifft auf die Diaspora zu. Die Werte, die dort betont wurden, sind im Abschnitt über den Judaismus dargestellt worden. Doch trifft dies ebenso gut auf die orthodoxe Minderheit in Israel zu, die ja einen Status wie in der Diaspora beibehalten hat[208].

Dabei befanden sich die Orthodoxen für eine In-Group-Forderung in einer günstigen Position; sie tritt nämlich am leichtesten auf bei rassischen und ethnischen Minoritäten, „die eine gemeinsame Geschichte und Kultur haben, (. . .) die ihre Mitgliedschaft über Abstammungslinien übertragen, die in der Lage sind, von einigen ihrer Mitglieder Loyalitätszeichen zu fordern und die in der Gesellschaft in einer relativ benachteiligten Position sind“[209].

Der elementare Unterschied zwischen der Ich-Identität eines Israeli und eines Diasporajuden läßt sich also erklären aus den Rollen, die an den Heranwachsenden herangetragen werden – wie dies oben geschah – und, wie nun hinzuzufügen ist, aus der Situation einer stigmatisierten Minorität, ohne die kausalen Zusammenhänge übersehen zu wollen.

„Nichts kann dem jungen Israeli heute fremder sein, als diese Welt der sozialen und kultischen Inseln im Meer der Verachtung und Rechtlosigkeit.“[210]

Ein nicht in Israel lebender Jude gehört noch heute einer Minoritätengruppe an und trägt mehr oder minder sichtbar – bewußt oder unbewußt – ein Stigma. Daß dieses Stigma nicht mehr (unbedingt) zu den Folgen führt, die mit Judaismus assoziiert werden, mag viele Wurzeln haben. Doch die Annahme, Judaismus und Antijudaismus existiere nicht mehr, ist zu optimistisch. Doch hebt die Existenz Israels die Spannung auf, in die ein Jude versetzt wurde, der zu wählen hatte zwischen strikter In-Group-Ausrichtung und der Assimilation an einen fremden Staat, verbunden immer „mit einem Rest verletzten Ehrgefühls“[211] und Verdächtigungen durch die Gesellschaft[212].

Die jüdische Minoritätenstellung im Lauf der Geschichte kann als Musterbeispiel für ein rassisches Stigma gelten. Sie zählt mit zu den Urerfahrungen des Judaismus. Jude sein war gleich mit einem wandelnden Symbol, Symbol sein für eine verfolgte Minderheit[213]. „Symbol of the rightly persecuted vampire, or the symbol of the unjustly persecuted eternal victim – but always and everywhere you are not an individual but a splinter of a symbol.“ In Israel dagegen bedeutet es nichts Außergewöhnliches, Jude zu sein. Der hohe Anteil an jüdischen Bürgern in Israel macht es möglich, sich dort als Jude nicht stigmatisiert zu führen. „To be a jew in a predominant jewish society is a new experience. Whether they came from Syria or Chechoslovakia the immigrants were former members of jewish minorities and they were to some extent restricted and withdrawn. There is therefore profound emotional satisfaction with their new majority-status.“[214]

Doch verbindet die Tatsache des gemeinsamen Judeseins nicht genug, um einen Zusammenhalt für den israelischen Staatsverband zu geben (noch würde dies die nicht-jüdischen Israelis umfassen). In Israel wurden vorerst Arbeitslösungen geschaffen, von Eliten. Eine Elite dabei bedeutet eine Gruppe von Menschen, der es gelingt, „aus der tiefsten gemeinsamen Identitätskrise heraus einen neuen Stil zu schaffen, der die Möglichkeiten gibt, den dringendsten Gefahren ihrer Gesellschaft zu begegnen“[215]. Diese minimale Basis (und nicht einmal sie ist von allen akzeptiert) ist, daß der Staat überleben soll. Die Elite sind diejenigen, die den Staat vor dem physischen Untergang bewahren[216].

Die Werte, die sie verbindlich gemacht haben, sind die der nationalen Sicherheit und damit verbunden ein Kult der Stärke. Auf Demonstrationen der Jüdischheit verzichten sie weitgehend[217].

Die heutige israelische Identität weist einen guten Teil eines „very strong local patriotism“[218] auf.

Auf einer Pressekonferenz[219] nannte General de Gaulle die Israelis „ein selbstbewußtes und herrschbegieriges Elitevolk“, das dazu übergehen könne, seine ergreifenden, 19 Jahrhunderte lang geäußerten Wünsche in einen leidenschaftlichen Ehrgeiz zu verwandeln[220].

Es ist bezeichnend, daß Ben Gurion jüdischen Witz nicht mochte, weil er fand, darin spiegle sich die Mentalität des Ghettos[221].

Vollzieht man die oft gehörte These nach, Antisemitismus – eine Vokabel, die besser lauten müßte: Antijudaismus – sei der tragende Pfeiler des Judentumsbewußtseins, so läßt sich daraus – dies angewandt auf Israel – folgern:

Da in Israel kein Antisemitismus existieren kann, gibt es dort auch kein Judentumsbewußtsein.

Die inhaltlichen Unterscheidungen zwischen einzelnen Identitätsvorstellungen haben auch zu einem semantischen Problem geführt, das oft Indiz einer Identitätsverwirrung oder einer Identitätssuche ist[222].

Die Suche eines Namens als Aushängeschild einer Identität läßt Rückschlüsse auf die Vorstellungen des Trägers zu, der ja in Wirklichkeit nicht einen Namen für seine Vorstellung sucht, sondern seine gewünschte Identität treffend zu umschreiben sucht. Unter diesem Blickwinkel ist auch die sprachliche Unterscheidung zu betrachten, die von manchen getroffen wird zwischen Hebräer und Jude (wobei Hebräer und Israeli nicht identisch sind, sondern nur auf die jüdischen Israeli zutreffen könnte).

In einer Abhandlung mit dem Titel „Israeli, Hebrew, Jew – the semantic problem" versucht Shlomo Khan, zu diesem Gegenstand Stellung zu nehmen.

„Should we insist on people declaring themselves jews in the religious sense who are ignorant of judaism or who do not believe in its principles and do not practice its rituals."[223] Dem Begriff Hebräer ordnet er eine fest und klar umrissene Aufgabe zu: „For the present it would clear the air if the unreligious Israeli had a dignified label (other than atheist) that he could use to state his identity."[224] Diese hebräische Nationalität würde ein Pendant bilden zu den Begriffen „Franzose", „Deutscher" als Bezeichnung der reinen Nationalität.

Einhergehend mit dieser sprachlichen Regelung fordert Khan, daß es den orthodoxen Juden in Israel gestattet sein müsse, das (religiöse) Gesetz bis ins Detail zu befolgen, daß ihnen aber andererseits nicht das Recht zustehe, ihre Vorstellungen von Sittlichkeit und Ordnung zur (allein-)herrschenden Moral zu erheben.

„Finally I think this division would make it possible for those who want it, the establishment of civil marriage and divorce. The religious jew would still be subjected to the disciplines of rabbical tradition."[225]

Warum aber verwenden die israelischen Gruppen soviel Energie zur Durchsetzung ihres Standpunktes:

„The concept of identity is an enormous usefull tool of political inquiry and the demonstration of its relevance a significant achievement."[226]

ISRAEL ZWISCHEN „BESONDERHEIT" UND „NORMALITÄT"

KULTURKAMPF

In einem zum Standardwerk gewordenen Buch zur Geschichte Israels schreibt Christopher Sykes bei dem Versuch den Charakter der israelischen Gesellschaft zu umschreiben, es sei „the most conservative and most changable society"[227].

Was veranlaßt den Engländer, Konservativismus und extrem wechselndes Gesellschaftsbild – üblicherweise also Antipoden – zu vereinen?

Sicherlich ist die Gesellschaft eines auf Einwanderung hin geplanten Landes schwankenden Einflüssen ausgesetzt, die Wandelbarkeit also leicht zu erklären.

Daneben aber steht das konservative Element, die religiösen Orthodoxen in Israel. Dieser Gruppe der Strenggläubigen steht eine Mehrheit von Juden gegenüber, die dem jüdischen Glauben mit einer Vielfalt von Einstellungen gegenüberstehen, nicht aber den eifernden Willen der Orthodoxen teilen. Diese Gruppe wiederum zerfällt in Zionisten und die Masse der jungen Israelis.

Alle Gruppen leben in einem Wettstreit um die Durchsetzung ihrer Vorstellungen vom Staat, wobei eine Vielzahl von Einflüssen im psychologischen und soziologischen Bereich diese Auseinandersetzung zu einem komplexen System werden lassen.

Der Hauptantagonismus zwischen diesen Gruppen ist die Frage nach dem „jüdischen Charakter" des Staates. Das klingt zunächst einmal, als handle es sich nur um einen Teilbereich des staatlichen Lebens, als sei nur die Beziehung zwischen Religion und Staat berührt, daneben aber bestehe ein weites Feld von politischen Gebieten, für die sich eine gemeinsame Plattform finden lasse. Doch dies verkennt die Grundfragen der jüdischen Religion. Sie sucht alle möglichen Teilbereiche des privaten und gesellschaftlichen Lebens zu erfassen und so weitgehend als möglich zu reglementieren.

Die Frage nach dem „jüdischen Charakter" durchdringt nahezu alle Bereiche des gesellschaftlichen Lebens. Sie wurde Ausgangspunkt extremer Polarisierungen: der Orthodoxen hier und der Säkularisten dort (wobei diese Säkularisten auch gläubige Juden sein können, eine

Sprachregelung, die noch zu behandeln sein wird). Die Polarisierung, die in Israel entstanden ist, legt es nahe, in Israel von einem Kulturkampf zu sprechen. Da sich eben jüdisch nicht allein in religiösen Kategorien fassen läßt, geht dieser Kampf weit über den religiösen Bereich hinaus: es ist die Auseinandersetzung zwischen den in Israel lebenden Bürgern um ihre zukünftige Identität.

„The jewish state is here – but we don't know what jewish means."[228]

Zinger schreibt bewußt „we", denn jeder einzelne Israeli für seine Person wird sehr wohl aussagen können, in welchem Maße er seinen Staat durch Vorschriften des jüdischen Glaubens beherrscht haben will. Niemand aber vermöchte eine Lösung anzubieten für einen allgemeinen Konsensus, für eine Einigung zwischen den einzelnen Gruppen und ihren Vorstellungen. Eine Einigung ist auch deshalb schwierig, weil die Auffassungen derart divergieren, daß ein Brückenschlag unwahrscheinlich wird, ein gemeinsames Handeln, ein Miteinander in der Lösung, ein „we" im Konflikt ist nicht möglich.

Ein Paket von Fragen ergibt sich aus Israels heutiger Lage: Versteht sich Israel als orthodox-religiöser oder als laizisitisch-nationaler Staat? Kann man den hohen Anteil israelischer Bürger jüdischen Glaubens an der soziologischen, demographischen Struktur des jungen Staates als Indiz dafür werten, daß in diesem Staat die Religion und ihre Träger das soziale Leben in nicht unerheblichem Maße beeinflussen? Mit anderen Worten: ist der Judaismus – in religiöser oder ethnischer Hinsicht – eine Determinante israelischer Politik und wenn ja, in welchem Maße und über welche Kanäle vermag er auf das politische Instrumentarium Einfluß zu gewinnen.

Oder aber ist Israel ein laizistischer Staat, der zwar freie Religionsausübung zusichert, das jüdische Volksgut fördert, aber politisch davon in keiner Weise beeinflußt wird?

Ungeachtet der Antwort auf diese Fragen und die vorläufige Ungeklärtheit dieser Problematik ist die Bezeichnung „Judenstaat" integraler Bestandteil der politischen Umgangssprache geworden. Dazu mag natürlich auch die Terminologie des Zionismus beigetragen haben, die Herzls gleichnamiges Buch als Basis verwendet. Publizisten sind schlechthin geneigt, dieses Schlagwort zu übernehmen, ohne seine Implikationen zu überdenken.

Die Verwendung dieses Begriffes hat die Gleichsetzung von jüdisch und israelisch zur Folge. Diese Gleichsetzung ist schon deshalb unzulässig, weil sie die statistische Tatsache übersieht, daß eben nicht alle Israelis Juden sein müssen, sondern auch anderen Völkern (Rassen) und Religionen angehören können[229]. Eine andere Problematik, die sich aus der Verwendung des Wortes „Judenstaat" ergibt, ist die Notwendigkeit, dann genauer den Wortteil „Juden"-staat definieren zu müssen. Eine Frage, deren Schwierigkeit bereits oben angedeutet wurde. Das israelische Recht kennt das seit 1950 gültige Heimkehrergesetz, das in seinem Inhalt bereits oben angeführt wurde. Dies wird oft als Beispiel für die Judaizität Israels angeführt; man vergißt darüber, daß es noch andere Möglichkeiten gibt, die israelische Staatsbürgerschaft zu erwerben (auch dies wurde oben bereits ausgeführt).

In Israel besteht, will man es so formulieren, eine Kluft zwischen „Nationalität" und „Staatsbürgerschaft", was wiederum für die Religionsproblematik seine Auswirkungen hat[230].

Trotz allem haben diejenigen, die Israel – vielleicht ohne tiefere Überlegung, gewohnheitsgemäß – als Judenstaat bezeichnen, nicht so ganz und gar Unrecht. Sie können ausgehen von der Tatsache, daß 1948 aus dem Zionismus ein Staat entstanden sei, der getreulich der zionistischen Ideologie eine nationale Wiedergeburt darstelle. Die Frage, die dem entgegenzustellen ist, ist, wieviel von dem vorstaatlichen Gedankengut in den Staat selbst übernommen wurde, wieviel davon seit Bestehen des Staates geopfert werden mußte, einmal auf der einen Seite den Orthodoxen und zum anderen auf der Gegenseite an Zugeständnissen an die junge, nachrückende Generation ging.

Die Staatsidee Israels, die Eigen-Identität, die Ich-Identität der Israelis ist sicher nicht eindeutig feststellbar.

Der Kulturkampf zwischen den Israelis, insbesondere zwischen Orthodoxen und Säkularisten[231], entbehrt nicht der Schärfe. Doch wurden zwischen den Gruppen eine Reihe von Kompromissen geschlossen, geboren aus der Notwendigkeit, die hier einmal angeführt werden sollen.

THE POLITICS OF COMPROMISE[232]

Der Israeli empfindet es als eine Selbstverständlichkeit, daß den Besucher seines Landes bei der Landung in Haifa im Hafenzollgebäude ein Bild Theodor Herzls, versehen mit einem Wahlspruch, empfängt. Er sieht nichts Außerordentliches darin, daß vor der Knesset eine Menorah steht, der siebenarmige Leuchter, der ein Symbol jüdischer Geschichte ist. Er findet weiterhin nichts Besonderes dabei, daß sich in der Knesset, der weltlichen Vertretung des Staates, eine kleine Synagoge befindet, in die sich die Abgeordneten zurückziehen können.

Man könnte daraus eine gewisse traditionalistische Veranlagung folgern. Ganz Israel ist – schon aufgrund der archäologischen Gegebenheiten – ein Museum.

Daneben aber stehen die Denkmäler des modernen Staates. Auf den Zusammenhang von Symbolen und Identität sei hier nur am Rande verwiesen. Diese modernen Denkmäler zeugen meist von den Gefallenen der Kriege; sie zeugen von Taten, die von Menschen vollbracht wurden, nicht weil sie Juden sind, sondern weil sie in diesem modernen Staat leben wollten und ihm dienten.

Diese offene Koexistenz der Symbole ließe den Schluß naheliegen, daß auch in der aktuellen Politik trotz der Schärfe der Gegensätze Kompromisse möglich sind. In der Tat ist die Tradition des Kompromisses in der israelischen Politik ebenso geläufig, wie die Vielfalt der bekundeten Meinungen groß ist[233].

Die Kompromisse begannen zwischen der religiösen Gemeinde (der jüdischen Religionsvertretung unter der Mandatsherrschaft) und der zionistischen Organisation, beides in ihren Ansichten an sich unversöhnliche Gruppen. Trotz großer ideologischer Spannungen teilten sich während der Mandatsperiode rivalisierende Parteiungen in die jüdische Vertretung. Auch innerhalb der zionistischen Organisation mußte von ihrer Gründung im Jahre 1897 an der Kompromiß zum herrschenden Prinzip erhoben werden.

Dies war einsichtig, da allen Parteien ein gemeinsames Ziel gegeben war: die Gründung des eigenen Staates, ein Ziel, über das Diskussionen nicht nötig waren, ein Ziel, dessen Notwendigkeit und Verständlichkeit allen klar war, das zu erreichen man Kompromisse einzugehen bereit war.

Nach 1948 aber entfiel dieser Kitt; die Koexistenz nach der Staatsgründung erklären zu wollen ist weit schwieriger. Sicherlich kann man darauf verweisen, daß nach der Staatsgründung Überleben das gemeinsame Ziel wurde, doch auch nach dem Wegfall der direkten, unmittelbaren Existenzbedrohung blieb die Kompromißpolitik bestehen. Dies allein mit einer Tradition des Kompromisses erklären zu wollen, vereinfacht zu sehr. Nach 1948 verlegte sich die Auseinandersetzung, die früher zwischen einfachen Bevölkerungsgruppen ausgetragen wurde, auf eine staatliche, politische Ebene. Argumente und Polemiken wurden nun ausgetauscht unter parteipolitischem Aspekt. Mit der Staatlichkeit ging einher die Erhebung der Gruppierungen zu politischen Parteien. Die Meinungen wurden institutionalisiert und kanalisiert in den Parteiprogrammen.

Die Existenz von Parteien bildet die Voraussetzung zu Koalitionen. Und in diesen Koalitionen liegt der Schlüssel zum Verständnis der heutigen israelischen Koexistenzpolitik.

Die israelischen Parteien lernten es sehr schnell, dies zu ihrem Vorteil zu nützen; die Beeinflussung der Formulierung israelischer Politik durch die Religiösen über das Instrument der Koalitionsvereinbarungen wird von Ben Gurion selbst bestätigt:

In den Gesprächen mit Moshe Pearlman[234] offenbarte Ben Gurion, daß nach den Wahlen zur ersten Knesset im Jahre 1949 versucht werden mußte, möglichst viele Parteien in die Regierungsverantwortung zu integrieren, um politischen Spielraum zu gewinnen; dabei spielte die religiöse Frage in seinem Katalog der Prioritäten nur eine untergeordnete Rolle. In der Praxis aber führte dies zu folgenden Auswirkungen:

Um die Zustimmung der religiösen Seite zur Aufstellung eines stehenden Heeres zu erlangen, mußte die Armeeverpflegung kosher im Sinne des jüdischen Speisegesetzes sein. Da in Ben Gurions Prioritäten das stehende Heer an oberster Stelle rangierte, nahm er die koshere Verpflegung gern in Kauf.

Dies soll nur als ein Beispiel gesehen werden, mit welcher Technik die Orthodoxen sich ihren Einfluß sicherten.

Der Preis, der in Wirklichkeit bezahlt wurde für die orthodoxe Beteiligung an der Koalition, ist wesentlich höher: dies ist die Zusprechung der Gerichtsbarkeit in Personenstandsfragen an Orthodoxie[235].

In einer soziologischen Analyse der Kulturkampfsituation führt Rudi Zvi die parteipolitischen Motivationen und Hintergründe des Konfliktes auf. Die sozialistische Regierungspartei hatte erkannt, daß sie ihr Parteiprogramm leichter in einer Koalition mit den Orthodoxen als mit den Liberalen oder der (rechtsgerichteten) Cherut verwirklichen könne. In dieser Koalition versuchte die Regierungspartei, den Orthodoxen nur ein paar untergeordnete Ministerposten zuzugestehen[236]. Als Gegenleistung mußte die Regierungspartei auf die elementaren Forderungen der Orthodoxen, auf das – wörtlich – Credo des Koalitionspartners eingehen: so wurde ihm das Religionsministerium überlassen, seine Forderungen im religiösen Bereich wurden erfüllt. Die Mapai förderte so den Demokratisierungsprozeß, aber auch eine ecclesia militans[237].

Doch hatte sich die Mapai einen unbequemen Koalitionspartner gewählt, der, sobald er seine Essentials bedroht sah, zu Eskapaden neigte[238].

Als Ben Gurion in einem privaten Gespräch die Authentizität einer Bibelstelle anzweifelte[239], wurde ihm ein Mißtrauensantrag gestellt; die Knesset debattierte einen ganzen Tag ausdauernd über Bibelinterpretation[240]. Als die Queen Elizabeth zufällig an einem Sabbath in Ashdod anlegte und abgefertigt werden mußte, um ihren Kreuzfahrtplan einzuhalten, nahmen dies die Orthodoxen zum Anlaß, wegen der Verletzung der Feiertagsruhe eine Parlamentssitzung zu fordern.

Aber auch ernste Regierungskrisen wurden hervorgerufen. So traten im Juli 1958 die Minister Schapira und Burg von der Hapoel Hamizrachi wegen einer Kontroverse im religiösen Bereich zurück. Kombattant in den Diskussionen, denen dieser Schritt folgte, war auch der damalige Innenminister Bar Jehuda, der duch seine Richtlinien in der Frage der Personenstandsregistrierung nach Ansicht der Religiösen den vereinbarten status quo verletzt hatte (der nach den Koalitionsvereinbarungen als beizubehalten vereinbart worden war).

Der Innenminister beanspruchte für sich innerhalb des geltenden Gesetzes gehandelt zu haben, den unübersichtlichen Wirrwarr von Regelungen durch einfache Anordnungen übersichtlicher gestaltet zu haben, die in Zusammenarbeit mit den Rechtsberatern der Regierung entstanden seien.

In diesen Anordnungen des Innenministers hatte es geheißen, daß jeder, der sich bona fide als Jude ausgegeben habe, auch als solcher zu registrieren sei, ohne daß von ihm verlangt werden solle, weitere Beweise seiner jüdischen Abstammung vorzulegen.

Schapira interpretierte diese Anweisung so, daß sie Christen, Moslems, Angehörigen anderer Konfessionen die Möglichkeit gebe, sich als Jude registrieren zu lassen. Dieses Argument wurde bereits dadurch abgeschwächt, daß die Regierung die Zufügung hatte anbringen lassen, „solange er keiner anderen Religion angehört".

Doch auch diese Präzisierung genügte den rücktrittsbereiten Ministern nicht, denn nun sah er immer noch die Möglichkeit, daß sich jemand, der von Geburt etwa ein Christ war, seinen Glauben aufgegeben hatte, als Jude registrieren lassen könnte.

Schapira wurde unterstützt von Dr. Burg, der niemand ein Bekenntnis zum Judentum gestatten wollte, ehe er nicht rechtmäßig übergetreten sei.

Der Innenminister hielt dagegen, daß die Eintragung in das Personenstandsregister ohnehin kein Beweis für die Richtigkeit der Angaben sei und mit der Eintragung die religiöse Frage – die zu entscheiden den Rabbinern vorbehalten sei – nicht berührt werden.

Der Innenminister berührte den Kern der Fragen, wenn er appellierte, daß von allen Seiten Toleranz zu verlangen sei.

In dem Bemühen, eine gemeinsame Basis für alle Bürger zu finden, seien Kompromisse nötig. Dies gelte auch im Hinblick auf die Einwanderung. Die Einwanderung aus den verschiedenen Ländern basiere auf verschiedenen Vorstellungen von der Natur des Jüdischen und orthodoxen Einwanderern sei ebenso Rechnung zu tragen wie den russischen Juden, wenn sie erst einmal einwandern werden können[241].

Deutlich verwies der Minister auf die Bemühungen der Orthodoxen, alle Bürger Israels, ungeachtet ihrer Stellung zum Glauben, unter orthodoxen Willen zu stellen. Er stellte dieser Haltung ein liberales Credo entgegen: „Wer außerhalb des Rahmens der staatlichen Vorschriften den Rabbinern gehorchen will, möge dies tun", niemand jedoch dürfe dazu gezwungen werden[242].

Ben Gurion selbst verwies im Rahmen der Debatte in der Knesset darauf, daß Israel ein Rechtsstaat sei und kein Thorastaat, in dem die Vorschriften des jüdischen Religionsgesetzes alleinige Gültigkeit hätten. Auf die Freiheit des Gewissens und der Religion seien alle Parteien im Staat durch die Unabhängigkeitserklärung verpflichtet.

Die Regierungskrise wurde durch die Einsetzung eines Untersuchungsausschusses beigelegt, der Mißtrauensantrag (Cherut, Hapoel Hamizrachi, Allgemeine Zionisten) wurde zurückgewiesen; da beide Minister nicht in die Regierung zurückkehren wollten, wurden ihre Posten anderweitig besetzt.

Die Haltung der Orthodoxen gefährdet den Pluralismus in Israel in erheblichem Maße. Die Staatsgründung projektierte einen demokratischen Staat, dessen Kennzeichen auch ein Pluralismus in den Meinungen ist. Dem widerspricht die orthodoxe Forderung nach Uniformität. Dem demokratischen Prinzip widerspricht weiterhin die Unterteilung in eine Klasse von jüdischen und eine Klasse von nicht-jüdischen Staatsbürgern[243].

Dies macht die Religiösen zu äußerst unbequemen Koalitionspartnern und läßt die Regierung immer in einem Zustand der Spannung, der sich mit einer echten Koalition nicht vereinbaren läßt. Koalition bedeutet hier weniger eine gemeinsame Grundauffassung in den Grundlagen der Politik, sondern eher ein gegenseitiges Verpflichten um einen gewissen Preis, um eigene Minimalforderungen aufrechtzuerhalten und garantiert zu bekommen.

DIE RELIGIÖSEN PARTEIEN UND DIE INSTITUTIONALISIERUNG DER RELIGION IM STAAT

Die Parteiensituation in Israel ist so oft beschrieben worden, daß auf eine eingehende Erörterung in dieser Arbeit zu Israels Parteien verzichtet werden kann. Wenn dennoch kurz auf die vier religiösen Gruppierungen eingegangen werden soll, dann deshalb, weil diese Gruppen einmal die Tendenz des Religiösen umfangen, die hier beschrieben werden soll und zum anderen, weil einige von ihnen die Koalitionspartner der im vorangegangenen Kapitel beschriebenen Politik sind.

Die Parteienbühne in Israel ist für den Betrachter verwirrend, einmal wegen der Vielzahl von Gruppen, zum anderen, weil diese Gruppen untereinander mit wechselnden Namen und Erfolgen Verbindungen eingehen und sie wieder lösen, so daß definitive Aussagen über Zusammengehörigkeiten zumindest auf die Dauer nicht möglich sind. Soweit die Orthodoxen den Staat bejahen, seine Existenzberechtigung nicht bezweifeln und in einer politischen Partei sich organisieren ließen, finden ihre Forderungen ihren parteipolitischen Niederschlag in den Programmen von vier Gruppen, die nicht als eine einzige Einheit betrachtet werden können[244]. Dennoch spricht man gerne vom „religious bloc"; es vereint sie die Verurteilung des „säkularen Materialismus"[245].

Diese vier Gruppen sind aufgeteilt in zwei Bündnisse, die mehr oder minder festen Charakter tragen.

Die sogenannte national religiöse Partei (NRP) ist das Ergebnis einer Verschmelzung zweier solcher Gruppen im Jahre 1956, die beide eine eigene Tradition aufwiesen: Mizrachi und Hapoel Hamizrachi.

Die Ursprünge der Mizrachi gehen zurück auf die Zionistische Organisation, innerhalb derer sie 1901 als gesonderte Gruppe konstituiert wurde[246]. Sie war die städtische Mittelklassepartei der Orthodoxie mit einer starken Betonung des Erziehungsprogrammes ohne konkrete wirtschaftliche Vorstellung. Nach der Staatsgründung war es ihr daher möglich, das Wirtschaftsprogramm der Mapai zu unterstützen und auf dem Kompromißweg dafür Zusagen herauszuholen.

Die Hapoel Hamizrachi splitterte sich 1922 von der Mizrachi ab. Sie unterschied sich ihrer Zusammensetzung wegen von der Mutterpartei. Hier hatten sich Arbeiter zusammengeschlossen, um eine Synthese von Religion und Sozialismus zu suchen.

Organisatorisch unterfällt die NRP heute in eine Reihe von innerparteilichen Blöcken, die hier weiter auszuführen eine größere Vertrautheit mit internen politischen Problemen verlangte[247].

Die Partei strebt an außenpolitische Friedensverträge, die auf dem historischen und religiösen Anspruch des Judentums in Palästina basieren. Innenpolitisch verfolgt sie die Ablehnung einer Gesetzgebung, die den Gesetzen der Thora zuwiderliefe und legt die Betonung auf die religiöse Erziehung[248].

Die zwei weiteren Gruppen: Agudat Israel und Poale Agudat Israel, bilden zusammen die Thora Religious Front, TRF. Die Agudat Israel ist eine militante orthodoxe Partei, die bis 1948 eine politische Lösung des Judenproblems zugunsten einer religiösen Lösung vorgezogen hatte.

Sie wurde 1913[249] im damals deutschen Katowice gegründet. Unterbrochen durch den Ersten Weltkrieg, nahm sie erst 1923 wieder ihre Arbeit auf. Ihr Ziel war die Kolonisierung Israels, aber, anders als bei den Zionisten, im Geiste der Thora.

Nach 1948 widersetzte sich diese Gruppe einer geschriebenen Staatsverfassung mit dem Argument, die Thora sei die Verfassung Israels und war in einer Reihe von Konfrontationen mit den Laizisten führend. Aus der Einwanderung (gläubiger) Juden aus Asien und Nordafrika erwuchs ihr eine große Hilfe. Heute fordert sie die Beachtung der Thora in allen Zweigen des Staates als staatliches und direkt geltendes Gesetz[250].

Die Poale Agudat Israel spaltete sich von der Agudat Israel ab. Ihr Ziel ist der theokratische Staat Israel, die „Begründung der gesamten Gesetzgebung und Gerichtsbarkeit auf dem unantastbaren Rechtssystem der Thora“[251].

Die Brüchigkeit der TRF zeigt sich schon daran, daß die Poale Agudat Israel wiederholt im Kabinett vertreten war, während die Agudat Israel durchgehend zur Opposition zählte. Der Hinwendung der Poale Agudat Israel zur NRF steht der Trend der Agudat Israel zur Neturei Karta gegenüber, von der noch zu berichten sein wird.

1949 bildeten die vier Parteien eine vorübergehende Koalition; bei den Wahlen von 1951 stellten sie getrennte Listen, ohne dadurch das Resultat nennenswert zu verbessern[252].

Die Zersplitterung innerhalb der Parteien läßt eine dauerhafte Amalgierung unwahrscheinlich erscheinen. Die Agnostiker Israels halten den orthodoxen Bestrebungen, Israel in einen Thorastaat zu verwandeln, oft diese schwachen Wahlergebnisse vor[253].

Doch sind es weniger die politischen Parteien, über die die Orthodoxen Einfluß nehmen auf das Leben ihrer Mitbürger, als das wesentlich geeignetere Instrument des Rabbinats[254]. Seine Stellung ist am besten zu verstehen, verdeutlicht man sich die Aufgaben, die es während der Mandatsperiode wahrnahm, besser die Machtbefugnis, die den Rabbinatsgerichten eingeräumt waren: die britischen Behörden, bemüht, eine religiöse Autonomie zu gewähren, erkannten die Gerichtsbarkeit der Rabbinatsgerichte prinzipiell an, allerdings nur über Juden (die anderen Konfessionen hatten ihre eigene autonome Gerichtsbarkeit). Und auch unter Juden blieb diese Gerichtsbarkeit beschränkt auf diejenigen unter den Juden, die sich als Mitglieder der jüdischen Gemeinde hatten registrieren lassen. Andere Juden, die sich – sozusagen privatautonom – nicht eingeschrieben hatten, waren der Rabbinatsgerichtsbarkeit nicht unterworfen[255]. In der Sprachregelung nahm sich das so aus, daß die registrierten Mitglieder der jüdischen Gemeinde als „members of the jewish community“ bezeichnet wurden.

Bei der Staatsgründung wurde diese Bezeichnung und ihr Inhalt aufgegeben und ersetzt durch die Bezeichnung „jewish residents of Israel“. Diese terminologische Änderung beinhaltet die Aufgabe des Prinzips der Privatautonomie: automatisch sind nun alle jüdischen Bürger Israels der Rabbinatsgerichtsbarkeit unterworfen. Die während der Mandatsperiode möglichen Vorbehalte der religiösen Gemeinde nicht angehören zu wollen, sind nun kein Grund mehr, sich der religiösen Gerichtsbarkeit zu entziehen[256].

Eine Nichtbeachtung rabbinatsgerichtlicher Entscheidungen kann strafrechtliche Verfolgung nach sich ziehen. Wer eine Entscheidung des Rabbinatsgerichts nicht befolgt, kann mit Gefängnis bestraft werden. Gegen eine Entscheidung des Obersten Rabbinatsgerichts gibt es keine Berufung an das Oberste Zivilgericht.

Dies heißt, daß die Organe der Mandatsperiode, die sich an freiwillige Mitglieder wandten, nunmehr als Staatsorgane in der Lage sind, allen jüdischen Bürgern ihren Willen aufzuzwingen.

Weiter ausgeführt bedeutet das:

Diejenigen, die sich der rabbinischen Gerichtsbarkeit freiwillig unterworfen hatten, taten dies aus Überzeugung, lebten also in den meisten Fällen mit den religiösen Gesetzen ohnehin in Übereinstimmung. Bei ihnen lag also in den wenigsten Fällen Grund zum gerichtlichen Eingreifen vor, eine einmal getroffene Gerichtsentscheidung war für sie aus religiöser Observanz bindend. Problematisch wird dies erst durch die Tatsache, daß von dieser Rechtsprechung nun auch Bürger betroffen sind, die an der Legitimität dieser Gerichte zweifeln, diese Gerichte ablehnen. Welchen Sprengstoff dies beinhaltet, kann man erst übersehen, verdeutlicht man sich die Unterschiede in der Auffassung der Religion zwischen der Mehrheit der Israelis und den von Orthodoxen angewandten Thoravorschriften, noch dazu in der strengen legalistischen Auslegung, die ihr das Rabbinat angedeihen läßt.

Diese strenge legalistische Auslegung ist Ausfluß und beweist die geistige Unvorbereitheit der religiösen Instanzen auf die Situation der staatlichen Eigenständigkeit im Zeitpunkt der Staatsgründung.

Die Möglichkeiten, die sich in der Anpassung an ein staatliches Gebilde ergaben, waren, von wenigen Ausnahmen abgesehen, nicht reflektiert worden[257]. So wurden bei der Staatsgründung die Möglichkeiten einer gegenseitigen Anpassung von Religion und Staat verpaßt. Verpaßt wurde aber auch die Einsetzung von Rabbinern, die dem Staat aufgeschlossener gegenüberstanden, etwa in der Form von Arbeiterrabbinern, die sich darüber hinaus ja gut in die zionistische Landschaft eingepaßt hätten.

So aber klafft eine Kluft, die kaum überbrückbar scheint. In seiner Rechtsfindung bedient sich das Oberrabbinat bisweilen irrationaler und arroganter Argumentationen[258], die an seiner Bereitschaft zur Zusammenarbeit mit den staatlichen Behörden zweifeln lassen, darüber hinaus aber seine Militanz, Selbstüberzeugung und Selbstgerechtigkeit zeigen. Daß das Rabbinat dabei auch Kraftproben nicht scheut, zeigt sich an einem Streit um die Kashrut-Lizenz eines Geschäftes, das von der Kibbuzbewegung geführt wird[259].

Die Lizenz wurde verweigert, und die Kibbuzbewegung wollte eine Grundsatzentscheidung erzwingen; sie ging deshalb vor die zivilen Gerichte.

Diese forderten von den Vertretern des Rabbinats Rechenschaft, warum die Lizenz verweigert worden sei. Das Oberrabbinat wies die Rechenschaftspflicht mit dem Hinweis zurück, das Gesetz, das die Behörden des Staates ermächtige, von ihnen Rechenschaft zu verlangen, sei erst (damals) 16 Jahre alt, das Gesetz, nach dem das Rabbinat entscheide, dagegen gehe auf den Berg Sinai zurück; von einer Rechenschaftspflicht könne nicht gesprochen werden[260].

Die Unfähigkeit des Rabbinats, die (exilische) Abwehrstellung gegenüber den Behörden und der Öffentlichkeit anzulegen, manövriert es wieder eine Minderheitenstellung, diesmal innerhalb einer jüdischen Mehrheit, die aber von den Rabbinatsangehörigen nicht anders betrachtet wird als die ehedem goyishe Umwelt.

1962 kam es zu Demonstrationen vor dem Oberrabbinat, das verfügt hatte, daß zwischen „Volljuden“ und Angehörigen der B'ne Israel, einer aus Indien eingewanderten jüdischen Volksgruppe, keine Ehen geschlossen werden dürften, es sei denn, der Angehörige der B'ne Israel trete formell zum Judentum über. Gegen diese diskriminierende Maßnahme protestierten die Angehörigen der indischen Gruppe. Doch auch die breite Öffentlichkeit nahm gegen das Rabbinat Stellung. Die deutschsprachige israelische Tageszeitung Jedioth Chadaschoth schrieb in ihrem Leitartikel[261], daß die Infragestellung der „Rassenreinheit“ der Gruppe B'ne Israel an eine Ideologie erinnere, die in Israel zutiefst verhaßt sein müsse:

„Dann fehlt nur noch, daß wir den „Judenparagraphen" entsprechend dem Arierparagraphen einführen, um das Bild vom „reinen Israel" zu vervollständigen."[262]

Auch Ben Gurions Familie hatte unter der strengen Auslegung des Rabbinats zu leiden, als seine Schwiegertochter den formell einzig zulässigen Ausweis jüdischer Abstammung nicht erbringen konnte, da ihre Mutter keinen Nachweis ihrer Konversion zum Judentum erbringen konnte[263].

Ein Urteil über das Rabbinat spricht der praktizierende Rechtsanwalt und Abgeordnete Abramov:

„The Rabbinate... detouched on the whole from contact with day to day Israeli reality and generally lacking secular education, is cut off from the main currents of contemporary thoughts and in addition is exposed to pressure from the phanatical fring groups, particularily the Neturei Carta..."[264]

Die Etablierung der Orthodoxie geht aber über Parteien und Rabbinat noch hinaus: daneben existiert noch das Ministerium für Religiöse Angelegenheiten, das zwar andere Aufgaben wahrnimmt, in den Zielen aber mit dem Rabbinat harmoniert. In seine Kompetenz fällt die Pflege der Heiligen Stätten[265]. Es führt die Aufsicht über die öffentlichen Dienste und deren Verpflichtung, die religiösen Speisegesetze einzuhalten, so beim Militär und den Krankenhäusern[266]. Und das Ministerium pflegt die Verbindung mit der Diaspora.

Hinzu kommen noch zwei Aufgaben, die (theoretisch) Konfliktstoff gegenüber dem Rabbinat beinhalten könnten. Es ist dies die Inspektion der Rabbinatsschulen und der religiösen Staatsschulen und weiter der Versuch, die religiöse Kultur im Sinne der Traditionspflege an die moderne Zeit anzupassen. Daß die Auseinandersetzungen mit dem Rabbinat ausbleiben, liegt an der Übereinstimmung in den Grundlagen und Zielen[267].

STAATLICHE UND RELIGIÖSE STAATLICHE SCHULEN

Bereits vor der Staatsgründung gab es in Israel Erziehungssysteme verschiedener Prägungen: einmal das religiöse System, das der Gewerkschaften, das der Allgemeinen Zionisten. Sie wurden nach der Unabhängigkeit in den Staat übernommen und blieben zunächst unangetastet; hinzu kam eine vierte Gattung: die orthodoxen Schulen.

Diese nunmehr vier Zweige begannen bald nach der Staatsgründung, sich untereinander Konkurrenz zu machen. Dies hatte eine besonders schlechte Auswirkung, als diese Auseinandersetzung in einen Kampf um die Einwanderer einzumünden begann.

Man versuchte, die meist orientalischen Einwanderer en bloc für die Schule in der jeweiligen Gemeinde zu gewinnen, die von der politischen Richtung, die die Mehrheit in der Gemeinde hatte, kontrolliert wurde.

Dieser untragbare Zustand führte 1953 nach langen Verhandlungen und taktischen Manövern zur Einführung einer staatlichen Kontrolle des Schulwesens. Nach dieser Reform blieb die Wahl nur noch zwischen staatlichen Schulen und religiösen staatlichen Schulen[268].

Fragt man nach dem Hauptunterschied zwischen Staatsschulen und religiösen Staatsschulen, so manifestiert sich dieser vor allem im Stundenplan. Hauptkriterium des Unterschieds ist der Zeitaufwand, der auf das Studium der „Quellen" – Bibel, Talmud, Thora – verwendet wird.

Bei den 14 - 15Jährigen in den Staatsschulen werden von insgesamt 32 Wochenstunden 4 auf Bibelunterricht, 1 auf mündliches Recht (oral law) und 3 Stunden auf Hebräisch und hebräische Literatur verwendet, insgesamt also 8 Stunden, etwa ein Viertel des gesamten Stundenplanes, auf diese Fächer.

An den religiösen Staatsschulen werden 5 Wochenstunden auf die Bibel, 7 für oral law, 3 für Sprache und Literatur, kurz also die Hälfte der Zeit verbraucht[269].

In den Staatsschulen wurde nach einiger Zeit festgestellt, daß die Schüler keine sehr große Beziehung mehr zu den religiösen Traditionen ihrer Vorfahren hatten.

Ein Beispiel, das Pinchas H. Peli gibt, zeigt diese Entfernung dieser jungen Israelis von den Werten ihrer Vorväter:

Die Entsendung eines israelischen Sportlerteams nach Moskau brachte auch eine Einladung dieser jungen Israelis in die Synagoge mit sich, wo sie der Einladung aktiv am Gottesdienst mitzuwirken, nicht nachkommen konnten, da sie sich mit religiöser Praxis nie befaßt hatten[270].

Als Korrektiv auf diese Entfremdung wurde das Programm der „jewish consciousness“ eingeführt; die israelischen Erzieher und Behörden sollten mit Billigung der Behörden ein jüdisches Bewußtsein erhalten oder aufbauen, das sich jedoch vom jüdischen Bewußtsein der staatlichen religiösen Schulen unterscheiden sollte.

Ein Vergleich der Erziehungsergebnisse aus beiden Schulen zeigt, daß Kinder, die in den religiösen Staatsschulen erzogen wurden, den Judaismus als einen way-of-life betrachten und zwischen Israelisch und Jüdisch keinen Unterschied sehen. Die Kinder aus den Staatsschulen dagegen ziehen diesen Unterschied und messen in der Regel dem Jüdischen keine sehr große Bedeutung zu[271].

Zwei weitere Schultypen gibt es noch, die nicht unter die bisher erwähnte Klassifizierung fallen: die Talmud-Thora-Schulen und die Agudat-Israel-Schulen.

Von diesen beiden sind die Talmud-Thora-Schulen die auffallenderen, aber auch die zahlenmäßig unbedeutenderen. Sie folgen dem traditionellen Erziehungsmuster der Diaspora (von dem schon gesprochen wurde), ohne der Tatsache nunmehr im eigenen Staat zu leben, Rechnung zu tragen. Der Sylabus setzt sich zusammen aus fast ausschließlich judaistischen Elementen mit einem baren Minimum an Hebräisch. Diesen Schulen fällt es leichter, die Eigenstaatlichkeit zu negieren, als sie von Staats wegen nicht unterstützt werden.

Staatlich unterstützt dagegen sind die Agudat-Israel-Schulen. Das Gehalt ihrer Lehrer wird zu 85 % vom Staat beglichen. Die Gegenleistung der Schulen dafür ist die Verwendung des Hebräischen als Unterrichtssprache (was in anderen religiösen Schulen nicht geschieht). Dennoch ist die religiöse Suprematie nicht zu verleugnen. Eine Reihe von Schulbüchern der Geschichte, Geographie, der Naturwissenschaften, des Neuhebräischen sind verboten. Identifikationen mit dem Staat werden vermieden. Diesen religiösen Schulen auf niedererem Level stehen im Hochschulrang die Yeshivots gegenüber. Ziel der Yeshivots ist es: „To make a man good and straight“[272]. Unnötig zu sagen, daß dieses Gute und Aufrechte an den der religiösen Ideologie imanenten Maßstäben gemessen wird. Über dieser Zweiteilung, denn die beiden letztgenannten Schulen sind trendmäßig den religiösen Staatsschulen zuzuschlagen, erscheint es nur logisch, daß der bereits bestehende Gegensatz zwischen Religiösen und Säkularisten sich durch die Polarisierung in der Erziehung nur verschlechtern kann.

DIE ORTHODOXEN

Der Begriff „Orthodoxie“ wurde hier bereits wiederholt verwendet. Er bedarf aber zusätzlich zu dem im Kapitel über den Judaismus Gesagten noch einige inhaltliche Auffüllungen für seinen Gehalt in bezug auf Israel. Zunächst ist es interessant zu wissen, daß die Unterscheidung in Orthodoxe und Säkularisten ein taktischer Erfolg dieser Orthodoxie gewesen ist, daß diese rhetorische Unterscheidung der Nomenklatur und dem Selbstverständnis der Gruppe entspringt, die sich damit selbst zu den Orthodoxen machte und daß diese Begriffsfestlegung von der Mehrheit der israelischen Bürger stillschweigend hingenommen wurde.

Nach dieser willkürlichen Festlegung beinhaltet nämlich der Begriff der „Säkularisten“ einen Anteil durchaus gläubiger, traditionsbewußter Juden. Sie sind religiöse Juden, die von Orthodoxen nur trennt, daß sie nicht den Praktiken des religiösen Establishments folgen wollen und es sich deshalb gefallen lassen müssen, als Säkularisten eingestuft zu werden.

Daß diese Unterscheidung ein starkes pragmatisches Element beinhaltet, liegt auf der Hand. So gelang es sprachlich einer kleinen, aber geschlossenen Gruppe, den Anspruch auf ein Monopol der jüdischen Rechtgläubigkeit zu erhalten[273]. Dabei kommt den Orthodoxen die Tradition der Diaspora zu Hilfe. Dort war es die Rechtgläubigkeit, die die Gemeinde zur Minorität machte. Heute ist es die strikte Gläubigkeit, die die Orthodoxie zu einer Minderheit innerhalb des „jüdischen Staates“ macht. Die Orthodoxen sind deutlich an den traditionellen Umweltbedingungen der Minderheitenzeit orientiert und nicht bereit – obwohl ihnen die Veränderung der objektiven Umweltbedingungen klar sein müßte – die in der Galut notwendigen Verhaltensformen anzupassen.

Eine weitgefaßte Definition der Orthodoxie in diesem Sinne gibt auch Bentwich:

„The orthodox are those, who believe in the divine relation of Mosaic Law and of the interpretation put in it by the rabbinical school through the ages. They are meticulous about the observance of all the practices which were laid down when the jews were living in very different conditions from those of today in Israel.“[274]

Die religiöse Zentralität Israel steht für die Religiösen außer Frage. Sie verweisen auf die Tatsache, daß der kleine Staat mehr als 4000 Synagogen und Gebetsstätten habe, an die 400 Rabbiner, die vom Staat bestellt und der Oberaufsicht des Rabbinats unterstellt sind, sie nehmen Bezug auf die Vielfalt religiöser Aktivitäten, Komitees, die in ganz Israel an der Wiederbelebung des Glaubens arbeiten, sie heben die hohe Zahl von Studenten hervor, die an den rabbinischen Seminaren und theologischen Fakultäten studieren[275].

Die Orthodoxie argumentiert vorwiegend mit messianischem Bewußtsein und den daraus resultierenden Ableitungen. Dies verleiht ihr eine traumwandlerische Sicherheit, da ihre Kategorien, die des Glaubens sind und nie hinterfragt werden können. Auch mit der Logik ist gegen ihre Entscheidungen nicht anzukommen:

„Warum zum Beispiel Lärm schlagen für die Ehrung des Sabbaths oder einen Casus belli machen aus einem Kibbuz, der Schweine aufzieht, einem Metzger, der Schweinefleisch verkauft, wenn Dich überall im Land Friseure rasieren können und Zeitungen Anzeigen für Rasierklingen bringen? Die Kashrut Lizenz der Supermärkte wurde widerrufen, weil sie Fleisch vom (kosheren) Marbeck-Schlachthaus verkauften, mit dem das Rabbinat Streit hatte, aber die Supermärkte und andere (koshere) Läden verkaufen Rasierklingen. Sicherlich weiß das Rabbinat gut, daß nach ihrem eigenen Schulcham Aruch Rasieren eine ebenso abscheuliche Sünde ist wie trefer essen.“[276]

Manche Teile der Orthodoxie gehen in ihrer Ablehnung so weit, daß sie den Staat in seiner Existenz ablehnen. Diese Richtung wird vertreten durch die Neturei Carta[277]. Ihr Name bedeutet auf aramäisch „Wächter der Stadt“ oder „Hüter der Mauern“. Und ganz in dieser Bewahrerfunktion sehen sich auch ihre Mitglieder.

Sie verneinen den Staat und leisten keinen Militärdienst. Wie sehr sie sich dadurch in den Augen der Bewohner eines „garrisonned States“ abwerten, liegt auf der Hand. Nicht nur, daß sie den Staat nicht anerkennen, an seinem Leben nicht teilnehmen, Parlaments- und Gemeindewahlen boykottieren, keine Identitätskarten oder andere Staatsdokumente besitzen, also passiven Widerstand leisten, sie gehen auch aktiv gegen den Staat vor. Sie behindern staatliche Arbeiten, von denen die Störung der archäologischen Ausgrabungen an der Klagemauer nur ein minder bedeutendes Beispiel sind. Sie drucken ihr eigenes Geld, um nicht mit dem Geld dieses Staates in Berührung zu kommen. Wiederholt widersprachen sie der offiziellen israelischen Politik. Einer ihrer Führer, Rabbi Amrom Blau, sprach davon, man erhoffe die Befreiung vom israelischen Joch durch Israels Kriegsgegner, „denn schließlich sind Lust und Lüsternheit eine größere Gefahr für die Juden als die arabische Artillerie“[278].

Beim Besuch des UN-Generalsekretärs Waldheim in Jerusalem versuchte die Gruppe, ihm ein Manuskript zu überreichen, in dem sie ein Refugium forderten, eine Enklave für die Juden, die sich „von der zionistischen Blasphemie distanzieren wollen“[279].

Die Neturei Carta ist eine kleine, geschlossene Gruppe, die von einem harten Kern her „hartnäckig, ja fanatisch“[280] auftritt.

Da es sich um eine numerisch unbedeutende Gruppe handelt, wird sie von staatlicher Seite toleriert. Doch verbale Verurteilung bleibt ihr nicht erspart. Ben Gurion verurteilte die Gruppe, die das Gesetz in die eigenen Hände nehme und sich außerhalb des Rechts stelle[281]. Daß der Staat nicht massiv gegen sie vorgeht, mag auch an einer Scheu liegen, gegen Männer vorzugehen, die in einer Minderheit sind und für ihre religiöse Überzeugung kämpfen, an den Status erinnern, den viele Juden in der Diaspora hatten. Es ist die Scheu davor, Israel könne antisemitischer Haltungen bezichtigt werden[282]. In der Jerusalem Post Weekly[283] schrieb einer der beileibe nicht alle auf der Linie des Rabbinat liegenden Rabbiner über die Orthodoxie, sie müsse erkennen, daß Zeit und Logik gegen sie seien. Wenn sie aber dennoch ihre Positionen aufrecht erhält, so geschieht dies, um ihr Monopol über das religiöse Leben zu erhalten:

„In doing so they employ(ed) old fashioned political blackmail clothed in the garb of religion.“[284]

Es liegt die Annahme nahe, daß die Orthodoxen bewußt die Situation des Kulturkampfes und die Nähe ihrer Stellung zu den Positionen der Diaspora aufrechterhalten wollen, denn nur so gelingt ihnen die Legitimation einer Nachfolge der „generations of notables whose rise to communal power coincided with the onset of the traditional societys decay“[285].

Die Unfähigkeit und den mangelnden Willen der Orthodoxie, sich an die Gegebenheiten im Staat anzupassen, beschreibt Joseph Badi in einem Katalog von zehn Punkten[286]. Er kritisiert dabei weniger die Grundhaltung der Orthodoxen, vielmehr setzt er an an ihrem Verhalten im Staatsleben, das ihre egozentrische Verhaltensweise in einigen Punkten illustriert.

Um die eigene Versorgung mit kosherem Fleisch sicherzustellen, verlangten die Orthodoxen von den Säkularisten den Genuß von Schweinefleisch[287]. Sie lassen sich vom Wehrdienst befreien und andere für sich kämpfen, denn es kann ihnen nicht entgangen sein, daß die israelischen Soldaten zumindest einen Staat verteidigen, der ihnen freie Religionspraxis zugesteht, wie in den seltensten Fällen der jüdischen Geschichte bisher. Damit die Moral der orthodoxen Frauen beim Militärdienst nicht untergraben werde, werden sie vom Wehrdienst befreit – die Moral der Mehrheit der Mädchen aber opfern die Orthodoxen. Sie sind gerne bereit, den Genuß des elektrischen Stromes zu verwenden, ohne sich darum zu kümmern, daß dafür andere den Geboten widersprechend am Sabbath arbeiten müssen.

Letztlich bemühen sich die Orthodoxen, das Leben im Staat nach den Regeln der Thora auszurichten, sie versuchen aber nicht, Studium oder Interpretation der Thora den elementaren Bedürfnissen des staatlichen Lebens anzugleichen.

Die Orthodoxen führen das jüdische Leben fort, so, wie sein Stil in der jahrhundertelangen Diaspora geprägt wurde. Sie denken und fühlen als Minorität, „content to live as such with no sense of obligation to reach out towards their nonreligious fellowcitizens look for common ground or strife to find it by crapling with the wider problems confronting a modern state with the religious basis“[288].

DIE ISRAELIS

Als Gegner der Orthodoxie tritt nicht der Staat auf oder die Regierung, die durch Koalitionsabsprachen gebunden ist, sondern eine breite Gruppe der israelischen Öffentlichkeit. Ein religiöser Chauvinismus prallt auf den neuen israelischen Nationalismus. Die Orthodoxen sind der Ansicht, daß sich Gott gleichsam in diesem Volk inkarniere, was weiter gefolgert nur bedeuten könnte, daß hier ein Volk mit göttlichem Sonderstatus bestehe. Israel wäre dann gleichsam die Hülle für ein auserwähltes Volk, „eine Interpretation, die aber die meisten der modernen Israelis mit Entschiedenheit ablehnen“[289].

Von der Macht der kleinen orthodoxen Gruppe frustriert und angesichts deren offenen Aktivismus formierte sich 1966 eine Interessengruppe der Säkularisten[290].

Hier spiegelt sich der Unwillen über das Unvermögen, eine kleine Gruppe in das Staatswesen zu integrieren, über das Unvermögen, „jene Fundamentalisten mit den Ansprüchen einer modernen Gesellschaft zu versöhnen“[291].

Daß die Handhabung von Machtmitteln gegen die Mehrheit durch die Orthodoxen Antipathie gegen sie bei ihren liberalen Mitbürgern erzeugt, ist auch jüdischen Beobachtern der israelischen Szene nicht entgangen. Nachum Goldmann schreibt so, daß die religiöse Bevormundung einen Teil der Nicht-Orthodoxen und einen Großteil der Israelis „geradezu in eine Haßpsychose“ versetze[292].

Die permanent präsente Kampfsituation, die oft die Thematik der Tagespolitik annimmt, führt zu grotesken Situationen, die nur aus der Besonderheit der politischen und religiösen Lage Israels verständlich sind:

„Typical was a debate during 1969 in the Executive Council of the Hebrew University over the use on Sabbath-day of the swimming pool that had been given by an English friend to the university. A large majority of students and teachers were for the use and spokesmen of the general public who are members of the council urged strongly that the pool should be opened on the day when it would be most used. The opposition protested passionately that the driving of cars into the precinct of the campus, the sale of refreshments and the hurly-burly which they envisaged would destroy the spirit of the Sabbath-day and would bring into university bitter conflicts on the religious issues which it had hitherto avoided.“[293]

Man einigte sich auf einen Kompromiß, die Tickets am Vortag zu verkaufen, keine Autos auf den Campus zu lassen etc.

Problematisch allerdings wird der orthodoxe Widerstand in Fragen moderner Lebensnotwendigkeiten. Israels Orthodoxe wehren sich gegen die medizinisch-wissenschaftlich nötige Pathologie. Sie bildeten ein Komitee zur Wahrung der Totenwürde. Ihr Protest richtete sich gegen ein 1966 verabschiedetes „Gesetz für Anatomie und Pathologie“, das die Erlaubnis einer Leichenöffnung mit einer schriftlichen Erklärung von drei Ärzten vorsieht. Die Orthodoxen forderten dagegen, daß nur dann seziert werden dürfe, wenn eine Einverständniserklärung der Angehörigen oder des Verstorbenen selbst vorliege. Dies klingt vernünftig und ist in der Tat eine Regelung, die sich in einer Reihe von Ländern bewährt hat. Doch versteckt sich hinter dieser

Forderung eine andere Position. Die Obduktion wird von den Orthodoxen grundsätzlich abgelehnt. Nach ihrer Überzeugung könnten den Toten bei der Wiederauferstehung wesentliche Glieder fehlen. In Israel sind Bürger, die einer Obduktion zustimmen, erheblichem Druck durch die Orthodoxen ausgesetzt[294].

Tatsächlich waren die religiösen Eiferer in ihrer Kampagne erfolgreich. Die Zahlen der vorgenommenen Obduktionen sanken in 5 Jahren in den staatlichen Krankenhäusern von 59,4 % (aller Verstorbenen) auf 38,4 %. (In Tel Aviv gar von 52,9 % auf 25,6 %.)[295]

„Die Religiösen terrorisieren Andersdenkende so hartnäckig", daß es dem jungen Staat schwerfällt, „das zwanzigste Jahrhundert gegen das Mittelalter zu verteidigen"[296].

Doch sind diese Befürchtungen durchaus nicht nur neueren Datums. Noch ehe der Staat ins Leben gerufen wurde, schrieb im Jahr 1947 der spätere erste Staatspräsident Chaim Weizmann in seinen Memoiren über die Frage der Religion, die er klar erkannte:

„Ich glaube, es ist unsere Pflicht, ihnen (einer starken religiösen Gemeinde in Palästina; der Verf.) von allem Anfang an klarzumachen, daß der Staat, wenn er auch die größte Hochachtung für religiöse Gefühle der Gemeinschaft hat, doch die Uhr nicht zurückstellen kann, indem er die Religion zum Kardinalprinzip bei der Führung des Staates macht. Die Religion gehört in die Synagoge und in die Häuser religiöser Familien – sie soll auch eine besondere Stellung in den Schulen einnehmen – doch hat sie die Staatsverwaltung nicht zu überwachen."[297]

In der Jetztzeit wünschen die Israelis in der Mehrheit „weniger denn je eine Beeinträchtigung ihres Alltags durch eine fromme oder gar eifernde Minderheit"[298].

Abramov macht auf die Möglichkeit aufmerksam, daß die Animosität gegen die Praktiken des Rabbinats, gegen die Bevormundung der Orthodoxen in eine generelle Animosität gegen den Judaismus und gegenüber der Religion umschlagen könnte[299].

Diese Gefahr besteht umsomehr, als eine Entfremdung der jungen Israelis von den Werten der jüdischen Tradition, der Diaspora eingetreten ist, an denen gleichwohl das Rabbinat sich orientiert. Die jungen Israelis haben sich von diesen Vorstellungen entfernt, was den Kulturkampf – wegen der daraus entstehenden Verständnisbarrieren – verschärft.

Für viele unter ihnen gilt, was Nachum Goldmann in seiner Autobiographie feststellt[300], eine Verdünnung der jüdischen Identität, die sich aus der Religion gespeist hatte und das Leben des einzelnen Juden vom „morgendlichen Aufstehen bis zum Schlafengehen" beherrschte, soweit, daß jüdische Identität in diesem Sinne heute in Israel nur „wie eine Karrikatur ihrer selbst erscheint".

Daß dennoch in Israel von diesen Säkularen an Bräuchen festgehalten wird, die dem Betrachter als jüdisch erscheinen müssen, erklärt der Soziologe Ferdynand Zweig:

Diese Feste werden nicht mehr nach ihrem religiösen Gehalt gefeiert, sondern auf dem Weg der Säkularisierung als Element der Folklore beibehalten, ohne daß auf den religiösen Wert rekurriert wird.

Er verwendet dafür den Ausdruck „regionality"[301].

Die Metamorphose des jungen Israeli ist der Wechsel vom Juden zum Israeli. „Le juif devient Israelien, cessant ainsi d'etre juif. L'Israelien est tout ce que ne pouvait pas etre le juif, paysan, guerrier, policier ou espion, il a un honneur, du courage, une patrie."[302]

Der Unterschied liegt auch in der Ablehnung eines Sondercharakters, der Auserwähltheit.

„Wir wollen sein wie alle Völker. Dies ist der Inbegriff der Bestrebungen der Juden im Staat Israel", schreibt Bartikwa[303]. Er hätte besser geschrieben, „der Nicht-Orthodoxen Juden im Staat Israel", denn es sind die Orthodoxen, die die Israelis davon abhalten wollen, einen Staat wie jeden anderen zu bilden.

Den Beweis zu erbringen für die säkulare Einstellung der Mehrheit der Israelis, wurde bereits wiederholt versucht. Man griff dabei zurück auf die empirische Methode der Repräsentativbefragung.

1963 befragte Aron Antonovsky vom Israelischen Institut für angewandte Sozialwissenschaften einen Querschnitt israelischer Bürger. Kernfrage der Enquette war:

„Soll die Regierung dafür sorgen, daß das öffentliche Leben im Einklang mit den religiösen Traditionen der Juden steht?"[304]

Die größte Zahlengruppe stellten die konsequent Anti-Religiösen mit 37 %, ablehnend insgesamt verhielten sich 53 %.

Zu diesen Ergebnissen hat Antonovsky den ethnischen und sozialen Schlüssen festgehalten. Danach ergibt sich, daß besonders die nordafrikanischen Einwanderer eine hohe religiöse Affinität aufwiesen (53 %); bei den Asiaten betrug sie 44 %, unter Europäern und Sabres (wobei dem Trend bei den letzteren wohl die größte Bedeutung beizumessen ist) zwischen 18 und 28 %. Eine eindeutige Abnahme ist zu verzeichnen von den sozial niederen Schichten fortlaufend zu den sozial höheren[305]. Ebenso besteht eine negative Korrelation zwischen Bildungsstand und Religiosität. Der Unterschied ist bereits deutlich sichtbar zwischen Grundschulabsolventen und Bürgern ohne Schulabschluß. Unterstellt man Israel ein steigendes soziales Niveau und einen Aufstieg des Bildungsstandes, so liegt die Annahme nahe, daß die Religiosität weiter sinken müßte. Doch läßt dies die Komplexität solcher Fragen außer acht. Mit dieser Schlußfolgerung bewegt man sich auf dem Gebiet der Spekulation.

Eine andere von Simon Hermann durchgeführte Untersuchung nennt andere Ergebniszahlen. Auf die Frage, ob es wünschenswert sei, daß die jüdische Religion einen bedeutenden Anteil am öffentlichen Leben des Staates spiele, antworteten 18 % der Befragten mit „sehr wünschenswert", 37 % mit „wünschenswert", 32 % mit „unwünschenswert" und 13 % mit „sehr unwünschenswert"[307].

Schürholz nimmt von etwa 20 % der Israelis an, daß sie religiös seien in dem Sinne, daß sie alle religionsgebotlichen Vorschriften beachten[308].

In der Untersuchung von Simon Hermann findet sich auch folgende Frage:

„Wenn Sie sich mehr jüdisch fühlen, fühlen Sie sich dann auch mehr israelisch", mit der entsprechenden Umkehrfrage.

83 % (der älteren Generation, 70 % der jüngeren) fühlten mehr israelisch, wenn sie mehr jüdisch fühlten; 17 % (27 % der Jüngeren) sahen zwischen beidem keinen Zusammenhang. 3 % fühlten sich weniger israelisch, wenn sie sich mehr jüdisch fühlten.

Doch muß die Kritik an dieser Frage schon an ihrem hohen Abstraktionsniveau einsetzen; im übrigen darf angezweifelt werden, daß die Korrelation zwischen Jüdisch und Israelisch bei den Befragten über eine vage Vermutung hinaus eine reflektierte Beantwortung ermöglichte.

Alle diese systematischen Untersuchungen müssen daher auch mit der gebotenen Vorsicht betrachtet werden, „mainly because many of the issues involved are coparatively technical with the result that most people had never considered them explicitly“[309].

Wie es um die öffentliche Meinung in Israel zu den Ansichten und Maßnahmen der Orthodoxie steht, wird sich, besser als mit technischen Umfragen, an den Reaktionen ablesen lassen auf einige „Fälle“, die zu Streitpunkten der Orthodoxie wurden.

Um sie jedoch würdigen zu können, müssen einige Aspekte des israelischen Rechtssystems mitbehandelt werden.

ORTHODOXIE UND RECHT

In Israel verfügt man selbst nach einem Vierteljahrhundert staatlicher Existenz noch nicht über eine geschriebene Verfassung[310]. Die Verfassungsgebung scheiterte am Einspruch der Arbeiterpartei, unter anderem auch Ben Gurions, aber vor allem auch am Widerstand der Religiösen aus religiösen Fragen. Die Knesset setzte bald nach ihrer Konstituierung eine verfassungsgebende Kommission ein, die die Grundlagen einer Verfassung auszuarbeiten hatte. In dem von ihr vorgelegten Verfassungsentwurf befaßte sich der Artikel 77 mit der Rolle der Religion.

„Die zukünftige Gesetzgebung Israels wird von den Grundprinzipien des jüdischen Religionsgesetzes bestimmt.“ Dagegen erhoben die Orthodoxen Widerspruch. Sie verlangten die Formulierung: „Die zukünftige Gesetzgebung Israels ist das Religionsgesetz.“ Die Orthodoxen bestanden auf der Anerkennung der Thora als Staatsgesetz[311].

Das Verfassungsverständnis der Orthodoxen zeigen einige Aussagen aus den Knessetprotokollen[312]: Rabbi Kalman Kahana sagte dort beispielsweise:

„We know that the Thora is the Law of the entire people. It is law for thoses who observe it and for thoses who deny it. He who would deny it, is only a transgressor; the law nevertheless remains law.“[313]

Dies verdeutlicht einmal mehr den Totalitätsanspruch, mit dem die Orthodoxen ihre Gesetze den anderen Bürgern aufzwingen wollen. Daß eine Verfassung der Ausdruck des gemeinsamen Willens aller Bürger sein sollte, eine Geschäftsordnung des notwendigsten Mindestmaßes gemeinsamen Verhaltens und nicht die Festlegung nationaler oder religiöser Werte, entging den Orthodoxen. Es entspricht – so Eliezer Goldmann[314] – romantischen Staatsideen den Staat als Verkörperung nationaler Werte anzusehen:

„The constitution is the credo of the nation. It symbolizes whatever is good and noble in a people. Therefore we do not wish the constitution to express a distorted view in which there is no essential continuity with the state of Israel 2000 years ago."[315]

Die Orthodoxen argumentierten, eine weltliche Verfassung schade Israels Image als jüdischem Staat. In Wirklichkeit aber war der Hauptwiderstand darauf zurückzuführen, daß in einer Verfassung die Beziehung von Religion und Staat hätte genau festgehalten werden müssen. Die Orthodoxen fürchteten, daß diese Frage zugunsten einer freisinnigen Mehrheit hätte ausfallen müssen und eine Erörterung in breiten Schichten zur Folge gehabt hätte. Die Mehrheit, die die Orthodoxen stillschweigend duldet, hätte sich bei einer Ein-Für-Alle-Mal-Festlegung genau artikulieren müssen, ein Risiko, das einzugehen für die Orthodoxen zu groß war. Weiterhin gewährt der rechtliche Zustand der Verfassungslosigkeit den Orthodoxen ein weites Feld politischen Spielraums. Der Versuch, nach Wahlen jedes Mal erneut in Koalitionsvereinbarungen Kapital zu schlagen, wäre durch eine genaue Festlegung in einer Verfassung verbaut gewesen[316].

„The difficulty was, while one group would accept no written embodiement of values others than thoses of the Thora the others talked about the spirit of early socialist pioneers, the spirit of ingathering."[317]

Neben der Verfassungsfrage aber ist weit wichtiger die religiöse Gerichtsbarkeit in Personenstandsfragen. Sie ist wichtiger deshalb, weil sie den einzelnen Israeli selbst täglich betreffen kann.

Ob ein „altes kanonisches Recht" für die Bürger eines Staates verbindlich gemacht werden kann, die zu seinen Normen und Grundsätzen in der Gesamtheit keine große Beziehung mehr haben, nennt Christoph von Imhoff das Kardinalproblem des Staates Israel[318].

Der religiösen Gerichtsbarkeit[319] unterliegen alle Fragen der Eheschließung, der Scheidung, der Folgen einer Scheidung, gleichgültig, ob sie als Juden israelische Staatsbürger sind oder nur in Israel ihren Wohnsitz haben[320]. Die Rabbinatsgerichte entscheiden auch Fragen der Unterhaltspflicht für Frau und Kind. Das für die Entscheidungen zugrunde gelegte Gesetzbuch ist dabei ausschließlich das Religionsgesetzbuch mit seinen Interpretationen, das nicht etwa für die modernen Bedürfnisse aufbereitet wurde.

Wenn auch möglicherweise eine Mehrheit der Israelis die religiöse Bevormundung ablehnt, hat sie dennoch keine Wahl. Eine Heirat in Israel muß nach dem Willen des Rabbinats durchgeführt werden; eine Zivilehe gibt es nicht. Mischehen (Ehen zwischen Juden und Nichtjuden) werden nicht vollzogen.

All dies wird legitimiert durch das zu schützende Rechtsgut des jüdischen Glaubens. Großrabbiner Herzog sagte:

„Wäre die Wahl zwischen religiösen und Zivilgerichten vorgesehen, so würde dies einen harten Schlag für die Grundlehren der jüdischen Religion und für das Familienleben bedeuten."[321] Es würde sicherlich auch einen harten Schlag bedeuten für die religiösen Gerichte, wenn alle die Israelis, die des Diktates und der Kompromißlosigkeit der Orthodoxen müde geworden sind, nicht mehr gezwungen wären, sie zu benützen.

Gegen die rechtliche Monopolstellung der Orthodoxen gehen auch die Linksparteien vor. Sie werfen dem bestehenden System vor, es setze den einzelnen Israeli der Willkür der Rabbinatsgerichte aus, was „große Bedeutung mit weitreichenden Konsequenzen für das Leben des Einzelnen und der ganzen Gesellschaft" habe[322]. Dabei verstößt die in Israel übliche Rechtspraxis bisweilen gegen international anerkannte Rechtspraxis, etwa in der Frage des Mischehenverbots[323].

Da Mischehen in Israel nicht möglich sind, werden solche Ehen außerhalb des Gebiets der israelischen Hoheitsrechte geschlossen, in der Regel auf Zypern; die Frage ihrer Anerkennung ist ein schwieriges Kapitel – zumindest aber ergeben sich daraus zivilrechtliche Nachteile[324]. Diese Nachteile können vermieden werden, wenn der nichtjüdische Ehepartner zum Judentum konvertiert. Dies geschieht in der Regel durch die Hilfe von Reformrabbinern[325]. Durch eine Vereinbarung von 1970 waren diese Konversionen von der NRP aus Rücksicht auf den Koalitionsfrieden anerkannt worden. Durch den Wahlausgang zur 8. Knesset vor neue Koalitionsverhandlungen gestellt und in einer Art Schlüsselposition, sollen nur noch solche Konversionen anerkannt werden, die von konservativen Rabbis vorgenommen wurden.

Gegen das Gleichheitsrecht wird verstoßen, wenn vor den Rabbinatsgerichten den Frauen das Zeugnisrecht verweigert wird. Eine Witwe, die einen noch unverheirateten Mann ihres Bruders hat, bedarf, will sie wieder heiraten, der Zustimmung dieses Schwagers nach dem alten rabbinischen Akt der Chaliza. Doch um diesen Akt vornehmen zu können, muß der Bruder ein bestimmtes Alter haben; hat er es nicht, muß die Witwe warten, bis ihr Schwager das nötige Alter erreicht hat[326].

Eine nach orthodoxem Recht nicht erlaubte Heirat schließt die betroffenen Parteien für zehn Generationen aus der jüdischen Gemeinschaft aus[327].

Kinder, die aus einer Ehe hervorgehen, die vom Rabbinat nicht gebilligt ist, zum Beispiel, weil die (jüdische) Mutter eine geschiedene Frau ist, werden mit dem Status eines illegitimen Kindes versehen, ebenso wie Kinder, deren Vater nicht bekannt ist. Daraus ergeben sich weitreichende Probleme: ihre jüdische Abstammung, an der im ersteren Fall nicht zu zweifeln ist, wird als ungesichert fingiert. Wollen sie nun wiederum einen Juden heiraten, trifft dies auf das Mischehenproblem[328].

Der vorangehende Abschnitt impliziert die Kenntnis der Wer-ist-Jude-Frage. Nach orthodoxem, daher in Israel gültigem Recht ist Jude, wer von einer jüdischen Mutter abstammt. Kinder aus Mischehen gelten als Nichtjuden und dürfen ohne gültige Konversion keinen Juden heiraten.

Zwangsläufig muß es in Personenstandsfragen zu Kontroversen zwischen zivilen und religiösen Instanzen kommen. So bei der Anerkennung von ausländischen Rechtsakten, die der Staat in seiner Eigenschaft als Mitglied der Staatengemeinschaft anerkennen muß, die aber die Rabbinatsgerichte nicht kümmern.

Während die zivilen Instanzen einen Rechtsakt, wie Heirat oder Scheidung, der im Ausland vorgenommen wurde, danach beurteilen, ob er nach den Gesetzen, die am Ort und zum Zeitpunkt seines Vollzugs gültig sind, rechtmäßig war, fragen die religiösen Gerichte immer nach seiner ritualen Qualität. Heiraten ein amerikanischer Jude und eine amerikanische Jüdin, die beide Staatsangehörige der Vereinigten Staaten sind (aber in Israel wohnen und daher als „jewish residents of Israel“ unter rabbinischer Gerichtsbarkeit stehen) vor einem amerikanischen Konsularbeamten, werden die staatlichen Stellen nicht umhinkönnen, diese Heirat anzuerkennen. Vom Rabbinat aber wird diese Ehe nicht anerkannt mit allen daraus folgenden Privationen für die Kinder und den Eintrag im Personenstandsregister als Vermählte[329].

Doch nicht nur im Personenstandsrecht ist der orthodoxe Einfluß spürbar. Das Sabbathsarbeitsverbot, ursprünglich nur gedacht für Lohnarbeiter, wurde ausgedehnt auf selbständige Gewerbetreibende, Geschäftsleute und Handwerker[330].

Die Knessetdebatte darüber, ob ein Schuldner im Einziehungsfall bei zivilrechtlichen Schulden mit Gefängnis bedroht werden solle, hört sich an wie eine „Verhandlung einer Akademie rabbinischer Weise(r)"[331].

Ein anderer Fall ist die Besitzregelung bei einer Mietergemeinschaft: hier wurde durch die Knesset das römisch rechtliche Prinzip abgelöst, nachdem der Kollektivbesitz nicht ohne weiteres veräußerlich ist und durch die talmudische Regelung ersetzt, nach der Teilbesitz eines Vermögensganzen möglich ist[332].

Diese Durchsetzung des israelischen Rechts mit alten rabbinischen Normen hat zur Folge, daß von Zeit zu Zeit in periodischen Abständen Rechtsstreite entbrennen, die die Unzufriedenheit der meisten Israelis über diese Zustände zeigen. Diese Streitsachen werden in Israel zu causes celebres, denen das Attribut „Fall" beigegeben wird. Bekannt wurden der „Fall Shalit", der „Fall Bruder Daniel" und eine Reihe anderer, die hier aufzuzählen zuviel Kasuistik mit sich bringen würde. Diese Fälle sind sicherlich nicht typisch für das israelische Recht[333]. In ihren Entscheidungen betreffen sie nicht die Mehrheit der Israelis, wohl aber durch die Aussage, die sie über die Tendenz des Rechts treffen. Sie sind „infrequent cases, but they do occur and are fuel to the flames of secular indignation"[334].

Bruder Daniel wurde als Jude geboren, trat aber noch in Polen zum Christentum über und wurde Karmelitermönch. Er wanderte in Israel ein und verlangte die israelische Staatsbürgerschaft qua Rückkehrgesetz.

Benjamin Shalit, israelischer Marineoffizier, wurde in Haifa geboren; er heiratete in Edinburgh eine nichtjüdische Schottin und erzog die gemeinsamen Kinder nicht religiös. Das Problem stellte sich, als er seine Kinder als 'jüdisch' registrieren lassen wollte. Grundlage für beide Fälle bildet ein Gesetz, daß als Jude (nach Religion oder Volkszugehörigkeit) nur registriert werden darf, wer von einer jüdischen Mutter geboren wurde. So definiert die Halacha, eine Sammlung religiöser Vorschriften mit Gesetzeskraft, die den Hauptteil des Talmud bildet[335], den 'Juden'.

Weiterhin darf sich als Jude bezeichnen, wer zum Judentum konvertierte.

Im Shalitfall wurde zunächst entschieden, die Kinder (obwohl von einer nichtjüdischen Mutter geboren) könnten als Juden geführt werden, da sie inmitten einer jüdischen Umgebung aufwuchsen. Der oberste Gerichtshof entschied dagegen[336].

Bis zum obersten Gerichtshof gelangte auch Bruder Daniel. Trotz seines im Sinne der Halacha begründeten Anspruches auf die Registrierung als Jude wurde entschieden, er könne die israelische Staatsbürgerschaft erwerben, aber nicht als Jude registriert werden, da er sich durch die Konversion von der Geschichte und dem Los der jüdischen Gemeinschaft getrennt habe[337].

Die Rechtsprechungspraxis wie die Handhabung der Gesetze durch die Orthodoxen ruft unter den Israelis oft Unwillen hervor. Dieser wird noch verstärkt durch die Eskapaden, die sich Orthodoxe leisten oder die im Namen der Orthodoxie begangen werden.

Einer der aufsehenerregendsten Fälle religiöser Intoleranz und orthodoxer Verachtung für die Anordnungen staatlicher Stellen ist die Entführung des Jossele Schuhmacher. Jossele war mit seinen Eltern 1957 aus der SU eingewandert. Die Eltern gaben den Jungen in Pflege, um ihn erst wieder abzuholen, wenn sie die schwierige Zeit der wirtschaftlichen Etablierung im neuen Land überstanden hätten. Als sie dies 1959 zu Beginn des Schuljahres tun wollten, verweigerte der Pflegevater die Herausgabe des Kindes mit Berufung auf die Erlaubnis eines orthodoxen Rabbiners. Dieser rechtfertigte seinen Schritt mit der bloßen Vermutung, die Eltern wollten mit dem Kind nach Rußland zurückkehren und es dort taufen lassen. Das Oberste Gericht wurde angerufen und befahl 1960 die Herausgabe des Kindes. Der Pflegevater weigerte sich weiterhin, selbst als Beugehaft über ihn verhängt wurde. Die Polizei stieß bei ihren Ermittlungen „auf sture Unnachgiebigkeit, der ein religiöses Mäntelchen umgehängt wurde"[338]. Erst 1962 gelang es dem inzwischen eingeschalteten israelischen Geheimdienst, den Knaben im New Yorker Bezirk Williamsburg, einer Hochburg der Orthodoxie, zu entdecken. Er wurde im Juli 1962 nach Israel zurückgebracht.

Derartige Vorkommnisse werden der gesamten Orthodoxie angelastet. Die Mehrheit lehnt die Orthodoxie und ihr Recht ab. „The enactment of a law does not in itself indicate the depth of its roots in public opinion. It may command the support of a large majority or it may have been pushed through by a narrow margin against determined opposition.“[339]

Doch sind die Orthodoxen auch nicht bereit, mit der Mehrheit über ihre Gesetze und ihre Rechtspraxis zu reden. „Nach orthodoxer Auffassung handelt es sich um gottgewolltes Recht oder aufgrund von gottgewollter Kompetenz von den Rabbinern gegebene Ordnung.“[340]

In Israel herrscht ein Lack of Communication zwischen rabbinischer Rechtspraxis und öffentlicher Meinung, das aber nicht von den Orthodoxen bemerkt wird[341]. Als Lösung dieses Konflikts bot Nachum Goldmann den Vorschlag eines Synhedrions an, das nach klassischem Vorbild zu gestalten wäre, denn nur eine derartige Autorität könne den Mut aufbringen, rabbinische Gesetze neu zu interpretieren und zu fassen, die nötigen Reformen durchzuführen. Auf diese Art könne vermieden werden, daß „den nichtorthodoxen Gruppen alle Formen der Orthodoxie“ aufgezwungen werden[342].

Das Prinzip der rabbinischen Rechtsfindung beruht auf der freien Diskussion. In der Debatte der Akademie wird das Recht gefunden[343]. Diese plebiszitäre Tendenz überrascht, betrachtet man die autoritäre Haltung der Orthodoxen. Doch ist in der Tat die Voraussetzung für diese Debatte nicht mehr gegeben, weil die Unkenntnis der religiösen Quellen durch die meisten Israelis ihr entgegensteht. Auch war diese Ratsversammlung gedacht für die Organisationseinheit des „Städls“ und nicht die eines Staates. Der Dialog, wie ihn die Thora fordert, ist nicht mehr möglich. An seine Stelle traten – über den Kopf der Mehrheit hinweg – die Dekrete.

ORTHODOXIE UND MISSION

Wenn hier das Verhalten der Orthodoxie gegenüber der Mission betrachtet werden soll, obwohl dies nichts als ein kleiner Aspekt israelischen Lebens ist, dann deshalb, weil sich daran zeigen läßt, wie eine Gruppe, der die Judaizität Israels am Herzen liegt, sich gegenüber Andersgläubigen verhält. Es kann so die Frage anderer Religionen Betrachtung finden, zumal sich diese in einem Staat befinden, der oft als religiös bezeichnet wird. Die Orthodoxie wertet Missionsbestrebungen (christlicher Konfessionen) und die damit verbundene Gefahr potentiell möglicher Übertritte als Bedrohung; sie sieht diese Gefahr in ihrer subjektiven Perzeption groß. Ob sie objektiv so groß ist, ist zu bezweifeln. Für die Orthodoxie jedoch ist sie groß genug, um zu Massenpublikationen zu greifen. So verbreitet ein Komitee, das sich zur „Erhaltung des Judentums" konstituiert hat, eine Anzeige in der Jerusalem Post:

„Alle acht Stunden geht ein weiterer Jude an die Missionare verloren."[344] Daran geknüpft wird der Aufruf, eine Knessetdebatte darüber zu führen.

In einem Memorandum fordert Religionsminister Wahrhaftig im Frühjahr 1973 die Ministerpräsidentin auf, Aktionen gegen die wachsende christliche Missionstätigkeit zu ergreifen. Seine Sorge galt dabei besonders der Jews-for-Jesus-Bewegung, einem Ableger der amerikanischen Jesus-Bewegung, die wegen ihres Idealismus selbst den etablierten christlichen Konfessionen Bewunderung abnötigte.

Diese Gruppe umfaßte sowohl Christen als auch Juden und zum Christentum konvertierte Juden.

„Missionierende Judenchristen sind für die jüdischen Rechtgläubigen eine Potenzierung des Ärgernisses, und so sind es vor allem die Jews for Jesus."[345] Diese Gruppe residierte auf dem Ölberg in Jerusalem, wo sie ein Bibelzentrum betrieb. Dieses Zentrum wurde von orthodoxen Studenten überfallen und in Brand gesteckt. Den militanten Orthodoxen[346] wird eine Verbindung zur amerikanischen „jüdischen Verteidigungsliga" des Rabbi Meir Khane nachgesagt. Khane hat in der Tat auch in dieser Auseinandersetzung Stellung bezogen: er will den Feind mit den eigenen Waffen schlagen und hat die Gründung einer Christen für Moses Bewegung angekündigt.

Der Gewaltakt der Orthodoxen hatte diplomatische Aktionen im Gefolge. Religionsminister Wahrhaftig empfing eine Delegation der Kirchen unter der Führung des anglikanischen Bischofs von Jerusalem, Appleton. Wahrhaftig versicherte:

„Die Regierung lehnt alle Gewaltakte ab und wird dafür sorgen, daß die Verantwortlichen für solche Taten bestraft werden."[347]

Weiter versicherte er, daß sich am Verhältnis zu den etablierten Kirchen nichts ändern wird.

In Wirklichkeit droht auch Gefahr der Missionierung eher von den kleinen Splittergruppen denn von den großen kirchlichen Gemeinschaften, die in der Missionierung eher eine diplomatische Zurückhaltung üben.

Die vom Innen- und Religionsminister, beide NRP, geforderten neuen gesetzlichen Bestimmungen zur Bekämpfung missionarischer Tätigkeit wurden vom Justizminister zurückgewiesen. „Wenn man in Jerusalem regieren will, muß man solche Sachen akzeptieren."[348]

Doch diese Thematik beschäftigte die Führer der religiösen Parteien, wie sich zeigt an der Forderung nach einer Knessetsitzung über den Mißbrauch karitativer Tätigkeiten für Zwecke der religiösen Werbung oder einem 1969 von Wahrhaftig eingebrachten Gesetz gegen die Missionstätigkeit bei Minderjährigen. Unterstützt werden die Politiker vom Rabbinat. Chefrabbiner Shlomo Goren wandte sich bei einem Sabbathfestgottesdienst gegen die christliche Mission und forderte von der Knesset die Entscheidung zu verbieten, „eine Person zu beeinflussen, ihren Glauben zu wechseln"[349]. Dies geschah ungeachtet der Tatsache, daß es bereits seit 1963 ein Gesetz gibt, das die Ausnützung von (wirtschaftlichen) Notlagen zu Missionszwecken verbietet. Mission, meint Pater Pax[350], ist immer eine Beeinträchtigung der anderen Religion, denn jede Religion müsse sich absolut nehmen[351].

Diese Problematik wird verschärft durch die Eigenart des Judentums, Religion und Weltanschauung zugleich zu sein. Der Ökumenespezialist spricht von einer Krise der Synagoge, die es ebenso gebe wie eine Kirchenkrise. Die Konservativen haben das Judentum gerettet, und nun herrscht unter ihnen Besorgnis, die Israelis könnten von Fremdem infiltriert werden und die jüdischen Werte vergessen.

DER MYTHOS DER AMERIKANISCHEN UNTERSTÜTZUNG

Trotz ihrer zahlenmäßigen Überlegenheit übt die israelische Orthodoxie einen politischen Einfluß aus, der in keinem Verhältnis zu dem Anteil steht, den sie an der Gesamtbevölkerung stellt.

Es wäre ungerechtfertigt, wollte man sich damit begnügen, diese Feststellung zu treffen und nicht zu hinterfragen, wie diese kleine Gruppe in der Lage ist, der Mehrheit in essentiellen Fragen ihren Willen aufzuzwingen.

Eine Erklärungsmöglichkeit gibt Bentwich, wenn er an seine Charakterisierung der Orthodoxen den Satz anschließt:

„They are largely supported from America."[352]

Diese Theorie, hinter der sich die Annahme verbirgt, die US-Juden gäben ihr Geld aus, um Israel als jüdischen Musterstaat zu finanzieren – auch als Zufluchtsland für den Fall eines Wiederauflebens des Antijudaismus – und deshalb ein besonderes Interesse an seiner religiösen Führung haben, findet viele Befürworter. Die These von der jüdischen Lobby in Amerika zerfällt in zwei Teile von unterschiedlich schwierigem Nachweis. Das ist einmal die These von den amerikanischen Leistungen an Israel und die Annahme, das Geld werde von den amerikanischen Juden erbracht. Und da ist weiter die wesentlich schwierigere Frage, wie diese Gelder in die Hände der Orthodoxen gelangen, wo sie sich dann in die Waffe gegen die Säkularisten verwandeln.

Der erste Teil der Frage läßt sich mittels einiger Statistiken prüfen. Als Quellen bieten sich an die „Statistical Abstracts of Israel" und der „Bank of Israel Annual Report".

In den Jahren von 1948 bis 1972 hat sich die israelische Bevölkerung vervierfacht, das Industrievolumen verzehnfacht, das Nationaleinkommen verzwanzigfacht. Diese Entwicklung war nur möglich durch tatkräftige ausländische Kapitalunterstützung, die neben den bundesrepublikanischen Wiedergutmachungsleistungen[353] besonders aus amerikanischen Quellen stammt[354]. Abgesehen von den enorm variierenden Zahlen über die tatsächlich erfolgten Leistungen kann kein Zweifel bestehen, daß die finanziellen Unterstützungen der Vereinigten Staaten an Israel von enormer Bedeutung sind. Dies bestätigt auch Finanzminister Shapir in einem Rückblick auf 25 Jahre Israel: „Ein wesentlicher Faktor in unserer Entwicklung bis heute war die Hilfe, die uns von den jüdischen Gemeinden der Welt zukam."[355] Damit ist aber keineswegs die Frage beantwortet, über welche Kanäle die Orthodoxen amerikanische Gelder beziehen. Man darf annehmen, daß die offiziellen Leistungen, die nach Israel gehen, der Regierung zugute kommen und nicht den Gläubigen.

Die Orthodoxie bezieht ihre Gelder mehr aus privaten Transfers, was sie auch so schwer erfaßbar macht. Die Führer der Neturei Carta leben in Amerika. Und die amerikanischen Juden „donnent l'argent bien plus a l'idee qu'ils se font d'Israel qu'a l'etat d'Israel reel"[356].

Ein weiteres Problem in der Untersuchung der amerikanisch-jüdischen Finanzunterstützung tut sich auf in der Tatsache, daß in den Vereinigten Staaten rund 5 Millionen Juden leben, von denen nur 3 Millionen organisiert sind.

Diese 3 Millionen unterfallen in drei Gruppen, von denen nur eine Gruppe orthodox ist; die beiden anderen Gruppen sind die Konservativen und die Reformjuden. Die orthodoxe Gruppe aber ist nicht diejenige, die Israel am meisten unterstützt[357]. Die hauptsächliche Unterstützung kommt von den beiden anderen Gruppen. Wohin ihre Unterstützung geht, ist die große Unbekannte der Gleichung. Welches Interesse haben sie an Israel? Wohl besonders dies einer Zufluchtstätte für das Wiederaufleben des Antisemitismus. Dies sichert ihnen das Rückkehrgesetz, ein zionistisches Gesetz. Doch darf man derart rationale Argumentation erwarten?

Die amerikanische Finanzunterstützung trägt sicherlich zur Stärkung der Position der Orthodoxie mit bei. Doch reicht diese – schwer nachweisbare – Hilfe sicher nicht aus, um die Fähigkeit zu erklären, einer Mehrheit seine Meinung aufzuoktroyieren in einer gleichsam legalisierten Form des Terrors durch das Instrument der politischen Einflußnahme.

Zunächst muß berücksichtigt werden, daß der Orthodoxie Gegnerschaft ja nicht erwächst aus der Regierung, sondern aus der Öffentlichkeit. Die Regierung trägt viel mehr zur Stützung der Orthodoxie bei als zu ihrer Entmachtung. Die Orthodoxie befindet sich mit der in der Regierungsverantwortung und nicht – wie es ihrem Status in der Öffentlichkeit zukäme – in der Opposition. Daneben legt sich die Mehrheit in der Frage der Auseinandersetzung mit der Orthodoxie eine Art freiwilliger Zurückhaltung auf, die sich nur in Fällen besonderer Provokation durch die Orthodoxen Luft macht.

Die Mehrheit wirft ihr demokratisches Gewicht deshalb nicht in die Waagschale, weil sie der Frage der Judaizität mit Befangenheit gegenübersteht und aus emotionellen Gründen dieses Problem nicht mit Gewalt lösen will[358]. Die Israelis empfinden vor diesen Orthodoxen, die dem Glauben anhängen wie die Väter, eine Art Scheu; eine Scheu davor, Althergebrachtes, Traditionelles, noch dazu umgeben mit dem Flair des Religiösen, über Bord zu werfen, ohne eine neue Idee parat zu haben. Es ist die Furcht, eine alte Identität aufzugeben, ehe eine neue gefunden ist.

Möglicherweise erreichen die Orthodoxen von den Säkularen auch deshalb eine so weitgehende Toleranz, weil es diese Orthodoxen sind, die das religiöse Recht Israels manifestieren und für die Mehrheit eine Alibifunktion ausfüllen zur Präsenz Israels in Palästina.

Betrachtet man die Gespräche mit israelischen Soldaten nach dem Sechs-Tage-Krieg, so taucht immer wieder die Frage nach Israels Recht, hier zu sein, auf. Hier bieten die Religiösen eine bequeme (weil religiöse und daher unangreifbare) Lösung an, die es gestattet, der eigentlichen moralischen Kernfrage der Präsenz aus dem Weg zu gehen und sich auf religiöses Recht zu berufen. Hinzu kommen noch zwei organisatorische Gründe:

Die Orthodoxie ist eine kleine Gruppe, gut geführt und straff ausgerichtet auf die Anweisungen der Parteien, des Rabbinats, des Religionsministeriums (die alle die gleiche Ideologie verfolgen). Die kleine Zahl, die straffe Führung, die Unterwerfung unter „ein" Gesetz erlauben ein geschlossenes Auftreten, was die Chancen in der politischen Arena erhöht.

Zum anderen profitiert der geschlossene Block der Orthodoxen von der Zersplittertheit der Säkularisten. Wie bei der Erläuterung zum Zustandekommen dieser terminologischen Unterscheidung gezeigt wurde, ist die Mehrheit nur in einem Punkt einig, in der Ablehnung einer zu strengen religiösen Praxis. Lösungsvorschläge aber, aus dieser Praxis zu entrinnen, gibt es ebenso viele wie es Gruppierungen gibt. So nützt die Zersplitterung der Mehrheit den Zielen der orthodoxen Minderheit.

Alle diese Gründe erklären den orthodoxen Einfluß besser als eine monokausale Verweisung auf den sicherlich mit bestimmenden Einfluß der amerikanischen Finanzen.

BESONDERHEIT UND NORMALITÄT

Die Problematik, in der sich die israelische Politik befindet, spiegelt sich in der folgenden Frage: „Wie können wir das unabdingbare Maß irdischer Normalität erlangen und doch nicht werden wie alle Völker?"[359]

Dies zeigt den Widerspruch zwischen den Bestrebungen der Orthodoxen, die den Anspruch der Auserwähltheit bewahren wollen und dem

Wunsch der Säkularen, in einem normalen Staat wie jedem anderen zu leben.

Nachum Goldmann führt in seiner Autobiographie an, jedes Volk ziehe sein Existenzrecht daraus, daß es seine Sonderheit durchsetze. Daher wäre in seiner Sicht eine Normalisierung jüdischer Existenz eine Anomalie.

Die jüdischen Werte preiszugeben, Israel zu normalisieren würde es in „eine gewöhnliche Apfelsinenrepublik verwandeln"[360].

Und ausgehend von der Annahme, Israel wolle weiterhin 'jüdisch' sein, schreibt Professor Falk:

„Here is a nation living for three thousand years by virtue of its law, most of the time under foreign rule. Now when coming back to build an independant political structure, the same nation refuses to obey the law."[361]

Doch ein absoluter Wert wie das Jüdische, aus der Religion kommend, läßt sich nicht einer Staatlichkeit zuliebe relativieren.

EXKURS:
DER STAAT UND DIE DIASPORA

Mit dem Staat ist das Ghetto verschwunden. Gruppen wie die Cherut, die „Bewegung vollständiges Israel" und Männer wie Jochanaan Bloch fordern die 'Rückkehr' aller Juden nach Israel, weil es seit der Staatsgründung „keine Möglichkeit mehr gebe, Judentum in der Fremde zu verwirklichen"[362].

Hinter dieser Formulierung stecken zwei bemerkenswerte Tatsachen: einmal, daß mehr Juden außerhalb Israels wohnen als im Staat, die jüdische Verwirklichung (was immer darunter zu verstehen sei) nicht an Israel gebunden ist; zum anderen ein pragmatisches Element hinter dieser Aufforderung eines Nationalismus, der Menschen zur Besiedelung des Raumes bedarf.

Die Behauptung, jüdisches Leben sei allein in Israel verwirklichbar, ist darüber hinaus ein Widerspruch zu den a-religiösen Tendenzen des Staates und dem Verhalten der Sabres[363].

Da in der vorliegenden Arbeit der Einfluß der Staatsgründung auf die israelischen Bürger untersucht wird, sollte auch reflektiert werden, ob nicht die Staatsgründung und die Tatsache staatlicher Existenz nicht auch Einfluß hatten auf die Diaspora.

Als Problem wurden die Beziehungen zwischen Staat und Diaspora erst nach 1948 sichtbar[364]. Es begann sich erst anzubahnen, als sichtbar wurde, daß ein großer Teil der Juden außerhalb des Staates bleiben würde, dennoch aber nicht auf den jüdischen Status verzichten wollte.

Im Jerusalem von heute erklärt man: „The fact that a jewish state exists is relevant to every jew in the world whatever he thinks of it."[365] Das heißt, daß die Existenz des Staates die Juden der Welt, auch die Gegner der zionistischen Idee oder der Staatlichkeit zur Reflexion und Stellungnahme zwingt[366].

In den meisten Fällen wird der Staat als „jüdisches Aktivum"[367] aufgefaßt werden. Viele sind an Israel auch nur deshalb interessiert, weil ein Scheitern des Staates negative Auswirkungen auch für ihr Dasein hätte.

Die psychologische Beruhigungswirkung, die Israel als immer offenstehendes Refugium ausübt, ist bedeutsam. Dies wird gestützt von den Erfahrungen vieler Psychologen. So spricht beispielsweise Grossmann davon, daß Israel viel zur Entghettoisierung beigetragen habe für die Juden in den Vereinigten Staaten[368].

Moshe Sharett, später Außenminister Israels, sprach kurz nach der Staatsgründung als Vorsitzender des Exekutivrates der Jewish Agency davon, daß sich die jahrhundertealte jüdische Frage mit der Existenz des Staates verflüchtigt habe.

Doch übergeht dies, daß die Staatsgründung die Juden in zwei Lager gespalten hat: in die Juden in Israel und die in der Diaspora. Dabei ist die zweite Gruppe zahlenmäßig weit größer. Nach offiziellem Sprachgebrauch bilden beide Gruppen zusammen das jüdische Volk. Doch besteht die Wahrscheinlichkeit, daß sich geistig beide Gruppen nur voneinander entfernen.

Die erste Gruppe umfaßt einen (großen) Teil der drei Millionen Israeli, die zweite Gruppe umschließt schätzungsweise 13 Millionen Juden[369]. Nimmt man es von offizieller israelischer Seite, wie auch in der öffentlichen Meinung, den sowjetischen Juden nicht übel, daß sie nicht in Israel sind, so sind die Spannungen zwischen (vorwiegend den jungen) Israelis und den Juden in der westlichen Welt, die nach Israel auswandern könnten, wenn sie nur wollten, erheblich[370].

Die Frage, was könnte einen heute im Westen wohnenden Juden dazu verleiten, nach Israel zu gehen, ist eine häufig diskutierte Frage in zionistischen Kreisen. Nach wie vor besteht der zionistische Sammlungsanspruch. Ein Vertreter der Jewish Agency betonte auf einem Seminar zur Ideologie des jüdischen Volkes, die Hauptaufgabe des Zionismus nach der Staatsgründung müsse darin liegen, den Schwerpunkt des jüdischen Volkes von der Diaspora in den Staat zu verlegen. Wörtlich führte er aus: Der Ruf an die Juden der Diaspora laute: „Komm nach Israel, weil Du mein Bruder bist; doch falls Du nicht kommst, bleibt Du trotzdem mein Bruder.“[371]

Im Hintergrund dazu aber ist immer im Auge zu behalten die Formulierung Ben Gurions, kein Jude könne sich außerhalb Israels so selbstverwirklichen wie in Israel, auch wenn er im freiesten Land lebe.

In Israel neigt man zu der Theorie, Juden auch in den westlichen Ländern stünden nach wie vor unter der Bedrohung des Antijudaismus oder aber – was angesichts der Möglichkeiten zur Emanzipation wahrscheinlicher ist – der Abkehr vom Judentum durch Assimilation.

So macht man in Israel den Juden der Welt die Tatsache, daß sie nicht einwandern, zum Vorwurf; auch dann, wenn von ihnen die finanzielle Unterstützung ausgeht, denn die persönliche Mitarbeit, meint man, sei wertvoller als verbale Unterstützung oder Transferierung von 'Lösegeld'.

Zu denjenigen, die die These vertreten, nach der Gründung des Staates gebe es in der Diaspora keine Möglichkeit jüdischer Selbstverwirklichung mehr, gehört auch Rudi Zvi, wie er in seiner „Soziologie des Jüdischen Volkes“ anführt. Er bezeichnet dort alle Juden als Angehörige einer Nation. Diese Nation habe sich mit der Staatsgründung einen Heimatstaat gegeben. Er verkennt dabei den Unterschied zwischen Volk und Nation und verkennt weiterhin, daß die israelische Nation bereits eine politische Kultur und Tradition geschaffen hat in der Zeit ihres staatlichen Bestehens, die sie mit fortschreitender Zeit in immer höherem Maße von den Juden der Diaspora entfremden wird. Die Voraussetzung, die zur Verwirklichung der Idee Rudi Zvis führen hätten können, bestand mit Einschränkung vor 1948, bis der Staat gegründet wurde, nicht aber ein Viertel Jahrhundert danach.

Ähnliches greift Sontheimer auf, wenn er von einer „judaicité“ und einer „israélité“ spricht und die zweitere als eine Ausformung der ersteren betrachtet. Darin liegt ein Trugschluß. Nicht eine Ausprägung, sondern ein anderes ist entstanden.

Doch bleiben zwischen beiden Seiten vorerst gewisse gefühlsmäßige Verbindungen bestehen; beide Seiten, Israelis und Juden der Diaspora, leben in wechselseitigem Austausch. Die Diaspora kann weiterhin gegenüber dem Staat eine wichtige Korrekturhilfe sein, ihm aus seinem geographischen Autismus helfen. Von ihr könnten Denkanstöße an Israel herangetragen werden, die verhindern, daß Israel ein geistiges Ghetto wird[372].

Doch dürfte die Freundlichkeit der Diaspora in dem Maße abnehmen, in dem in Israel der Kontakt zum Judaismus sich verringert[373].

Trotz aller Rücksichtnahme auf die Diaspora durch die Regierung ist rechtlich verbindlich nicht geregelt worden, ob Israel den Juden der Welt eine Mitsprache in der Formulierung der israelischen Politik einräumt[374].

In seiner Rede nach der Vereidigung als erster israelischer Staatspräsident sagte Weizmann: „Ich weiß, daß alles, was wir in diesem Land tun und nicht tun werden, Licht und Schatten auf unser ganzes Volk werfen wird.“[375] So sind die Israelis bereit, auf die jüdischen Interessen Rücksicht zu nehmen, nicht aber sie an der Regierungsentscheidung zu beteiligen[376].

Die Israelis argumentieren, die Regierungsvollmacht ihrer Exekutive leite sich aus dem Willen und Mandat der israelischen Bürger ab. Zweifellos wird dieses Mandat von den Sympathien für die Juden der Welt geprägt sein, eine Beteiligung an der Regierung aber gestattet dies nicht.

Die Spannungen zwischen Israel und der Diaspora erstrecken sich auch auf den Bereich der israelischen Identitätssuche. Eine Idee des klassischen Zionismus war der Glaube, der Zionismus sei ein Weg zurück zum Judaismus. Dieser These Herzls wird vorgeworfen, sie hätte nicht genügend den Inhalt (content) des Judentums reflektiert[377].

In Israel entsteht eine neue Identität, die aufgrund völlig anderer Umwelterfahrungen kaum noch etwas gemein hat mit der Diasporaidentität, ja sich von ihr fortentwickelt. Eine Reihe finanzkräftiger Mäzene der Diaspora haben dies erkannt und ziehen es daher auch vor, ihr Geld den Juden im eigenen Land zukommen zu lassen und deren Judentumsbewußtsein zu stärken[378].

Israel ist, will es den Anspruch aufrechterhalten, so viele unterschiedliche Bevölkerungsgruppen in den Staat zu integrieren, eine offene Gesellschaft und schon damit im Widerspruch zur geschlossenen Gesellschaft der Diaspora. Insofern unterscheidet sich auch das Judentumsbewußtsein, das an den israelischen Schulen mühsam unterrichtet werden muß, von dem der Diaspora; dort ist es erlebte Wirklichkeit, eine Wirklichkeit, die sich von der israelischen sehr unterscheidet. Durch die Bedrohung der Umgebung war der Diaspora ihr Zusammenhalt gegeben. Die Antwort darauf war der Glaube. Dies machte den Juden.

„Die charakteristischen Züge der jüdischen basic-personality gehen (dort) in dem Maße zurück, in dem der religiöse Faktor im jüdischen Leben verschwindet und der Antisemitismus sich nicht mehr wirksam zu entfalten vermag.“[379]

Auch Mangel an Kommunikation mag dem Auseinandertreiben Nahrung geben. Bei einem Kongreß unter dem Motto, was eint uns, meinte Golda Meir, von einer echten Einheit könne solange nicht gesprochen werden, als die Delegierten der Konferenz sich untereinander nur mittels Kopfhörer verständigen könnten[380].

„Die Nation behauptet sich auch ohne die Religion", meint Sontheimer[381]. Nicht aber die Diaspora. Dies ist es, was beide trennt. Die einen bedürfen der Religion nicht, um ihren Lebensstil zu vollziehen, die anderen brauchen sie.

DIE ISRAELISCHE ARMEE

Die Schaffung des eigenen Staates begründete Israels Souveränität. Dieser vielschichtige Begriff der Souveränität bedeutet zumindest alleinige Verfügungsgewalt in inneren wie äußeren Belangen der Politik. Dies ist ein Status, „der in der politischen Denkungsart des jüdischen Volkes ebenso wie in der Mentalität des einzelnen Juden eine Revolution im wahrsten Sinne des Wortes hervorgerufen hat“[382].

Augenfällige Dokumentationen der Souveränität ist die militärische Behauptbarkeit, die erstmals erlangte Fähigkeit zu kollektiver, aktiver Gegenwehr. Sie ist die machtmäßige Voraussetzung für die Erhaltung der gefährdeten Souveränität.

Der Armee ist nicht nur die Rolle eines Verteidigers nationaler Unabhängigkeit zugefallen, sie ist auch im Bewußtsein vieler Israelis die Bastion gegen Jahrhunderte des Minoritätenstatus.

Sehr scharf beobachtend sagte Theodor Heuss einmal auf diese letzte Funktion eingehend:

„Schon vor vielen Jahren habe ich einmal gesagt, welche Bedeutung der hebräischen Kommandosprache des Heers zukommt.“[383]

Die Rolle der Armee läßt sich auch in einem dialektischen Verhältnis sehen, dem besondere Bedeutung zufällt durch die später zu beschreibende Tendenz der Israelis zur Gewalt.

Die Armee ist Garant der Unabhängigkeit, der Statusänderung dadurch, daß sie die Möglichkeit einer Gewaltanwendung gibt. Die Armee fördert den Kult der Gewalt; sie steigert die Verehrung durch das Volk; dieser Verehrung bedarf sie, um die ihr gestellte Aufgabe erfüllen zu können.

Aus der Kenntnis der Bedeutung, die in Israel der Armee zugemessen wird, ist das Urteil zu verstehen, das die Israelis über die oben beschriebenen Orthodoxen fällen, die sich vom Dienst in der Armee ausschließen. Das Militär ist in Israel ein nationaler Faktor ersten Ranges. Die Bedeutung der Zahal[384] läßt sich nicht allein an ihrer Rekrutenzahl oder an ihrem Budgetanteil ermessen[385]. Die bedeutendste Aufgabe der Armee liegt in ihrer Funktion als zunehmend „wichtigstes Symbol der nationalen Identifikation“[386].

Die Armee ist der Stolz des Landes, dem man mit Bewunderung gegenübertritt. Sie ist Ausdruck des Selbstverständnisses „einer modernen, kämpfenden und demokratischen Nation“[387]. Die Kongruenz zwischen israelischer Armee und israelischer Bevölkerung wird in Krisenzeiten nahezu vollständig, „when the loss of one means the destruction of the other“[388]. Der aus der jüdischen Geschichte erklärbare Wunsch, nie mehr wehrlos zu sein, das Trauma von Ausschwitz prägt die Beziehung von Bürger und Soldat. Die Armee ist „Schild und Schwert der Nation, die sich für ihr Überleben nicht noch einmal auf die Barmherzigkeit anderer Völker oder gar der UNO verlassen möchte“[389].

Doch birgt die Einstellung der Israelis zu ihrer Armee die Gefahr einer Militarisierung. Ygal Allon sprach von Israel als einem Staat, der sich in der Lage Spartas befinde und bemüht sein müsse, die zivilen Lebensformen Athens zu bewahren[390]. Die Gefahr der Idealisierung des eiskalten killenden Militärtyps besteht in Israel, wie noch gezeigt werden wird. Wie sonst wäre die jugendliche Begeisterung für manchen Kriegshelden durch die Sabres zu begreifen.

Bis vor kurzem kam es noch einer psychologischen Katastrophe gleich, wenn ein junger Israeli vom Militärdienst zurückgewiesen wurde. Warum sonst existierten vormilitärische Ausbildung?

Die Uniform, wenn auch salopp, wird immer getragen; sie verschafft in den Augen der Öffentlichkeit das erwünschte Prestige, die Bestätigung einer allgemein anerkannten Nützlichkeitsfunktion.

Unter der Überschrift: „Sind wir die Preußen des Orients“ gesteht Avneri diesen Militärkult, doch rechtfertigt er ihn im selben Atemzug: „Israel liebt seine Armee und seine Offiziere werden tatsächlich als die besten Männer im Staate angesehen, weil Israel augenscheinlich nicht einen Tag ohne sie existieren könnte. Vor einigen Jahren protestierte ein Humanist gegen ein Anwerbungsplakat der Armee mit dem Wortlaut: 'Die Besten werden Flieger'. Doch am 5. Juni 1967 rettete eine Handvoll Flieger den Staat Israel.“[391] Ist Israel militaristisch?

Israel selbst lehnt es ab, sich als militaristisch zu empfinden. Als Beweis dafür ist die Ben Gurion'sche Formel zu nennen, die anführt, man neige der humanistischen Weltauffassung zu und werde wider Willen in die gewaltsame Auseinandersetzung getrieben. Doch ist der äußere Druck nicht ein Argument, das allein vom Vorwurf des Militarismus freispricht. Militarismus manifestiert sich nicht in irgendwelchen objektiven Kriterien, sondern in den Ansichten, die die Bürger über die Rolle der Armee in ihrem Staat hegen.

Der persönliche Lebensstil vieler Israelis wird sicherlich geprägt durch eine so lange und so intensive Dienstzeit. Militärische Denkschablonen in dieser Zeit nicht zu übernehmen, dürfte schwierig sein. Eine als Maßstab für Militarismus auch gebrauchtes Kriterium ist die Interessenidentität zwischen Armee und Regierung, zwischen ziviler und militärischer Führung.

Die Interessenidentität besteht natürlich insoweit, als beide maßgeblich für das Überleben des Staates verantwortlich sind; sie besteht aber noch in vielen weiteren Bereiche, woran nicht zuletzt das in der israelischen Armee gepflegte Personalsystem schuld ist. Israelische Offiziere scheiden in einem vergleichsweise niederen Alter aus der aktiven Laufbahn aus, um in einen zweiten „erfüllten“ Lebensabschnitt einzutreten. Manche unter ihnen engagieren sich in der Politik, andere werden vorzugsweise in Spitzenpositionen der Industrie untergebracht. Dadurch entsteht eine Identität in Denkweise, Führungsstil, Ansichten und auch Interessen zwischen der Wirtschaft und Industrie, leitenden Exmilitärs und den noch aktiven Offizieren. Die mehr oder minder regelmäßigen Schübe hoher Militärs in die Gesellschaft und Privatwirtschaft tragen sicherlich viel zur Übernahme militärischer Verhaltensformen im zivilen Bereich bei[392].

Ehe auf die Beeinflussung der Identität durch die Armee zu kommen sein wird, muß noch kurz etwas angeführt werden zu den civic-action-Aufgaben. Sie liefern Kriterien zur Beurteilung des Militarismus, ebenso wie sie die Rolle der Armee als Instrument der Identitätsentwicklung andeuten.

„A garrisonned state under permanent threat of anihilation develops unique and special civil-military relationship.“[393]

Die Frage, ob eine an sich zivile Aufgabe von der Armee übernommen werden kann und auch übernommen wird, kann ein weiteres Kriterium des Militarismus sein.

Dabei liegen in der israelischen Armee beide Bereiche so eng beieinander, daß oft nicht genau zwischen beiden zu trennen ist. Um ein beliebiges Beispiel zu nennen:

Die Entscheidung, ob nach 1967 die Golanhöhen mit Wehrsiedlungen zu belegen waren, war ebenso eine politische wie eine militärische Frage[394].

Doch schlägt in Israel der Zeiger immer dorthin aus, wo die Sicherheit am ehesten gewährleistet ist und dies wiederum ist meist die von den Offizieren vertretene Meinung.

Das Zusammenwirken von Regierung und Armee hat sich dabei so eingespielt, daß Hugh Hanning Israel als das Gründungsland der PUMF (peaceful use of military forces) bezeichnet.

Entscheidend aber ist die Frage, werden dem Militär zivile Aufgaben übertragen, die die Verwaltung selbst nicht wahrnehmen könnte. Dies ist der Fall.

Im Zuge der Sammlung afro-asiatischer Gemeinden wurden oft ganze Dörfer in ihren soziologischen Strukturen nach Israel verpflanzt. Die israelische Politik unternimmt nicht den Versuch, die alten Leute darunter aus ihren traditionellen Bindungen zu lösen; die Jungen unter ihnen aber sollen ins israelische Gesellschaftssystem integriert werden. Dem stehen oft jahrhundertealte Traditionen gegenüber. Auf dem Weg einer normalen Schulpflicht wäre die alte Bindung nicht zu lösen, da ja während der Schulzeit der elterliche oder stammesmäßige Einfluß nicht völlig unterbunden werden könnte. Während des langen Dienstes in der Armee aber bietet sich eine reelle Chance, die integrative Aufgabe wahrzunehmen. Es konnte nicht anders sein, als daß sich in dieser Armee eine Ballung aller Integrationsprobleme einstellte. Das Zusammenwohnen aller Schichten, aller Berufe und Herkunften ernötigte eine gemeinsame Kommandosprache. Auf diese Rolle der Integration – jenseits aller Verteidigungsaufgaben – machte Ben Gurion bei einer Rede vor dem ersten Kurs für Regimentskommandeute aufmerksam. Er sagte, die Armee sei der einzige Rahmen, „in dem die Angehörigen aller Diasporaländer, aller Gemeinschaften und aller Klassen sich als Gleiche unter Gleichen begegnen“[395]. In dieser Armee könnten Trennmauern, die im wesentlichen künstlicher Natur seien, abgerissen werden.

Auch die Schulpolitik der Armee dient im weitesten Sinne der Integration. Kein Soldat verläßt die Armee, ohne wenigstens das Niveau eines Volksschulabschlusses zu haben. Für Neueinwanderer ist der Dienst eine Etappe der praktischen Sozialkunde, Erlernen des Sozialsystems und Anpassung an das neue Leben.

„Die Wehrkräfte erfüllen eine wichtige Aufgabe bei der Erziehung der Rekruten und ihrer staatsbürgerlichen Ausbildung. Sie sind die ideale Lehrstätte der Hebräischen Sprache und ein Werkzeug zur Verschmelzung der so verschieden gearteten Bevölkerungselemente zu einer organischen Gemeinschaft."[396]

Innerhalb der Zahal werden verpflichtende Übungen abgehalten in Hebräisch, Bibelkunde, israelischer und allgemeiner Geschichte, Geographie, Mathematik, Biologie und Staatsbürgerkunde. Dazu veröffentlicht die Zahal eigene Schulbücher. Etwa ein Fünftel der Soldaten ist in diesen Kursen beschäftigt[397].

Die stundenzahlmäßig höchste Stelle im Ausbildungsplan nimmt die hebräische Sprache ein. Geht man von der Rolle effektiver Kommunikation als conditio sine qua non des Nationalismus aus, so erhält der Sprachunterricht der Armee unter diesem Blickwinkel eine besondere Bedeutung. Hier werden Verständigungsmechanismen geschaffen, die nicht nur der Armee, sondern auch dem Staat im weitesten Sinne dienen. Spricht man bei den Ländern der Dritten Welt vom Analphabetentum, als der Barriere des Nationalismus und seiner Beseitigung als erstem Schritt zum Nationalbewußtsein, so entspricht dem hier die Vermittlung der hebräischen Sprache[398]. Mit der Sprache zusammen wird vermittelt eine nationale Identität.

Diese Indoktrination wird betrieben auch im Staatsbürgerunterricht: „Zur Allgemeinbildung, die Zahal vermittelt, gehört nicht zuletzt die Vorbereitung junger Israelis auf ihre Verpflichtungen als Staatsbürger: Zahal wirkt vor allem als Pflanzstätte eines patriotischen Geistes und öffentlicher Tugenden."[399]

Der Armee angeschlossen sind Verbände, die in die gleiche Richtung gehen: die kämpfende Pionierjugend, Nachal, ist Beispiel für militärisch zivile Zusammenarbeit und demonstriert Pioniergeist und Wille zum Kampf.

Nach mehrmonatiger Ausbildung werden die Mitglieder dieses Truppenkörpers in Bauerndörfer geschickt, um dort, militärischer Disziplin unterworfen, weiter ausgebildet zu werden. Nach vollendeter Ausbildung schließen sie sich einem Grenzdorf an oder bilden in Gruppen selbst eines in Gebieten, in denen aus Sicherheitsgründen eine normale zivile Siedlung zu gefährlich wäre.

Der bereits genannte Jugendverband Gadna faßt Jungen und Mädchen zwischen 14 und 18 Jahren zusammen und ermöglicht ihnen eine Art Pfadfinderausbildung, die als Vorbereitung für den Dienst in der Luftwaffe oder Marine angerechnet wird. Auch landwirtschaftliche Ausbildung wird jedes Jahr vielen Kindern in mehreren Zentren gelehrt.

Die Israelis sind schwer zu übertreffen in ihrem Glauben an die Erziehbarkeit des Menschen, „doch wollen sie ihn nicht etwa als solchen erziehen und formen“. Vielmehr versuchen sie „. . . den Menschen in einer und für eine bestimmte Gesellschaft zu erziehen, d.h. die erzieherische Tätigkeit ist an einem mehr oder weniger konkreten Leitbild orientiert“[400].

Welche Auswirkungen diese Erziehung nach einem Leitbild hatte, wird in den folgenden Abschnitten noch festzustellen sein.

Doch sollen noch einige Eigenheiten Beachtung finden, die die israelische Armee zu einer Besonderheit machen. Die wahre Springflut von Literatur[401] in den Jahren von 1956 und 1967 nach den Feldzügen im Sinai und dem Sechstagekrieg versuchte, das Geheimnis des Erfolges der israelischen Armee zu erklären[402].

Alle dabei teilen die Ansicht, unverzichtbares Moment bei diesem Erfolg sei der „Geist der Truppe“ gewesen. Dieser Begriff bietet sich wohl auch deshalb an, weil er zu verschwommen ist, als daß er genau definiert werden könnte noch daß er zu widerlegen wäre.

Es schwingt aber darin mit ein guter Teil dessen, was bereits oben als Geist des Widerstandes aufgezeigt wurde.

Dieser Geist des Widerstandes, der die israelische Armee in der Tat auszeichnet, blieb nicht auf Israel beschränkt. Er wurde in der Gründerzeit auch aus Israel hinausgetragen durch die Palmachemissäre, deren verwegenen Kampf noch heute mythischer Charakter umgibt[403].

Die israelische Armee entstand als Untergrundarmee. Noch heute sind in ihrer Strategie Momente der Untergrundtaktik enthalten, „die Anwendung unkonventioneller Methoden, unerwartetes Losschlagen zu unerwarteten Zeitpunkten mit unerwarteten Mitteln“[404].

Mit der Staatsgründung wurde die Unergrundorganisation zur regulären Armee; dies hatte auch taktische Änderungen zur Folge. Israels militärische Lehrer entwickelten die Theorie des aktiven Gegenschlages[405]. Die israelische Armee wurde zum Hauptinstrument der Auseinandersetzung mit den arabischen Nachbarn. Man unternahm enorme Anstrengungen, die Schlagkraft der Armee auf einem denkbar hohen Level zu halten. Die schnelle Mobilisierung ist nur ein Ausfluß davon[406]. Das Hauptelement der israelischen Taktik liegt darin, „die Araber von der hohen Wahrscheinlichkeit ihrer Verwirklichung (der Drohungen; d. Verf.) in Form von Aggressionen zu überzeugen“[407].

Bei der Guerillabekämpfung[408] besteht diese Offensivstrategie aus zwei Komponenten: Vergeltungstaktik und Präventivschlag, wobei beide dauernd unvorhersehbar wechseln. Ziel der israelischen Aktionen – auch darin liegt ein wenig die Theorie Ordre Wingates – den Kampf in kürzest möglicher Zeit ins feindliche Gebiet zu verlagern.

Die Schärfe der Auseinandersetzung, die Verbitterung, mit der die Israelis diesen Kampf führen, zeigt sich in der Erklärung des damaligen Außenministers Aba Eban auf einer Pressekonferenz vom 8. September 1972: Israel werde die Palästinenser überall schlagen, wo es sie fände[409]. Trotz weitgehender Liberalität in der Besatzungspolitik wurden von den Israelis in den besetzten Gebieten Strafexpeditionen durchgeführt[410]. Dabei wurden nach Möglichkeit nur Häuser gesprengt, die den Palästinensern als Basen gedient haben sollen[411].

Dayan bezeichnet dies als Strafe für die Umwelt[412]. Der wachsende Terror fordere Gegenterror heraus. Dayans Taktik: „Das Leben wird für Euch (die Araber der besetzten Gebiete; d. Verf.) unerträglich werden; entweder ihr helft uns und zeigt die Terroristen an oder Ihr leidet.“ Dies fand auch in Israel Kritik; doch darf nicht vergessen werden, daß der Minister wohl in Übereinstimmung mit seinen Kabinettskollegen handelte. Bartikwa stellt in einer nicht sehr israelfreundlichen Studie die Frage, woraus sich Israels Zukunftsglaube nähre: Im größten Teil meint er, nähre er sich aus militärischen Erfolgen und damit „hauptsächlich von einem kurzsichtigen Nationalismus“[413].

Die Gefahr, die in dieser israelischen Haltung angelegt ist, zeigt sich auch in der Frage, ob Israel nicht von Pyrrussieg zu Pyrrussieg unterwegs sei[414] und ob nicht alles davon abhänge, daß ein modus vivendi mit den Nachbarn zu finden sei. Diese Gedanken wurden vor dem Jom-Kippur-Krieg von den wenigsten Israelis geteilt, die Mehrheit gab sich dem Gefühl des Siegers hin[415]. Die Israelis vertrauen ihren Militärs[416].

Man wird fragen müssen, welchen Einfluß und Stellenwert die Gewalt im Leben des einzelnen Israeli einnimmt. Um dies zu untersuchen, soll auf die Rolle der Gewalt eingegangen werden, wie sie sich im Leben von drei Israelis manifestierte, die entweder besonders bekannt oder von ihren Landsleuten verehrt sind.

An ihren Lebensläufen, die natürlich nur beschränkt dargestellt werden können[417], läßt sich diese Rolle gut ablesen. Da sie im öffentlichen Leben stehen oder standen, tritt diese Rolle natürlich besonders hervor, was beim Lesen der folgenden Kurzbiographien berücksichtigt werden sollte, man soll aber auch bedenken, daß es gerade diese Männer sind oder waren, die israelische Politik 'machen oder machten' und deshalb auch von ihr geprägt sind. Dies verleiht ihnen ohne Zweifel eine gewisse Typik.

DREI ISRAELISCHE BIOGRAPHIEN[418]

HAR ZION

Eine Biographie der Gewalt hat der Kommandant der Einheit '101'. Diese Einheit wurde unter dem Stabschef Dayan 1953 innerhalb der israelischen Armee gebildet. Sie hatte in der Praxis durchzuführen, was Dayan in der Theorie entwarf. Ihre Kennzeichnen waren eine unerhörte Brutalität in der Durchführung ihrer Aufgaben. Die Männer trugen im Einsatz keine Uniformen, sie waren bewaffnet wie eine Partisanengruppe, von deren Aussehen und Geist sie auch mehr hatten als von einer regulären Einheit.

Kommandant dieser seltsamen, selbst auf dem Höhepunkt ihrer Aktivität nie mehr als 40 Mann zählenden Gruppe war Meir Har Zion.

Die Erfolge der Gruppe sind nicht zuletzt ihrem Führer zu verdanken, einem „jungen Mann mit einer seltenen Begabung fürs Kriegshandwerk und Kampf, einem Genie als Einzelkämpfer"[419]. Später nannte Dayan ihn den größten Krieger seit Bar Kochba, und in einem Artikel über die israelische Armee beschrieb er ihn als einen beispielhaften Soldaten. „Was Har Zion auszeichnet, ist, . . . , daß er eine Mischung aus wagemutigem, zähem Kämpfer (der im Stande ist, die Schlacht um der Schlacht willen zu genießen) und Bauer darstellt, der seine Erfüllung in der täglichen Arbeit findet." Weiter hielt er ihn für einen „höchst erstaunlichen Kämpfer und den geborenen Führer im Gefecht"[420].

Der Abteilung '101' oblag es, besondere Kommandoaktionen und Vergeltungsschläge durchzuführen. Die Männer dieser Abteilung waren ausnahmslos in Israel Geborene.

Was berechtigt nun, diesen jungen Israeli – als er das Kommando über die '101' übernahm, war er achtzehn Jahre alt – als repräsentativ zu nehmen, gerade seine Biographie hervorzuheben.

Dazu berechtigt einmal die Achtung, die ihm von offiziellen Stellen entgegengebracht wurde, wie auch das allgemeine öffentliche Lob, das ihm allerorts ausgesprochen wurde. So schrieb General Ariel Sharon, der die Veröffentlichung des Tagebuchs Har Zions mit einem Vorwort versah, Har Zion sei nicht nur Symbol der Fallschirmspringer, sondern der gesamten israelischen Streitkräfte. Diese 1969 veröffentlichten Lebensberichte wurden von der israelischen Öffentlichkeit begeistert aufgenommen. Ein großer Teil der Israeli sieht in ihm die Inkarnation des Helden mit stählernem Gewissen; er verkörpert Jugend und Kaltblütigkeit.

Har Zion war bereits in seiner Jugend mit Gefahr vertraut. Sein Elternhaus in Herzelia lag nicht ungefährlich. Schon als Kind tat er sich durch den Wunsch hervor, seinen Mut und seine Körperkräfte zu beweisen. Ebenfalls noch als Kind unternahm er mit seiner Schwester ausgedehnte Fußmärsche, wobei er sich auch durch Minenfelder nicht aufhalten ließ. Beide Kinder überquerten die Landesgrenze, wobei sie einmal in syrische Gefangenschaft gerieten und nur durch Intervention des Internationalen Roten Kreuzes wieder repatriiert wurden.

Das Spiel mit der Gefahr ging für ihn weiter mit der Übernahme des Kommandos über die '101'. Har Zion mit seiner wachsenden Aggressivität schien für diese Aufgabe wie geschaffen. Sein Mut grenzt an das Übermenschliche, „oder (ist) wie manche es haben wollen, nahezu animalisch"[421]. Er schonte weder sich noch aber schon gar nicht den Gegner. Er tötete schweigend mit einer Art „haßloser Raserei"[422].

Aber nicht nur innerhalb seines Kommandos tat er sich hervor, er unternahm auch private Vergeltungsaktionen. Er unternahm – so die offizielle Version – einen privaten Ausflug auf feindliches Gebiet nur, um sich Jericho und die Felsenklöster anzusehen und erschoß bei seiner Rückkehr einen arabischen Soldaten. Seine Schwester, die seine Jugendtaten geteilt hatte, wurde von Arabern getötet, worauf er die Vergeltung in die eigenen Hände nahm und diejenigen Araber, die er am Tod seiner Schwester für schuldig hielt, eigenhändig umbrachte. Die – unerhörte – Tatsache, daß diese Straftat nicht zu einer Anklageerhebung führte, verdankte er nur der Intervention einflußreicher politischer Kreise[423].

Bei späteren Kommandoaktionen wurde er lebensgefährlich verletzt und konnte nur durch einen sofortigen Luftröhrenschnitt gerettet werden. Heute lebt er im Jordantal, südlich des See Genezareth.

Seine Notizen aus den Kampftagen sprechen beredet von seiner Einstellung zum Wert des Lebens und dem Willen zur Tötung um der Tötung willen:

„Ich bemerke einen Mann, der in der Gegend umherstreicht. Jetzt können wir nicht mehr versuchen, uns leise zurückzuziehen. Er muß liquidiert werden. . . Ich senke die Maschinenpistole und ziehe mein Messer aus der Scheide. Wir kriechen auf den Mann zu, der jetzt ein arabisches Lied vor sich hinsummt. Einen Augenblick später wird sein Lied zu einem Todesstöhnen werden, ich zittere gespannt und bereit, es ist das erste Mal, daß ich diese Waffe verwende, werde ich versagen? Wir kommen näher und näher, er ist nur mehr wenige Meter vor uns. Wir springen. . . Ich stoße das Messer in das gestreifte Gewand, sas seinen Rücken bedeckt. Blut spritzt aus der Wunde. Jetzt ist keine Zeit nachzudenken. Wir stechen. Der Körper vor uns stöhnt, kämpft um sein Leben. Langsam hört der Widerstand auf."[424] Har Zion ist zu einem „Kulturhelden" geworden[425].

DAYAN

Weit über die Grenzen seines Landes hinaus bekannt und innerhalb Israels besonders geschätzt von der Jugend, ist Moshe Dayan[426]. Sein Einfluß auf die Formulierung der aktuellen Politik schien bis zum vierten Krieg dabei größer zu sein, als seine parlamentarischen Erfolge es vermuten ließen. Sein Verhalten ist gespickt mit einigen Eigenheiten, die ihm einen Übernamen beigebracht haben, der bedeutsamerweise gleich dem Ben Gurions auf die Welt der wehrhaften Tiere zurückgeht. Wurde Ben Gurion besonders mit fortschreitendem Alter als der 'alte Löwe' bezeichnet, so erwarb sich Dayan das Attribut 'einsamer Wolf'.

Obwohl seine Publizitätskurve wiederholt Schwankungen unterlag, hat er doch unter den Israelis eine Reihe von Bewunderern, die in ihm die Verkörperung eines Typs sehen. Nach ihm wurde von manchen Seiten eine Gruppe der israelischen Jugend, die sich von gewissen Verwestlichungstendenzen unterschied, der Dayantyp genannt. Sein Einfluß auf die Jugend mag sich auch daher leiten, daß Dayan einer der ersten Führer der Israelis ist, die im Land geboren wurden und er daher ein „legitimer Vertreter der Generation der Sabres" ist[427].

Ideologien, feste Denkschemata, sogenannte Prinzipien spielen in den Augen der jungen Israelis eine viel geringere Rolle als in denen ihrer Vorgänger; es liegt ihnen daher die Art Dayans, der sich nicht scheut, seine Meinungen den Umständen anzupassen und frei von anerzogenen Postulaten und dogmatischen Notwendigkeiten zu entscheiden. Weiterhin speist sich sein Einfluß aus der Quelle eines „unbestreitbaren Charismas"[428].

Auch Goldmann charakterisiert als bei Dayan besonders hervorstechende Züge: seine manchmal übertriebene, an Gefährlichkeit grenzende Kühnheit und seine nüchterne, sachliche Einschätzung der politischen Gegebenheiten. Dayan entwickelte bereits als Kind[429] neben seinem ausgewachsenen Ehrgeiz eine ungemeine Aggressivität[430]. Als in seiner Jugendzeit Reibereien zwischen seinem Kibbuz Nahalal und der arabischen Umgebung entstanden, gehörte Dayan zur ersten Truppe von fünf Jugendlichen, die zur Sicherung des Kibbuz ausgebildet wurden.

In dieser Gruppe waren alle ausdauernd und zäh; für Dayan prägte diese Zeit seine Kälte und seinen überlegenen Mut. „Für Moshe ist Mut ein körperliches Merkmal, wie für einen Körperbehinderten ein zu kurzes Bein.“[431] Seine Jugendfreunde erinnern sich, daß, wenn sie schon nachts auf Patrouille gehen mußten, sie dies am liebsten mit Dayan taten, denn ihn konnte nichts erschüttern, und im Kampf kannte er keine Gnade.

Was Dayans Jugendbiographie der von Har Zion gleichen läßt, ist die Tatsache, daß auch er „Ausflüge“ unternahm in Begleitung zweier Freunde, aus Trotzreaktion auf einen ausgefallenen Schulausflug, auf befeindetes Gebiet. Diese Wanderung nahm eher den Charakter einer Expedition an, deren Gefährlichkeit nur durch die Unbedachtsamkeit des Unternehmens übertroffen wurde[432].

Einen sicherlich großen Einfluß auf den adoleszenten Dayan übte der englische Oberst Wingate aus, der die Taktik der arabischen Überfälle auf die jüdischen Siedlungen studierte und als Kontertaktik die Vergeltungsschläge der Vorpostenangriffe ins Leben rief. Die Siedlungen sollten nun nicht mehr an der eigenen Grenze verteidigt werden, sondern die Siedler sollten — was früher als Verantwortungslosigkeit bezeichnet wurde — hinausgehen und im Dunkeln die Angreifer vor dem Angriff schlagen. Wingate schuf Special Night Squads, die diese Aufgabe wahrnehmen sollten. Im Sinne dieser neuen Taktik unternahm auch Dayans Siedlung Ausfälle, nachdem 1939 ein Angehöriger der Siedlung getötet worden war. Weitere Ausfälle aus der Siedlung folgten, im Verlauf derer Dayan und einige andere einmal in das Haus eines Arabers eindrangen, den sie am Überfall auf Nahalal für beteiligt hielten und ihn erschossen. Dayan gab seiner Meinung über die Vergeltungsschläge nie expressis verbis Ausdruck, doch darf man aus der Tatsache, daß in genau der Zeitspanne, als er Stabschef war, die Vergeltungsschläge offizielle Armeepolitik wurden, schließen, daß er sie als probates Mittel der Abschreckung sah.

Als sich der rudimentäre Staat Israel in der Zeit des Zweiten Weltkrieges entschloß, Mitglieder der Haganah im Balkan abzusetzen, um den jüdischen Widerstand aufzubauen und den Geist des Widerstandes aus Palästina hinauszutragen, wurde Dayan mit der Ausbildung der Fallschirmspringer betraut. Im Zuge dieser Arbeit lernte er einen englischen Major kennen, Grant Taylor, der unter dem Namen „der Killer" bekannt war[433]. Auch er mag seine Spuren in Dayans Denkweise hinterlassen haben.

Über Dayans Tätigkeit während des Unabhängigkeitskrieges sei hier nicht mehr berichtet, als daß er mit dem 89. Bataillon einen Panzerangriff auf Lydda und Ramle führte, der sich durch seine Geschmeidigkeit und seinen Elan auszeichnete.

Die weiteren Stationen zeichnen den militärischen Aufstieg Dayans. Er wurde zunächst Kommandeur der Jerusalemer Brigade im Rang eines Oberstleutnants, nach seiner Beförderung zum Generalmajor übernahm er nacheinander den Befehl des Südkommandos, des Nordkommandos, um dann zum ersten Offizier des Generalstabs und schließlich zu dessen Chef ernannt zu werden.

In diesen Positionen nun entwickelte Dayan Ideen, die deutlich seinen Hang zur gewaltsamen Lösung von Problemen zeigen. Er prägte auch einen neuen Stil der militärischen Führung, der mithalf, aus der israelischen Armee die bekannte schlagkräftige Truppe zu machen. „Jeder Offizier der Zahal, der vor der Erfüllung seiner Aufgabe zurückschreckt, ehe die Mehrzahl seiner Soldaten oder wenigstens die Hälfte von ihnen verwundet ist, wird sofort aus seiner Stellung entlassen."[434]

Er begann einen Feldzug, um den Geist der Armee zu reformieren. „Im Krieg mußt Du töten", wenn es keine andere Möglichkeit gibt, „getötet werden und nicht versuchen, Dich daran vorbeizumogeln."[435]
In diese Episode fällt auch die Gründung der Einheit '101'. Doch das Partisanenhafte der '101' allein macht keine gute Armee, so wurde diese Einheit mit den regulären, gutgedrillten Fallschirmspringern verschmolzen und dieser neuen Eliteeinheit die Bezeichnung '202' gegeben. Alle wichtigen Aufgaben wurden der '202' übertragen, sie stellte, wie Ben Gurion es formulierte, ein „Treibhaus für Helden" dar[436]. Durch den Versuch, den Neid der Kommandanten der anderen Abtei-

lungen zu schüren, gelang es Dayan, den Geist dieser Einheit auf die gesamte Armee zu übertragen[437].

Wichtig jedoch ist, daß Kampfeinheiten existierten, „die gelernt hatten, ohne Reue zu töten und alle Befehle mit größtem Mut auszuführen"[438] und daß dieser Geist auf die ganze Armee übertragen werden sollte. Im Jahr 1955 war dieser Prozeß abgeschlossen, was Dayan auch die Möglichkeit gab, in seinen Reden eine aggressivere Gangart anzuschlagen. In einer Grabrede sprach er davon, daß das Blut des zu Grabe Getragenen (der von den Arabern zu Tode gefoltert worden war) zu den Israelis schreie. Sie hätten gelobt, daß ihr Blut nicht umsonst vergossen werde: „Wir haben nur eine Wahl, stark und entschlossen zu sein, Waffen zu tragen oder das Schwert wird unseren Händen entgleiten, und damit würde unser Leben ernsthaft bedroht sein."[439] Dayan schätzt die Araber so ein, daß nur effektive Abschreckung an Israels Grenzen, verbunden mit massiver Vergeltungstaktik, sie zu einer realen Einschätzung der Lage bringen kann.

Die Theorie der Vergeltungsschläge legt Dayan in seinem Buch über den Sinaifeldzug dar: Ziel dieser Taktik ist es, den Arabern zu zeigen, daß Israel, wenn es schon nicht in der Lage ist, das Leben jedes Traktorfahrers zu schützen, der auf einem Feld in der Nähe der Grenze arbeitet, die für die feindlichen Akte verantwortlichen Länder mit entsprechenden Gegenmaßnahmen überzieht.

„Wir schlagen da zu, wo es am meisten schmerzt"[440], ist dabei die Devise. Für Dayan birgt jede arabische Aggression den Kern eines neuen israelischen Sieges[441]. Mit den Jahren 1958 und 1959 trat Dayan in die politische Arena ein. Ebenso wie bei seinen militärischen Aktionen erlaubte er sich zu Beginn seiner politischen Karriere ein „Maß an Rücksichtslosigkeit, Ungehorsam und geradezu exotische Angriffsmethoden". Doch ist klar, auf welche Wählerschichten er zurückgreifen konnte, wenn er die alte Garde angriff:

„Hat die Jugend Israels, die in den vergangenen 15 Jahren mit dem Gewehr im Arme auf Felsen kroch, durch den Sand watete und sich an Dornbüschen blutig riß, in Flugzeugen und auf Schiffen in zwei Kriegen – im Unabhängigkeitskrieg 1948 und im Sinaifeldzug 1956 – tapfer kämpfte, hat diese Jugend weniger Verständnis für das jüdische Volk als die Männer, die in den letzten zwanzig Jahren im fünften Stockwerk des Histadruthverwaltungsgebäudes und in anderen Behörden gesessen sind."[442]

Der Politiker Dayan wurde zum „Minister des Überlebens“[443].

Für Dayan stellt die Tapferkeit für das Überleben Israels eine conditio sine qua non dar. Sein eigenes Leben bestand aus einem mutig gekämpften Kampf. Von den Kindheitserlebnissen der schweren Angriffe auf den Kibbuz Degania B, über seine Aktivität als jugendlicher Verteidiger Nahalals, seinem Dienst in der Haganah, verwickelt in die Kämpfe in Syrien, die ihn ein Auge kosteten, dem Kommando im Unabhängigkeitskrieg, dem Sinaifeldzug, dem Sechstagekrieg, dem Jom-Kippur-Krieg bis hin zu den vielen Kommandoaktionen, die er leitete, war sein Leben ein einziger Kampf[443]. Doch ist Dayan typisch für Israel?

Israel und Dayan sind ineinander verwachsen. Dayan ist einer der ersten im Lande geborenen politischen Führer. Israel ist dynamisch; Dayan voller Energie. Beide sind kriegsversehrt. Es ist, „als symbolisierte Moshe Dayan dieses Israel, randvoll mit Leben und Tod, zum Sterben bereit, um endlich leben zu können“[444].

BEN GURION

„Die Geschichte seines Lebens ist zugleich die Geschichte seines Landes“, war zu lesen in einem Nachruf auf Ben Gurion[445].

Ben Gurion verlebte seine Kindheit ausgesetzt der Gewalt. Das Jahr 1903 brachte den russischen Juden den Ausbruch eines Antijudaismus, der Tod und Verderben mit sich zog. An Ben Gurions Heimatstadt Plonsk ging dieser Sturm nicht vorbei. Die Tore waren verbarrikadiert, ängstlich hielt man sich versteckt. Unter diesem Eindruck schlossen Ben Gurion und einige Jugendfreunde einen Freundschaftsbund, dessen Ziel es war, nach Israel auszuwandern[446].

In Israel angelangt, ging Ben Gurion daran, sich mit der Tatsache zu beschäftigen, daß Juden seit Jahrhunderten traditionellerweise im Gebrauch von Waffen ungeübt waren und versuchte, aus dieser Erkenntnis Konsequenzen zu ziehen. Jüdisches Land sollte nach seiner Ansicht von Juden geschützt und verteidigt werden.

Symbole der Dörfer wurden – im Zeichen dieser Erkenntnis – „Wachtürme und Zäune“[447].

Ben Gurions Philosophie dieser Zeit basierte auf der einfachen Annahme, daß im Orient nicht die bekannten rechtlichen Maßstäbe herrschten, sondern hier das Gesetz Geltung habe, das heißt: Verteidige Dich selbst[448]. Und er glaubte, solange die Menschen nicht gesellschaftlich organisiert seien, solange Recht nicht an die Stelle der Macht trete, müßten „die Juden in ihrem eigenen Land stark" sein[449]. Ben Gurion diente vorübergehend in der Legion, die aber nach 1920 auf 300 bis 400 Mann schrumpfte. Diese zahlenmäßige Unbedeutendheit trug dazu bei, daß ein kleiner Kreis, in dem Ben Gurion einer der ersten war, die Ansicht vertrat, es müsse eine geheime militärische Organisation aufgebaut werden. Bei der Bildung dieser Untergrundarmee unterstützte Ben Gurion eifrig die eigentlichen Initiatoren. Diese Armee unterstand zwar nicht direkt der Jewish Agency, der Ben Gurion angehörte, wurde aber mit deren Hilfe aufgebaut. 1946 übertrug der Zionistenkongreß von Basel Ben Gurion die Leitung des neugeschaffenen Ressorts für Sicherheitsfragen. Er sah es für seine vordringlichste Aufgabe an, Stand und Ausrüstung der Haganah zu heben.

„Die Juden, die in ihre Heimat zurückkehren, sollen stolz darauf sein, daß sie Juden sind, und sie müssen die Furcht überwinden lernen, die ihnen seit Jahrhunderten im Nacken sitzt."[450] Erst müsse dazu aber die Mentalität des Ghetto abgelegt werden. Doch dies sei nur möglich, wenn sie sich im Falle eines Angriffes im Stande sähen, Gegenmaßnahmen zu ergreifen. „Bis zu Ben Gurions Zeiten hatte kaum ein Jude auch nur im Traum daran gedacht, sich mit der Waffe in der Hand zu verteidigen."[451] Die Methode, Gleiches mit Gleichem zu vergelten, entstammt zunächst der Praxis der Irgun, wurde dort zum Terror ausgeweitet und fand ihren Eingang in die israelische Politik in der Vergeltungsschlagtaktik Dayans.

Ben Gurion war bald gezwungen, die Verantwortung für militärische Unternehmen zu übernehmen. Er ließ sich daher in langen Gesprächen von Offizieren die Taktiken der Armee erklären, was ihm bald zu Hilfe kam, denn nach dem Unabhängigkeitskrieg im Anschluß an die Proklamation der Staatlichkeit war er Befehlshaber einer regulären Armee.

Aber nicht nur im Krieg gegen die äußeren Feinde erwies Ben Gurion seine Kämpfernatur, auch in der Bekämpfung innenpolitischer Gegner zeigte er sich als äußerst hart. Daß er selbst vor dem Einsatz von Waffen im Inneren nicht zurückschreckte, bewies er anläßlich der Atalenaaffaire. Die Atalena sollte Menachem Begins Irgun mit Waffen versorgen, was dem Monopol der staatlichen Armee, die unter Ben Gurions Befehl stand, Gefahr gebracht hätte. Ben Gurion scheute sich nicht, das Feuer auf dieses Schiff eröffnen zu lassen.

Ein anderes Beispiel für Ben Gurions Härte ist die Durchsetzung der Deutsch-Israelischen Verhandlungen, bei denen er gezwungen war, das Parlament mit Polizei und Armee-Einheiten schützen zu lassen[452].

Auch hier war sein Gegner Menachem Begin[453]. Die Auseinandersetzung zwischen beiden Männern nahm so scharfe Formen an, daß Begin in der Knessetdebatte anführte, Ben Gurion und seine Regierung sei im Stande, in Israel Konzentrationslager für Widerspenstige und Gegner der Regierungspolitik einzuführen. Begin wurde im Anschluß an diese Debatte für drei Monate von den Sitzungen ausgeschlossen[454].

Ben Gurions Verhältnis zur Armee war ein spezielles: „Er war besessen von der Armee; in ihr sah er ein Instrument zur Vereinheitlichung, zur Erziehung des Volkes.“[455] Doch war dies nur eine konsequente Ausformung „seiner unablässigen Forderung nach Stärke“[456].

Die Aufgabe der Armee faßte er in wenigen, kurzen Sätzen zusammen: „We fight only when we must, but when we do we must mobilize our total physical and spiritual strength to gain victory and in peacetime the army must be well prepared and vigiliant serving as a deterrend to our foes.“[457] Ben Gurions Liebe zur Armee zeigt sich auch in der Rede, die er nach den Wahlen von 1955 als designierter Ministerpräsident hielt. Er meinte dort, in Israel seien alle Fragen unter der Voraussetzung zu betrachten, „daß wir überleben und in diesem Land am Leben bleiben. . . es ist eine reine Frage physischen Überlebens“[458]. In diesem Sinne enthielten auch die Grundsätze des Regierungsprogrammes, das Ben Gurion der Knesset vorlegte und die am 3. November 1955 gebilligt wurden, im Punkt 32 die Beteuerung der Bereitschaft, die militärischen Anstrengungen zu vergrößern, Organisationsstand, Kampfmoral, Equipment der Gruppe wie die Einrichtung von Grenzkibbuzim zu verbessern.

Bei anderer Gelegenheit[459] nannte Ben Gurion ein „Volk, das bei einem Angriff, gleichgültig wer der Aggressor sei“, nicht für sich selbst kämpfen wolle, als „hoffnungslos verloren“[460].

Einen speziellen Fall der – widerrechtlichen – Gewaltanwendung stellt die Eichmannentführung dar, die Ben Gurion wenn nicht anordnete, so doch mindestens billigte[461]. Dies alles trug dazu bei, Ben Gurion den Ruf des starken Mannes zu verschaffen. Auch persönlich „strahlt er Stärke und Macht aus“[462]. Er gilt als Wiedererwecker jüdischer Wehrhaftigkeit, als der Former eines Wehrstaates, als der Bote einer Philosophie der Notwendigkeit der Verteidigung, als Führer eines Volkes, das „innerhalb eines viertel Jahrhunderts zum vierten Mal waffenklirrend auf dem Boden seiner Feinde“ erschien[463]. Es wird als sein Verdienst gewertet, aus diesem Volk von „Bauern, Arbeitern und Beamten, von Grenadieren, Panzerkommandanten und Jagdfliegern und Generalen“[464] eine gefürchtete Nation zu machen[465].

In den Nachrufen, die auf ihn geschrieben wurden, taucht immer wieder das kämpferische Element auf: „C'etait d'abords un lutteur, lutteur ne. . .“[466]. Das ist bezogen auch auf seine innenpolitischen Aktivitäten, auf seinen Kampf gegen Begin, gegen Sharett und vor allem gegen seinen Nachfolger Eshkol, wie auch seine journalistischen Polemiken[467].

„Ill fut aussi celui qui donna l'ordre aux juifs de tirer sur les juifs qui brisa toutes les féodalités et qui se conduisit d'inpitoyable manière avec tous ses rivaux.“[468]

Wenn auch der Humanist Ben Gurion den Haß zurückwies, so konnte er dennoch bei der Verfolgung seiner Ziele nicht auf die Gewalt verzichten.

„La violence et la haine ont marqué toute la vie de M. Ben Gurion.“[469]

EXKURS:
ZUM FALL EICHMANN

Unter Ben Gurions Herrschaft wurde Eichmann in Jerusalem vor Gericht gestellt und verurteilt. Es ist nicht die Tatsache, daß Eichmann verfolgt wurde, sondern die Frage, wie und wozu er verfolgt wurde, die diesen Fall problematisch erscheinen lassen und zugleich in die Thematik der vorangegangenen Abschnitte einreihen. In einem Nachruf auf Ben Gurion wurde dies so formuliert: „There was little or no sympathy for Eichmann, but there was a wide-spread resentment over the way he was brought to justice. The Nazi was kidnapped in Argentinia put aboard an El Al Israel Airlines plane and eventually exposed to a show-trial in Jerusalem, where he was condemned to the gallows."[470]

Die Anklage in diesem Prozeß wurde vertreten durch Simon Hauser, der die Stimme Ben Gurions im Gerichtssaal darstellte[471]. Dabei ging es „primär um die Leiden der Juden und nur sekundär um die Taten Eichmanns"[472]. Bezeichnend ist die Feindseligkeit, mit der die Israelis auf den Vorschlag reagierten, Eichmann vor einen internationalen Gerichtshof zu stellen, wie dies auch Nachum Goldmann vorgeschlagen hatte, statt vor einen israelischen Gerichtshof[473]. Hinter dieser Ablehnung stand das Mißtrauen, „daß nur ein jüdischer Gerichtshof den Juden Gerechtigkeit angedeihen lassen würde und daß es eine Angelegenheit der Juden sei, über ihre Feinde zu Gericht zu sitzen"[474].

Deutlich wurde im Eichmann-Prozeß der israelische Wille, sich zur Wehr zu setzen, hier in Form einer Gerichtsverhandlung, an deren Ende nur ein Todesurteil stehen konnte[475].

Sicherlich äußert sich in diesem Prozeß das Bemühen der Israelis, durch einen Akt (staatlicher) Gewalt das Sich-wie-Schafe-zur-Schlachtbank-Führen-Lassen zu kompensieren. Hier vollzog sich die augenfällige Demonstration, daß die damals an Hilflosen begangenen Verbrechen bestraft werden. Aber auch andere Zwecke wurden mit diesem Prozeß verbunden, nicht nur die Verfolgung ausgleichender Gerechtigkeit.

Es sollte auf diesem Weg „den Juden außerhalb Israels der Unterschied zwischen israelischem Heldentum und jüdischer Ohnmacht demonstriert werden"[476].

Es wurde aber noch mehr demonstriert: man zeigte der Welt, daß die Israelis in der Lage sind, sich – wenn auch widerrechtlich – ihr Recht zu nehmen. Die Entführung aus einem fremden Land unter Verletzung fremder Souveränität, wie auch immer man dies diplomatisch zu kaschieren sucht, ist ein Rechtsbruch durch Gewalt, ist Vergewaltigung des Rechts, auch wenn manchem dieser Standpunkt zu formaljuristisch erscheint.

Der Prozeß war auch im Sinne seiner Initiatoren als Demonstration nach innen gedacht. Simon Hermann schreibt von diesem Prozeß, daß er mehr war als die Nacherzählung einer tragischen Geschichte; er war das Wiederaufleben des Streits zwischen Nazi-Ideologie und den Vertretern des Volkes, die am meisten unter ihr zu leiden hatten. Der Eichmannprozeß hatte die Funktion, den jungen Israelis eine Geschichtslektion zu erteilen. Die tragischsten Faktender jüdischen Geschichte sollten ihnen vor Augen geführt werden.

Daß Ben Gurion diese erzieherischen Absichten für die Jugend Israels, für die Juden der Diaspora, für die Weltöffentlichkeit beabsichtigte, ist nicht nur eine Vermutung, er hat dies selbst erklärt[477].

Hier setzten die Israelis durch, was ihr Recht war oder was sie ihr Recht zu sein glaubten.

Abschließend sei hier noch auf eine Notiz Hannah Arendts verwiesen; sie weist auf die offene Diskrepanz hin, die bestand, wenn der Staatsanwalt die Rassengesetze hervorhob, die Ehen zwischen Ariern und Nichtariern verboten und der mangelnden Aufmerksamkeit, die die Regierung in Israel dem Willen der Mehrheit in dieser Frage im eigenen Land widmet.

Ben Gurion und Dayan sind „Parteigänger der Gewalt, . . . , die alles das verkörpern, was für Gewaltanwendung und kriegerische Unbeugsamkeit eintritt“[478].

Von den drei Ereignissen, an denen Burghard Freudenfeld[479] die überragende Führungsrolle Ben Gurions demonstrieren will, ging nicht eines ohne Gewaltanwendung ab[480].

Einer der Soldaten aus dem Sechstagekrieg kleidet seine Vorstellungen von Gewalt in folgende Aussage: „Recht hat ohne die Gewalt keine Gültigkeit. Wenn das Recht keine Macht hinter sich hat, bleibt es ohne Bedeutung.“[481] Es kann hier nicht darüber befunden werden, welche Vorstellungen von Recht dem zugrundeliegen. Beachtet aber werden muß die Rechtfertigung von Gewalt, die daraus resultiert[482]. Ähnliches klingt auch bei Ben Gurion an, wenn er meint, die Armee übe staatliche Funktionen aus; existiere diese staatliche Macht nicht, so existiere auch der Staat nicht.

Daß Gewalt von der Mehrheit der Israelis als politisches Mittel gebilligt wird, kann abgelesen werden aus der stillschweigenden Billigung zu den israelischen Terrormaßnahmen[483]. Ein Mitglied der israelischen Friedensbewegung kommentierte dies so: „Wir haben noch nicht das Niveau von Kairos Siegesjubel nach der Schlächterei von Lod erreicht, aber wir haben schon das Stadium ruhiger Befriedigung erreicht.“[484]

Die rein biographische Möglichkeit, daß ein Israeli im Lauf seines Lebens an fünf Kriegen beteiligt sein konnte, mag einen nicht unerheblichen Einfluß auf sein Psychogramm haben. Die dabei erlebte Brutalität des Krieges wird nicht spurlos an ihm vorbeigegangen sein[485], zumal man die dazwischen liegenden Perioden kaum als Friedenszeiten bezeichnen kann.

Von daher ist die Frage zu verstehen, die eine der bekannten Fallschirmspringerinnen, die im Zweiten Weltkrieg in Europa abgesetzt wurden, um den Widerstand aufzubauen, auf einer Kibbuzversammlung vorbrachte: Wieviele Kriege können die jungen Israelis noch führen, ehe sie zu wilden Tieren werden?[486]

Abgesehen von den Kriegen kann auch angenommen werden, daß die lange Dienstzeit[487] eine Übernahme von Denkweisen aus der Armee bedeutet und nicht gerade friedensstärkend wirkt, daß die Alarmbereitschaft trotz aller zur Schau getragenen Lässigkeit an den Nerven zehrt.

Diese Alarmbereitschaft, gepaart mit der Gewohnheit der Gewaltanwendung, hat in manchen Fällen zu sinnlosem Morden geführt[488].

Zweifellos läßt sich die Grenze zwischen legitimer Gewaltanwendung – läßt man diesen Widerspruch in adjecto einmal stehen – und illegaler Brutalität in Krisenzeiten schwer ziehen.

Der „neue Kult der Härte"[489] hat nach Elons Ansicht noch nicht zu einer Verachtung von Intellekt und Moral geführt, streift aber bedenklich dessen Grenze.

Ermutigend für Israel mag dabei auch gewesen sein, daß selbst militante israelische Akte – wie eine Untersuchung des American Jewish Committee ergeben hat – an der positiven Einstellung der Amerikaner (Juden und Nicht-Juden) nichts änderte[490].

Das Erfolgserlebnis aber, das den Israelis aus diesen Akten erwuchs, ist ungeheuer, prägte die israelische Identität und wurde mitbestimmend für die israelische Selbstsicht. Dies wird beschrieben in Menachem Begins Buch: Die Revolte[491]: „The History of the revolt and the fact of its victory will guide us in the unknown future." In Zusammenhang mit der Legalisierung der Gewalt steht auch die Erfahrungstatsache, daß Gewalt, die zu dem erwünschten Ergebnis führt, erfolgreiche Gewalt also, als Stärke empfunden wird (ein Attribut, das sich jeder israelische Politiker – und nicht nur die israelischen Politiker – gern erwerben möchte), wogegen erfolglose Gewalt als störend und unklug empfunden und als Terrorakt abgetan wird.

Geht man von der Tatsache aus, daß die Hinwendung zur Gewalt in unserer Zeit eine „normale", das heißt ofters zu beobachtende Tendenz ist, so muß man die Frage stellen, warum hier so besonders auf die Gewalt im israelischen Bewußtsein eingegangen wird, wenn Israel doch nur der weltweiten Tendenz der Brutalisierung folgt.

Dies erklärt sich am folgenden Widerspruch: einmal hält Israel den Anspruch aufrecht, ein jüdischer Staat zu sein – und jüdisch bedeutet, wie angezeigt wurde, eben gewaltlos – andererseits jedoch folgt es diesem Trend, der der jüdischen Ethik widerspricht.

Es darf nicht verkannt werden, daß bereits in zionistischer Zeit dieser Übergang angelegt war. Die Elementaria von Einwandergenerationen bilden oft Kernelemente der neuen Identitäten. In die israelische Identität ging aus der Einwanderergeneration das Bild des (säkularen) Selbstverteidigers über[492].

Der Brief eines jungen Juden aus Israel an seinen Bruder aus dem Jahr 1882 sah bereits die Notwendigkeit gewaltsamer Lösungen zur Selbstbehauptung. Es sei notwendig, die „kommende Generation im Gebrauch von Waffen zu unterweisen", denn eines Tages würden die Juden mit der Waffe in der Hand im Besitz des Landes ihrer Väter sein[493].

Die geistige Rüstung für die gewaltsame Auseinandersetzung entwikkelte sich und im Unabhängigkeitskrieg bestand sie ihre Feuertaufe[494]. Und nicht nur die Armee, auch das Volk, die Nation kämpfte[495].

Das Ergebnis dieses Krieges beeinflußte die Israelis, sie wurden sich ihrer Macht bewußt. Daß die Juden zum ersten Mal und seit Jahrtausenden in einer (eigenen und regulären) Armee kämpften und siegten, „war begreiflicherweise ein ungeheures Erlebnis, das das Denken vieler Israelis auf lange Zeit hinaus bestimmte"[496].

In ihrem Essay über Macht und Gewalt zeigt Hannah Arendt, daß die allgemeine Terminologie oft die Ausdrücke Gewalt, Stärke und Macht synonym verwendet. Gewalt aber hat im Unterschied zu den beiden anderen Begriffen die Vorbedingung technischer Hilfsmittel[497]. An diesen Begriff anlehnend soll in dieser Arbeit auch der Begriff Gewalt Möglichkeit und Wille bezeichnen, die technischen Mittel zur Vernichtung des und Übelszufügung und Angriff auf den Feind einzusetzen. Gewalt ist gekennzeichnet durch ihren instrumentalen Charakter[498].

Dabei ist die Beobachtung Arendts durchaus richtig, daß aus dem benachbarten Vokabularium der Begriff der Stärke am nächsten steht. Die Gewalt wird kollektiv angewendet, ihr steht die Macht gegenüber – Macht ist der Konsensus vieler, die Summe der Meinungen.

Stärke ist die Sache eines Einzelnen. In Israel greifen die Stärke Einzelner und die Macht vieler ineinander. Der Wille der Mehrheit in Israel geht dahin, Gewalt anzuwenden, woraus sich eine Kongruenz aus Macht und Gewalt ergibt. Gewalt gilt in Israel der Manifestation der Macht (was nicht automatisch der Fall sein muß, wie Arendt am Beispiel der Revolutionen zeigt). Die Zweck-Mittel-Relation ist bedeutsam. In Israel dient die Macht dem physischen Überleben, in manchen

Fällen aber entwickelt sie auch eine Eigenständigkeit, innerhalb derer sie sich als Selbstzweck legitimiert.

Der Kult der Stärke dient aber in der Regel ganz realen Zwecken (wobei die dialektische Wirkung zwischen Zweck und Mittel nicht zu übersehen ist).

„Unsere Vermutung, daß der jeweilige Feind, der unseren eigenen Zusammenhalt garantiert, aggressiv, böse, gewalttätig, listig, tückisch und gefährlich ist, gilt als normal (und als patriotisch, anständig, zweckmäßig), weil sie soweit verbreitet ist."[499]

Die Stereotypie der feindlichen Umwelt gilt als Rechtfertigung des eigenen Handelns. Dabei spielt die Frage, ob die Bedrohung wirklich so groß ist (in Israel hat sie sich in vier Kriegen als sehr real erwiesen), keine sehr große Rolle[500]. Zieht dies staatliche Aggressivität nach sich, so wird nach deren Legitimität nicht mehr gefragt. Das „institutions-, staats-, traditions- und gewissenskonforme und -erhaltende Benehmen"[501] wird nicht als gewalttätig empfunden und definiert, mag es auch objektiv noch so gewalttätig sein.

Gewalt wird dann zu Tapferkeit (vor dem Feind), Stärke Männlichkeit und anderen Attributen, die sehr wohl bekannt sind.

Was dem Individuum durch eine gesellschaftliche Aggressionskontrolle untersagt wird, das darf es nun auf den gemeinsamen Feind projizieren[502].

Hemmungen, die dem Individuum innerhalb der eigenen Gemeinschaft geboten wurden, sind aufgehoben. Das im Innern unerwünschte Verhalten ist gegenüber dem Feind erwünscht.

Das Feindbild leistet dabei dem inneren Zusammenhalt gute Dienste. Hollstein weiß zu berichten, daß die israelische Führung alltäglich von den Haßtiraden der Araber berichtete und diese sogar auf Schallplatten verkaufte[503].

Ähnlich war der Sechstagekrieg eine Steigerung des eigenen Selbstgefühls, „das in der Aggressivierung nationaler Gemeinschaftsziele seinen Ausdruck fand"[504].

Trotz des Anspruches auf Judaismus mit seiner jahrhundertealten Gewaltlosigkeit wurde „durch die siegreichen Bataillone mühelos eine Festung und Stärkung von kollektiver Identität durch aggressive Selbstbehauptung, Furchterweckung, mit Hilfe militärischen Glanzes und durch glaubhaft zur Schau getragenes Imponiergehabe" erreicht[505].

Doch führt die Verherrlichung der Gewalt auch zu einer Vernatürlichung der Gewalt.

Yael Dayan schreibt in einem Aufsatz, daß Heldentum etwas Selbstverständliches für die junge israelische Generation geworden sei[506].

Auch in den 'Gesprächen mit israelischen Soldaten' hieß es, Heldentum sei eine Sache der Technik geworden[507]. „Heroismus ist für sie gewissermaßen selbstverständlich."[508]

Diese Verniedlichung des Heldentums, die selbstverständlich militärisches Heldentum bedeutet, trägt beides, ein pragmatisches und ein ideologisches Element in sich.

Sie zielt darauf ab, Heroismus, zumindest das, was in seiner militärischen Terminologie gemeint ist, herunterzuspielen, zu etwas 'Selbstverständlichem' zu machen. Die militärischen Erfolge der Israelis basieren zweifellos auf großen Einzelleistungen. Doch sollen sie zwar ausgezeichnet, doch nicht überlobt werden, nicht mythisiert werden. Eine Heldentat kann man nicht von jedem verlangen, wohl aber etwas Selbstverständliches. Oft wird da, wo Gewalt angewendet wird, versucht, sie zu rechtfertigen[509]. In einer Reihe von Fällen geschah dies durch eine 'Gegengewalttheorie'. – Auch Dayans Theorie der 'Bestrafung' erinnert daran. Seine Aktionen, der Flexible Response mit Surplus, waren in ihrer Rechtfertigung mehr Strafexpedition mit weit ausgebauter Strafandrohung. Auch die Generalprävention spielt in der Dayanschen Theorie eine bedeutende Rolle. Auch wenn die strategischen Ziele solcher Aktionen nicht vollständig erreicht wurden, erfüllten diese Aktionen immer noch eine wichtige Aufgabe. Die kämpferische Zurschaustellung trägt zur Hebung des Identitätsgefühls bei, und die bis dahin oft indifferente Gesellschaft wird „zu einem selbstbewußten Ganzen" zusammengeschweißt[510]. Gewalt wird auch angewandt, damit der Gegner weiß, daß man bereit ist, Gewalt anzuwenden, um zu vermeiden, als Drescher hohler Phrasen angesehen zu werden.

Das tückische dabei ist, wie Arnold Toynbee feststellte, daß der Krieg den Beteiligten nicht untragbar erscheint, bis er soweit gediehen ist, daß keine andere Lösung mehr möglich ist[511].

Dabei gewinnt die Gewalt an Gefährlichkeit durch ihre mitreißende Wirkung. Sie reißt mit, weil sie effektvoll zu sein verspricht, weil sie ernst macht.

„Der Gewaltappell reißt in seiner vermeintlichen Ehrlichkeit, Authentizität und radikalen Unabhängigkeit bis zum letzten Einsatz und zum letzten Kampf mit.“[512]

Noch dazu bei einer Nation, bei der dieser Gewaltappell mit nichts weniger gekoppelt ist als der Nützung der (einzigen) Chance zum Überleben. Der Geist der Gewalt ist in ganz Israel spürbar. Zweig interpretiert ihn als die Entladung einer lange gestauten Energie, als die Abreaktion des Druckes der Knechtschaft[513]. Doch trifft dies sicher nur zum Teil zu. Die Aggressionserlaubnis, die den Gewalttätern gegenüber den äußeren Feinden des Staates erlaubt wird, fällt auch zurück auf den innergesellschaftlichen Bereich. Die Toleranz gegenüber Taten nach außen und die Bekämpfung der gleichen Taten im inneren treibt einer schizophrenen Lage zu. Die Militanz, mit der die äußeren Feinde bekämpft werden, führt zu einer nur quantitativ geringeren Militanz im Inneren[514].

Es wäre müßig, hier alle historischen Beispiele aufzuführen, in denen Gewaltanwendung im Inneren gegen den Willen des Staates (aber auch gegen seine Interessen) erfolgte[515].

Doch zeitigt die Gewaltaffinität auch Gewalttaten zwischen sozialen Gruppen in Israel, etwa bei den 'riots' in verschiedenen Städten im Jahr 1959[516].

„Die indoktrinierten Wertmuster von Kampfwillen, Einsatz und Gewalt und deren militärisch überzeugenden Erfolge gegen die Araber prägen Rollen und Lernmechanismen der Israelis so stark, daß sie auch im zivilen Leben prädominant werden.“[517]

Wie am Beispiel Har Zions verdeutlicht werden sollte, entwickelt sich der Geist der Gewalt seine eigenen Vorstellungen von Moral und Recht[518].

In der Diaspora geschahen wegen der strengen Reglementierung und der Überschaubarkeit des gemeinschaftlichen Lebens selten Verbrechen. Der 'Statistical Abstract of Israel'[519] gibt die Zahl der jährlich begangenen Morde zwischen 23 und 61 an, die versuchter Morde zwischen 32 und 109, Totschlag und fahrlässige Tötung zwischen 35 und 191, Körperverletzung zwischen 1.334 und 8.750. 1964 wurden

58.312 Personen, darunter 17.910 Jugendlichen, 38.700 Verbrechen zur Last gelegt. Von manchen Seiten wurde die Zunahme der Gewalt so interpretiert, daß in das Vakuum, das die strenge Religion nach ihrem Überbordwerfen hinterließ, nun der Kult der Gewalt eindrang[520].

Diese Mystifizierung der Gewalt beruht auf einem zutiefst pessimistischen Weltbild. Wer der Ansicht ist, er könne das, was er sein Recht zu sein glaubt, nicht anders als mit Gewalt durchsetzen – eine Ben Gurion'sche Formel – muß aus dieser pessimistischen Sicht heraus auf Gewaltanwendung hin trainieren. Wem dagegen die optimistische Hoffnung eines religiösen Glaubens zur Verfügung steht[521], der mag sich in Geduld üben und auf die Durchsetzung seines Rechts verzichten, in der Hoffnung auf die unwandelbare Gerechtigkeit.

Die Israelis – im Gegensatz zur Orthodoxie – aus der jüngsten Vergangenheit gewarnt, mißtrauisch, in der Mehrheit von der Religion abgewendet, stehen jedem freiwillig zugestandenen Recht skeptisch gegenüber und ziehen die Gewaltanwendung vor.

Doch darf diese Diagnose eines israelischen Selbstbildes nicht zu moralischer Entrüstung führen noch zu gespielter Überraschung. In einem Buch mit dem Titel 'Israel als Provokation' schreibt Davis, daß Israel ohne die Anwendung von Gewalt nicht hätte entstehen und gegen die arabische Bevölkerung nicht hätte bestehen können. Und weiter: der Konflikt zwischen Israel und den Arabern sei die Konsequenz dieser Gewaltanwendung. Ist es nicht richtiger zu sagen, die Gewaltanwendung sei die Konsequenz des Konfliktes[522]?

Die in dieser Arbeit im israelischen Bild diagnostizierte Tendenz zur Gewalt könnte zu dem Schluß verleiten, daß das oft gebrauchte und propagandistisch eingesetzte Schlagwort der „israelischen Aggression" gerechtfertigt ist[523].

Doch muß darauf hingewiesen werden, daß an die Verwendung in dieser Arbeit nicht die moralische Wertung angeknüpft wird, wie dies in den propagandistischen Verlautbarungen der Fall ist. Hier wurde die Gewalt untersucht als ein Element des Selbstbildes, als Abgrenzung des Israelischen gegen das Jüdische, nicht aber sein Feindgehalt gegenüber den Arabern. Dadurch entsteht für diesen zweiten Fall eine verschobene Perspektive. Wollte man über die Aggression im allgemeinen Sprachgebrauch rechten, müßte man – schon um der wissenschaftlichen Redlichkeit willen – der israelischen Aggressivität die Aggressivität der Araber gegenüberstellen[524].

SCHLUSS:
DER VIERTE ISRAELISCH-ARABISCHE KRIEG

Eine deutliche Ausführung zur Gewalt machte auch der als Taube bekannte frühere Außenminister Aba Eban: Er rechnete den Sechstagekrieg zu den „erhebendsten Stunden“ Israels[525].

Sind auch Gewalt und ihre Anwendung fest verankert im israelischen Bewußtsein, so haben doch die konzentrierten Erfahrungen ihrer Anwendung in den Kriegen von 1967 und 1973 ihre – unterschiedlichen – Spuren hinterlassen. In dieser Arbeit wurde im allgemeinen die Identität als eine konstante Größe beschrieben, dies darf jedoch nicht zu dem Trugschluß verleiten, daß das Bewußtsein nicht einer permanenten Evolution unterworfen ist; diese beiden letzten Kriege brachten dabei besondere Effekte, die sich im Bewußtsein der Israelis niederschlugen[526].

Die Reaktion der Israelis auf den Sechstagekrieg muß verstanden werden aus der psychologischen Situation, in der sich die Israelis vor Kriegsausbruch befanden, einer Situation also, in der, wenn nicht Angst, so doch Ungewißheit dominierte – Ungewißheit nicht allein, ob der Krieg kommen würde, sondern auch, welchem Gegner man letztlich gegenüberstehen würde, welche arabische Nation noch in die antiisraelische Phalanx eintreten würde. Von der „abgründigen Furcht“, die die Israelis vor dem Kriegsausbruch befiel, berichtete Amos Elon[527].

Die bedrohte Lage, eingeschlossen von einem mächtigen Feind, löste in vielen Israelis Erinnerungen aus an Situationen, die sie selbst erlebt hatten oder auch (nur) ein Gefühl tiefster psychischer Bedrohung.

Der Unterschied zwischen dem Damals und dem Jetzt lag in der Bereitschaft, sich diesmal kollektiv zu verteidigen, sei es auch um jeden Preis gewaltsamer Auseinandersetzung. Die Israelis durchliefen eine Reinigung ihrer Identität, Zweifler an der Notwendigkeit bewaffneter Aktionen mußten sich bekehren, der Kurs der Gewalt war nötig zum Überleben. Eine Feuerprobe – im wahrsten Sinne des Wortes – stand an, ihr Zusammengehörigkeitsgefühl zu prüfen. Die Solidarität weiter Kreise, die Zuneigung der Mitkämpfer trat hervor und überdeckte öffentliche Krisen, soziale Spannungen, politische Reibereien. In manchen Fällen wurden sie nicht nur für den Augenblick begraben, sondern blieben dies über den Krieg hinaus bis hinein in die Zeit, als der Taumel des Erfolges langsam wieder abzuschwächen begann[528].

Für das Bewußtsein der Israelis brachte der Sechstagekrieg zwei – vielleicht gegenläufige – Folgen. Einmal brachte er einen Reflexionsprozeß in Gang über essentielle Fragen israelischer Präsenz, den Sinn der Gewaltanwendung. In manchen Fällen wurde dies zu einer echten Diskussion. Zum anderen brachte er ein stolzes Gefühl der Superiorität.

Mit der Zeit gewann das zweite Gefühl die Oberhand, einmal weil es sicherlich mehr Leute ergriff als das erste, das hauptsächlich den Intellektuellen vorbehalten blieb, zum anderen aber sicher auch, weil es einfach bequemer war.

Dieser Reflexionsprozeß ist gut dokumentiert für die Kibbuzangehörigen durch die „Gespräche mit israelischen Soldaten". Der Krieg und seine Erlebnisse hatten hier eine Diskussion ins Rollen gebracht über Israels Isolation, über Israels Haltung gegenüber den Arabern, nicht zuletzt aber war eine starke Besinnung auf die Parallelität zwischen Diasporaverfolgung und israelischer isolierter Situation spürbar[529].

Man muß sich fragen, was es mit diesem von manchen Seiten festgestellten Trend, zurück zum Judaismus, auf sich hat. In der Tat gibt es Berichte, daß in manchen Frontabschnitten kein Soldat in den Kampf zog, ohne mit dem geistlichen Zuspruch eines Rabbi betraut worden zu sein. Es darf aber angenommen werden, daß in Situationen, in denen Gefahr für Leib und Leben besteht, es einer allgemein menschlichen (und nicht typisch jüdischen, wie interpretiert wird) Haltung entspricht, geistlichen Zuspruch zu suchen.

Kann man die Tränen, die von Soldaten an der eben eroberten Klagemauer vergossen wurden, als einen Beweis einer Rückkehr zu tradierten Werten rechnen? Dies entspringt wohl vielmehr einer bewußten Ausnutzung der Situation, von der die Bilder durch die ganze Welt gingen. Hier muß man wohl unterscheiden zwischen denen, die aufgepeitscht durch eine kriegsbedingte nervliche Anspannung eine rein emotionale Rührung verspüren an einem Ort, der übrigens ebenso ein Politikum wie eine heilige Stätte ist und denen, die hier tatsächlich eine tiefere religiöse und heilsgeschichtliche Bedeutung sehen. Man ist hier leicht verleitet zu Spekulationen über die Zahl derer, die über die Begeisterung des Augenblicks hinaus bald wieder in ihr alltägliches Leben zurückfielen.

Für manchen jungen Israeli stellte dieser Krieg einen Schock dar, an dessen Ende er sich die Frage stellte, mit welchem Recht er sich in diesem Land befinde[530].

Diese Berechtigung konnte man nach dem Sieg aus dem Recht des Stärkeren herleiten, was man in der Tat auch oft tat. So war einer der wichtigsten Effekte des Krieges das Gefühl einer riesigen Überlegenheit über die in so kurzer Zeit geschlagenen Araber. Ein Gefühl der Superiorität in militärischer Hinsicht, das oft auch übertragen wurde in generellere Bereiche, etwa auf eine kulturelle Überlegenheit. Der Krieg brachte die Bestätigung der Richtigkeit der Politik der Stärke und der Gewalt, die Bestätigung auch der Überzeugung, der Feind verstehe nur diese Sprache der Gewalt. Feinde der Gewaltpolitik wurden durch den überzeugenden Sieg unglaubwürdig[531].

Doch mündete diese Politik in einen Kreislauf. Der Sieg brachte Überlegenheitsgefühle, diese mündeten in eine Politik der Überheblichkeit. Nach dem Sechstagekrieg haben die Israelis alles getan, „um die Araber zu ducken, um den Minderwertigkeitskomplex aufzublasen“[532].

Die Araber sollten das Gefühl haben, den Israelis nicht ebenbürtig zu sein[533].

Nach dem großen Sieg überkam die Israelis die Hybris ihrer technischen und militärischen Überlegenheit[534]. Dies mündete 1973 in den vierten Krieg. Israels Gewalt erzeugte Gegengewalt; so meinte der syrische Präsident Hafez Asad, was man uns mit Gewalt genommen hat, das müssen wir uns mit Gewalt wiederholen[535], die Israelis verstehen nur die Sprache der Gewalt[536].

Ein ägyptischer Brigadegeneral umriß unfreiwillig die Erfolge der israelischen Psychologie:
„Nach 1967 hatte unsere Armee jedes Selbstvertrauen verloren; wir haben es uns mühsam wieder errungen. Es war schwer, unserer Jugend klarzumachen, daß die Israelis keine Götter sind.“[537]

Noch während des vierten Krieges war die israelische Sprache durchtränkt von Selbstüberzeugung: Brigadegeneral Ahron Yariv meinte: „Wir fangen an, der anderen Seite klarzumachen, daß es eine gefährliche Sache ist, den Waffenstillstand zu brechen. Unsere Truppen drükken jetzt auf die Front, wir schieben sie. Wir werden sie strafen, so lange und so sehr wir können.“[538] Allein die Verwendung des Wortes „strafen“ zeugt von der Überzeugung des eigenen Rechts, die nur durch Arroganz erklärt werden kann, will man dem General nicht die Umstände des Augenblicks anrechnen.

Doch die Verluste erwiesen sich bald als für das kleine Land unglaublich hoch. Die Israelis verloren bis zum Kriegsende (die Verwundeten,

die noch in der Folgezeit starben, nicht eingerechnet) 1.854 Soldaten (gegenüber 809 im Sechstagekrieg und 189 im Sinaifeldzug). Andere Schätzungen liegen eher noch höher[539]. War nach dem Sechstagekrieg das Lied von der goldenen Stadt Jerusalem populär gewesen, das eine eben erworbene Eroberung besang, so hat das Lied dieses Krieges eher pazifistische Versprechungen zum Inhalt:
„Im Namen des Panzerfahrers, der lebendig verbrannt ist, im Namen des Piloten, der in Flammen vom Himmel gestürzt ist, ich verspreche, daß dieser Krieg der letzte war. . .“

Die im Siegestaumel untergegangenen Ansätze zu einer Überdenkung der Politik der Gewalt nach 1967 haben nach 1973 eine echte Chance, sich durchzusetzen und vielleicht eine Modifizierung der israelischen Identität zu erreichen. Doch ist es zu früh, darüber spekulieren zu wollen.

ANMERKUNGEN

1 Diese Annahme stützen die Arbeiten mancher bedeutender Wissenschaftler wie Voegelins, Toynbees und Jaspers. Demnach gehören die jüdischen Völker unter die Gruppen, die die Achsenzeit (Jaspers) überlebt haben, der z.B. Babylonier und Assyrer zum Opfer fielen.

2 Daß dies als Beginn des nomokratischen Gottesbildes in der damaligen geographischen und zeitlichen Umgebung eine spektakulären Neuerung auf theologischer Ebene darstellte, mag von besonderem religionsgeschichtlichem Interesse sein, kann aber hier nicht weiter vertieft werden.

3 Zvi, Rudi, a.a.O., S. 127; vgl. dazu auch: Max Weber, Religionssoziologie, Bd. 3.

4 Zvi, Rudi, a.a.O., S. 129. Daher rührt auch der Anspruch des späteren detailliert kasuierten Gesetzes, alle Handlungen und Verrichtungen des täglichen Lebens umfassend zu regeln. Dazu: Moscati, S., Geschichte und Kultur der semitischen Völker, Stuttgart 1955.

5 Psychologisiert man dies, so läßt sich eine Linie ziehen, hin zu der im Kapitel über den Judaismus noch zu behandelnden endogenen Haltung, beruhend auf dem Bewußtsein gemeinsamer Auserwählung als Methode des geistigen, später auch psychischen Überlebens.

6 Sinn dieses Exkurses ist es, mit den jüdischen Entwicklungsgang hin zu einer Gewalt-, Aktivität- im politischen Sinne, ja den Staat als solchen ablehnenden Philosophie zu umreißen.

7 Ehrlich, Ernst-Ludwig, a.a.O., S. 15. Die später auftauchenden mythischen Stellen, etwa in den Königspsalmen: Ps 89, 4 ff. – Ps 132, 12 – Ps 2, 6 – Ps 18, 5 sind Verbrämungen, die nachgeliefert wurden.

8 Ehrlich, Ernst-Ludwig, a.a.O., S. 35.

9 Hosea 13, 11 und 13, 9.

10 Es ist bezeichnend, daß die Anfänge des synagogalen Gottesdienstes, dieses Symbols für die spätere Diaspora, in diese Zeit fallen. Vgl.: Ehrlich, Ernst-Ludwig, Geschichte der Juden im Altertum von der Entstehung des Volkes Israel bis zur Zerstörung des Tempels, in: Böhm, Franz und Dirks, Walter, Hrsg., Judentum – Schicksal, Wesen und Gegenwart, Bd. 1, S. 31, Wiesbaden 1965.

11 In seiner Geschichte des jüdischen Volkes schreibt Aba Eban, a.a.O., S. 56: „Israel soll die Welt nicht durch Waffengewalt unterwerfen, es soll sie allein durch seinen Geist beherrschen. Denn das auserwählte Volk hat einen Auftrag erhalten: durch Israel soll die Menschheit 'Gott kennen und seine Gebote befolgen lernen'."

12 Voegelin, Eric, a.a.O., S. 515.

13 Ehrlich, Ernst-Ludwig, a.a.O., S. 57.

14 Ehrlich, Ernst-Ludwig, a.a.O., S. 65.

15 Trotz Massada und Bar Kochba, denen heute Bedeutung zukommt durch die starke Betonung, die die Israelis auf sie legen, wovon noch zu sprechen sein wird.

16 Eine der wohl extremsten Bewegungen stellten die Essener dar: sie zogen sich in die Einöde nach Quumram zurück, „um sich in keiner Weise mit dem Staat und seinen Einrichtungen (: . . .) befassen zu müssen". Ehrlich, Ernst-Ludwig, a.a.O., S. 68.

17 Ehrlich, Ernst-Ludwig, a.a.O., S. 73.

18 Eine Waffe, die durch die späteren jüdischen Lebensumstände zur denkbar schärfsten Waffe überhaupt wurde.

19 Der theokratische Staat stellt keine Alternative dar, da die jüdische Religionsphilosophie den Staat überhaupt ablehnt. Auch war von den Zionisten nie ein Zweifel daran gelassen worden, daß ein theokratischer Staat nicht in Frage kommt. Herzl hat dies ausgeführt, auch Weizmann hat expressis verbis darauf hingewiesen.

20 Auf die weitere Unterscheidung von Zionisten und Israelis in einem engeren Sinn soll hier noch nicht eingegangen werden.

21 Kampmann, Wanda, Israel – Gesellschaft und Staat, a.a.O., S. 60. Auch Kampmann weist in der Einleitung der Quellensammlung zu Israel auf diese Gefahr hin; ebenso: Schürholz, Innenpolitik, a.a.O., S. 13.

22 Doch ist die enge Beziehung von Nationalem und Religiösem, die beim Judentum im Idealfall als Identität besteht, auch in anderen Religionskreisen bekannt: so wird in Ceylon jeder Abbruch am Buddhismus als Verrat an der singhalesischen Sache betrachtet oder in Japen herrschte lange Zeit die Einheit von Shinto und Staat.

23 Leslie, a.a.O., S. 154.

24 Dirks, Walter und Sterlin, Eleonore, in: Franz Böhm und Walter Dirks, Hrsg., a.a.O.

25 Es macht sich hier das historisch bedingte Fehlen einer jüdischen Zentralinstanz bemerkbar; es scheint bezeichnend, daß gerade im Laufe der Neugründung des Staates davon gesprochen wurde, eine solche Instanz zu schaffen, eine Art des Synhedrions.

26 Rudy, Zvi, Soziologie des jüdischen Volkes, a.a.O.

27 Auch heute leben noch etwa 10 Millionen Juden in 66 Ländern in der Diaspora.

28 Dies soll jedoch nicht der Forderung von Dirks und Sterling zuwider laufen: das Judentum fordere zu einer Stellungnahme heraus und jedermann müsse selbst seine Stellung dazu festlegen.

29 Bartikwa, Das unheilige Land, a.a.O.

30 Freudenfeld, Burghard, a.a.O., S. 131.

31 Dabei darf nicht übersehen werden, daß der Trend zur Gewalt allgemein eine Erscheinung der Nachkriegszeit ist, worauf in einem späteren Kapitel

noch einzugehen sein wird. Doch ist sie gerade in Verbindung mit der jüdischen Gewaltlosigkeit besonders bedeutsam für die Ansichten, die in Israel noch den jüdischen Staat sehen.

32 Wobei bereits darauf hingewiesen wurde, daß dem Judemtum der Kirchenbegriff als Organisationsform unbekannt ist.

33 Dies wird in dem Abschnitt, der mit „Politics of compromise" überschrieben ist, noch zu erörtern sein.

34 So betonte auch Golda Meir bei einer Festrede zur 25jährigen Unabhängigkeit Israels, als damals noch amtierende Ministerpräsidentin: „Wir verwandelten uns von einer Minderheit in eine unabhängige Gesellschaft. . ."; Meir, Golda, Das unabhängige Israel, in: Israel 25 Jahre, a.a.O., S. 7; und sie fährt fort: „Möglicherweise ist es dieses Sichverwandeln der Juden aus einer geduldeten Minoritätengruppe in eine unabhängige Nation, womit sich einige arabische Herrscher am schwersten abfinden können." Ebenda, S. 10.

35 Ihre Anlage in der Zeit der antiken Exils- und Nachexilsgeschichte wurde bereits einleitend erörtert.

36 Vgl. Halpern, Benjamin, a.a.O., S. 4.

37 Sartre, Jean-Paul, a.a.O., S. 90.

38 In dieser Erkenntnis liegt der Ausgangspunkt des Zionismus, der die Lösung der Judenfrage nur in einem Ausbruch aus diesem Kreis sah, durch die Schaffung einer eigenen nationalstaatlichen Konstruktion.

39 Diese Reaktion ist keineswegs nur bekannt bei sozial stigmatisierten Personen; auch bei physisch Stigmatisierten ist dies bekannt.

40 Vielleicht handelt es sich um einen bewußten Initiativwechsel. Die passive Abgrenzung, die in der Mißachtung durch die Gesellschaft der Mehrheit liegt, wurde aktiv überdeckt durch die Betonung des Unterschiedes aus eigenem Willen.

41 Landmann, Salcia, Jüdische Witze, a.a.O., S. 29.

42 Neusner, Jacob, a.a.O., S. 31.

43 Plessner, Martin, Israel, in: F. Böhm und Dirks, Hrsg., a.a.O.

44 Und gerade dies scheidet die Orthodoxen von den Zionisten; bedenkt man, daß eine der bedeutendsten zionistischen Schriften den Titel „Autoemanzipation" trägt, so mußte dies geradezu wie eine Herausforderung auf die Strenggläubigen wirken.

45 Bartikwa, J., a.a.O., S. 34.

46 So erklärt es sich auch, daß der Messias nach jüdischem Glauben ein politischer Messias ist, der das politische Schicksal seines Volkes ändern soll.

47 Gerade, was die Sakralisierung der Sprache anlangt, läßt sich dies schön belegen durch die Widerstände, die die Orthodoxie der Neubelebung des Hebräischen als Nationalsprache entgegensetzte, eben mit dem Argument, dies sei eine heilige Sprache.

48 Bartikwa, J., a.a.O., S. 34.

49 Daher ist auch der Abfall nach der jüdischen Ethik das Verbrechen, das mit der schwersten aller denkbaren Strafen belegt wurde: der Ausstoßung aus der Gemeinschaft, für einen Stigmatisierten das größte Übel; die Assimilation an die Mehrheit gelang in den wenigsten Fällen.

50 Wobei der Widerstreit zwischen individualistischen und kollektiven Prinzipien ein jüdisches Charakteristikum ist. Vertritt die Thora das kollektive Gebot, so kommt das Verlangen des Einzelnen nach einer persönlichen Beziehung zu Gott in den Psalmen zum Ausdruck; Ps 192, 1 oder 42, 3; Buch Hiob.

51 Halpern, Benjamin, a.a.O., S. 5.

52 Dubnov, S., a.a.O.

53 Baeck, Leo, a.a.O., S. 260 ff.

54 Dubnov, S., a.a.O., S. 2.

55 Dubnov, S., a.a.O., S. 14.

56 Löwenstein, Rudolph, a.a.O., S. 138 ff.

57 Wobei Löwenstein hier „Israel“ in anderer Nomenklatur verwendet; in der Terminologie dieser Arbeit müßte es dort das „Judentum“ heißen.

58 Löwenstein, Rudolph, a.a.O., S. 138.

59 Ebenda, S. 139.

60 Löwenberg, Peter, a.a.O., S. 169.

61 Zborowski, Mark und Herzog, Elizabeth, a.a.O., S. 341.

62 Ebenda, S. 341.

63 Ebenda, S. 343.

64 Ebenda, S. 424.

65 Ebenda, S. 424.

66 Löwenstein, Rudolph, a.a.O., S. 144.

67 So legitimiert sich vielleicht auch die Forderung der Rabbis, loyale Bürger des jeweils bewohnten Staates zu sein; inwieweit die Technik der Vermeidung bei den Juden einen höheren Prozentsatz an Neurotikern geschaffen hat, als in anderen Völkern Neurotiker existieren, kann hier nicht erörtert werden; vgl. dazu Löwenstein, a.a.O., S. 249.

68 Vgl. dazu Langumir, Gavin, a.a.O.

69 Barschalom, Geri, a.a.O.

70 Bettelheim, Bruno, Aufstand gegen die Masse, a.a.O., S. 268; in der englischen Originalausgabe verwendet Bettelheim das Wort 'revolt' statt des deutschen Ausdrucks Widerstand; siehe englische Ausgabe, a.a.O., S. 248.

71 Vgl. Bettelheim, Aufstand, deutsche Ausgabe, a.a.O., S. 284.

72 Lewin, Kurt, a.a.O., S. 228.

73 Bei den Negern wird dies als 'Hinüberwechseln', bei den Juden als Assimilation bezeichnet; doch auch Martin Luther King hatte die Vorteile erkannt, die die Juden gegen diese Assimilation hatte im Vergleich zu den amerikanischen Negern; vgl.: Wohin führt unser Weg? , Frankfurt und Hamburg 1968, S. 128.

74 Weizmann, Chaim, a.a.O., S. 641.

75 . . . dem 1947 für Palästina geschaffenen UN-Gremium.

76 Weizmann, Chaim, a.a.O., S. 661.

77 Diese Frage, ob die Religion statische Werte darstelle, nach denen sich alle Glaubensangehörigen unverbrüchlich und unabänderlich zu richten hätten oder ob diese Werte sich verschiedenen Staatsformen anzupassen vermögen (es sei hier erinnert an das obige Zitat Leo Baecks), ist keineswegs allein eine Frage, die das Judentum beschäftigt; andere Religionen, die sich als Religion eben absolut betrachten müssen, kennen sie ebenfalls; nur tritt sie hier in besonderer Schärfe auf, weil das Judentum mehr noch als andere Religionen das tägliche Leben beeinflußt und reglementiert, ein Recht, das ihm vom Staat bestritten wird.

78 Rot, Leon, Judaism, a portrait, London 1960; zitiert nach Leslie, a.a.O., S. 142.

79 Die Mehrheit der Israelis ist hier anderer Ansicht.

80 Werblowski, Zvi, Eine Nation geboren aus der Religion, a.a.O., S. 119 ff.

81 Ebenda.

82 Ebenda.

83 Die an sich unjüdische Militanz, die sich dabei entwickelt, ist von großem Interesse; hier wird verständlich, „warum Sokrates den Schierlingsbecher leeren mußte und warum das römische Reich zur Zeit des größten Synkretismus die Christenheit verfolgte". Werblowski, a.a.O., S. 117.

84 Pincus, A.L., a.a.O., S. 114.

85 Vgl. Löwenstein, a.a.O., S. 121.

86 Der Nationalismus der Minderheit provoziert nur den Nationalismus der Mehrheit wieder und nötigt so den Nationalismus der Mehrheit wieder zu schärfenen Maßnahmen, was den Nationalismus der Minderheit anstachelt. Dies mündet in einen unendlichen Kreislauf der gegenseitigen Bedrohung und ist innerhalb des Prinzips des Nationalismus ohne gewaltsamen Eklat nicht zu lösen.

87 Sicherlich schleichen sich hier durch die notwendigen Verallgemeinerungen Ungenauigkeiten ein. In der Ablehnung, die den Zionisten zuteil wurde, ist zu unterscheiden zwischen der extremen Orthodoxie, die überhaupt dem Gedanken des Nationalismus als einer europäischen Ideologie des neunzehnten Jahrhunderts widerstrebte und der nationalreligiösen Bewegung, die schon Jahrzehnte vor der Gründung Israels ein Teil der zionistischen Bewegung war.

88 Es handelt sich um ein im Juli 1897 herausgegebenes Statement des Vorstands des Rabbinerverbandes in Deutschland; vgl. Halpern, Benjamin, a.a.O., S. 144 und Ullmann, Arno, a.a.O.; auch in: Zionistisches ABC-Buch, Berlin 1908: „Durch die Einberufung eines Zionistenkongresses und auch die Veröffentlichung seiner Tagesordnung sind so irrige Vorstellungen über den Lehrinhalt des Judentums und die Bestrebungen seiner Bekenner verbreitet worden, daß der unterzeichnete Vorstand des Rabbinerverbandes in Deutschland es für geboten erachtet, folgende Erklärung abzugeben:

1. Die Bestrebungen der sogenannten Zionisten in Palästina einen jüdischen, nationalen Staat zu gründen, widersprechen den messianischen Verheißungen des Judentums, wie sie in der Heiligen Schrift und späteren Religionsquellen enthalten sind.
2. Das Judentum verpflichtet seine Bekenner, dem Vaterland, dem sie angehören, mit aller Hingabe zu dienen und dessen nationale Interessen mit allen Kräften zu fördern.
3. Mit dieser Verpflichtung aber stehen nicht in Widerspruch die edlen Bemühungen, welche auf die Kolonisation Palästinas durch jüdische Ackerbauern abzielen, weil sie zur Gründung eines nationalen Staates keinerlei Beziehung haben.

Religion und Vaterlandsliebe legen uns daher in gleicher Weise die Pflicht auf, alle, denen das Wohl des Judentums am Herzen liegt, zu bitten, sich von den vorerwähnten zionistischen Bestrebungen und ganz besonders von dem trotz aller Ablehnung noch immer geplanten Kongreß."

89 Zitiert nach: Schürholz, Franz, Innenpolitik, a.a.O., S. 7.

90 Er reagierte auf die Situation der Pogrome in Rußland unter Zar Alexander III., nachdem Zar Alexander II. bei einem Attentat ums Leben kam (er war, wie Disraeli es einmal formulierte, der gütigste Fürst, der je in Rußland regiert hatte). Die Bluttat vom 13. März 1881 wurde den Juden angelastet, und am 16. März begannen die „Verwüstungen" gegen die 15.000köpfige Bevölkerung jüdischer Herkunft im Gouvernement Cherson. Kurz darauf setzten die Pogrome in Kiew und 50 anderen Städten ein; vgl. Keller, Werner, a.a.O., S. 465.

Bereits vor ihm hatte ein anderer ein Buch in Reaktion auf antisemitische Ausschreitungen publiziert, das nicht minder bekannt ist: Moses Hess verfaßte 1862 „Rom und Jerusalem" im Anschluß an die antisemitischen Akte von Damaskus, 1840. Auch Herzls Judenstaat kann als Reaktion auf eine spezifisch antisemitische Handlung gesehen werden: als Antwort auf den Dreyfusprozeß im Frankreich der Dritten Republik.

91 Pinsker, Autoemanzipation; nach Ullmann, rno, a.a.O.

92 Herzl, Theodor, Der Judenstaat, in: Gesammelte zionistische Schriften, a.a.O., S. 25.

93 Sontheimer, Kurt, in: ders., Hrsg., a.a.O., S. 281.

94 Ebenda, S. 283.

95 Löwenberg, Peter, a.a.O., S. 169.

96 Einer seiner Pläne war es auch, den Juden dadurch neues Ansehen zu verschaffen, daß er sich (ehemals Mitglied einer schlagenden Studentenverbindung) mit einer Reihe der bekanntesten österreichischen Antisemiten (meist aus adligen Kreisen) duellieren wollte; ein halbes Dutzend Duelle, so meinte er, würden viel dazu beitragen, das soziale Ansehen der Juden zu heben; für ihn war dies alles verbunden mit dem Begriff der jüdischen Ehre. Am 5. Juni 1895 schrieb er in sein Tagebuch: „die jüdische Ehre beginnt".

97 Herzl, Theodor, Judenstaat, Neuauflage 1968, a.a.O., S. 27.

98 Imhoff, Christoph, Ende des Exils, a.a.O., S. 69.

99 Das Baseler Programm, 1897, siehe in: Kontroversen. . . , a.a.O., S. 11.

100 So entstanden in diesem Zeitraum die ersten zionistischen Siedlungen, voran der Kibbuz Degania, was aber nicht heißt, daß dies die erste jüdische Wiederbesiedlung in Palästina war.

101 Kahle, Wolfgang, Bericht, a.a.O., S. 17.

102 Darin liegt ein großes Unterscheidungsmerkmal zwischen Zionisten und Israelis.

103 Sontheimer, Kurt, in: ders., Hrsg., a.a.O., S. 26.

104 Perlmut, Amos, a.a.O., S. 127.

105 Eisenstadt, Israeli Identity, a.a.O., S. 677.
Einwanderer der zweiten Alija schufen auch erste parteiähnliche Organisationen, wobei die Gruppierung unterschiedlicher ideologischer Richtungen sich in den pragmatischen, naheliegenden Schritten oft einig waren. Der Pragmatismus des Pioniergeistes einte die unterschiedlichen Auffassungen unter seinem Alleinanspruch.

106 Eisenstadt, Israeli Identity, a.a.O., S. 675.

107 Siehe dazu auch unten: der Abschnitt über israelische Schulsysteme.

108 Halpern, Benjamin, a.a.O., S. 675.

109 Eine erste Organisation der Arbeiterschaft erfolgte 1911 in den Bezirken Judäa, Galiläa und Samaria; auf diese Vereinigung ist auch die Kupat Kolim, die Arbeiterkasse, 1912 zurückzuführen.

110 Zu einer knappen Übersicht über die Werte der Pionierideologie siehe auch: Jendges, Hans, Landeskunde, a.a.O., S. 15.

111 Sykes, Christopher, a.a.O., S. 256.

112 Vgl. Falk, Zev, Family Law, a.a.O., S. 240; auch im heutigen Israel werden noch unter Umständen solche Ehen geschlossen; meist in Fällen, in denen das Rabbinatsgericht die Einwilligung zur Ehe verweigert, etwa weil der Mann ein Cohen ist, d.h. aus einer Priesterehe stammt, werden solche defacto-Ehen angewandt. Selbst staatliche Stellen respektieren dies dann, etwa in der Frage der Erbfähigkeit der Kinder.

113 Goldmann, Nachum, a.a.O., hier S. 426.

114 Weingrod, Alex, a.a.O., S. 10.

115 In manchen neueren Fällen kann ein Jude gar die israelische Staatsbürgerschaft erwerben, ohne israelischen Boden zu betreten, wenn er nur den Wunsch dazu äußert; dies ist ein Institut, das im Hinblick auf die sowjetischen Juden geschaffen wurde, denen die Ausreise verweigert wird.

Die Literatur über Israel neigt zu einer Überbetonung dieses Rückwanderungsrechts bis zu einem Punkt, an dem man den Eindruck gewinnt, dies wäre die einzige Möglichkeit, die Staatsbürgerschaft zu erwerben. Wie falsch diese Ansicht ist, läßt sich leicht ausweisen, führt man an, daß die israelische Staatsbürgerschaft durchaus auch von Nicht-Juden erworben werden kann.

Nach israelischem Recht kann die Staatsbürgerschaft auf vier Weisen errungen werden: die erste, die oben angeführte jüdische Einwanderung, gleichgültig, ob sie vor oder nach der Staatsgründung geschah, gleichgültig, ob der Aspirant als Immigrant anreiste oder den Entschluß zu siedeln erst später faßte.

Die zweite Möglichkeit ist der Erwerb durch Geburt im Lande, ebenfalls ungeachtet, ob diese vor oder nach der Staatsgründung stattfand. Weiter gilt ein Kind, das geboren wird, während einer oder beide Elternteile die israelische Staatsbürgerschaft besitzen, als Staatsbürger.

Die Staatsangehörigkeit kraft Einwohnerschaft wird vergeben an Personen, die nicht im Lande geboren wurden, aber palästinensischer Nationalität waren, vorausgesetzt, sie wurden bis zum 1. März 1952 als Bewohner Israels registriert, die sich seit dem 14. Juli 1948 in Israel aufhielten und dort rechtmäßig weilten.

Weiterhin ist die Staatsbürgerschaft durch Naturalisierung möglich, die schwierigste der vier Arten: der Antragsteller muß in Israel wohnen, er muß sich dort drei im Laufe der letzten fünf Jahre aufgehalten haben, er muß willens sein, dort permanent zu residieren, residiert haben oder die Absicht erklären, dort zu residieren. Er muß Kenntnisse der hebräischen Sprache nachweisen, seine frühere Nationalität zurückgeben oder im Begriff sein, dies zu tun.

Nur Staatsbürger durch Naturalisierung müssen ihre frühere Staatsbürgerschaft aufgeben, Bürger durch Geburt, Einwohnerschaft oder Immigration können andere Staatsbürgerschaften aufrechterhalten. Die israelische Staatsbürgerschaft kann durch Ungültigkeitserklärung oder Entzug der Naturalisierung genommen werden. Wurde sie durch Geburt, Einwohnerschaft oder Immigration erworben, ist sie unkündbar. Als Kritik an diesen Regelungen mag angeführt werden, daß sie eine eindeutige Diskriminierung der Nicht-Juden darstellt, für die ein langer Naturalisierungsprozeß die Regel ist, wogegen Juden durch das Rückkehrgesetz bevorteilt sind. Dies stellt einen Widerspruch zur Unabhängigkeitserklärung dar, in der verbürgt ist, es würden keine Unterschiede zwischen Angehörigen verschiedener Rassen, Religionen, Geschlechter gemacht.

Aber auch Juden kann in bestimmten Ausnahmefällen die Einreise verweigert werden, wenn aus dieser eine Gefahr für das Gemeinwesen erwüchse. Fragen der doppelten Staatsbürgerschaft wurden akut, als bekannt wurde, daß US-Bürger in der israelischen Armee Dienst versahen; vgl.: Der Spiegel, 44/1969. Zu den juristischen Regelungen siehe: Bernstein, a.a.O., S. 51 ff.

Zu der oben angeführten Regelung für die sowjetischen Juden: 1971 wurde der Innenminister ermächtigt, in diesen Fällen die israelische Staatsbürgerschaft zu verleihen. Vgl.: Lorch, Netanel, in: C.C. Schweitzer und M. Nemir, Hrsg., a.a.O., S. 74 und dpa vom 19./20. Mai 1971; siehe SZ von diesem Datum.

116 Lexikon des Judentums, Gütersloh 1967.

117 Vgl. die Berichte vom 23. Kongreß, Jerusalem 1951 bis zum 28. Kongreß, Jerusalem 1968.

118 Lamm, Hans, Gibt es einen jüdischen Antizionismus?, a.a.O.

119 Dieses Gesetz enthält 12 Paragraphen, die die Rolle der zionistischen Organisation als autorisierte Agentur des Staates bestimmen, die dem Staat bei der Entwicklung und Besiedlung des Landes und der Eingliederung der Immigranten behilflich sein soll. Vorrangiges Ziel ist die Ankurbelung der Einwanderung und Aktivierung der Juden, die einzeln oder in Gruppen beim Aufbau des Landes helfen sollen. Weitere Aufgaben der zionistischen Organisation wurden (entsprechend Paragraph 7 des Status Law) in einem speziellen Abkommen von 1954 ausgearbeitet und beschlossen. Für eine Zusammenstellung der Aufgaben siehe Davis, John, a.a.O., S. 94.

120 Davis, John, a.a.O., S. 102.

121 Davis, John, a.a.O., S. 103.

122 Nach: Imhoff, Christoph; Ende. . . ; a.a.O., S. 58.

123 Lamm, Hans, Gibt es einen jüdischen Antizionismus?, a.a.O.

124 Jendges, Hans, Politische Landeskunde, a.a.O., S. 93.

125 Wenn hier von israelischer Identität gesprochen wird, so wird fingiert, es gäbe eine solche und nicht nur die Identität einzelner Israelis; dies gilt analog für zionistische und jüdische Identität.

Weiter berührt dies folgende Schwierigkeit: der Ausdruck „Israelismus“ oder „israelische“ Identität könnte dazu verleiten anzunehmen, in diesem Begriff solle versucht werden, die Identität aller israelischer Staatsbürger zu integrieren. Dies ist nicht der Fall; der Kulturkampf in Israel läßt hier die Gruppe belegt werden, die nach aller Wahrscheinlichkeit – über die Zahlenverhältnisse wird an anderer Stelle noch zu sprechen sein – den Lebensstil in Israel in Zukunft bestimmen wird.

126 Einschließlich der orthodoxen Jugend, denn die Assoziation von Orthodoxie und Alter ist durchaus nicht richtig.

127 Natürlich sind die Grenzen fließend; es ist in der Tat schwer zu entscheiden, ob ein Mann wie Dayan, der doch in Palästina geboren wurde, dieser Gruppe zuzurechnen ist, obwohl er die Aufbauzeit erlebte. Doch gerade Dayan verkörpert in mancher Hinsicht einen typischen Israeli.

128 Bei diesen Wahrscheinlichkeitsvoraussagen ist zu beachten, daß die israelische Gesellschaft, wie Christopher Sykes schrieb, „extremly changable“ ist und durch Einwandererschübe, die potentiell immer möglich sind, beeinflußt werden kann. Doch berechtigt die Statistik anzunehmen, daß

nach menschlichem Ermessen die Sabres weiterhin an Einfluß gewinnen werden.

129 Friedmann, Georges, a.a.O., S. 235.

130 Löwenber, Peter, a.a.O., S. 169.

131 Zahlen nach Simon Hermann, a.a.O.

132 Aba Eban, Mein Volk, a.a.O., S. 358; er kann dies nur tun, weil er diesen verschwommenen Begriff, der je nach rechtlicher, politischer oder moralischer Verwendung andere Bedeutung annimmt, nicht weiter durchleuchtet. Der Gedanke aber, der dieser Ableitung zugrunde liegt, ist klar: die Souveränität des biblischen jüdischen Staates, die mit seiner Zerstörung verloren ging, sei in einer Art der historischen Rechtsnachfolge durch das moderne Israel wieder aufgenommen worden.

133 Dies manifestiert sich auch in einer Reihe von Schriften, die diese Art der Geschichtsinterpretation fortschreiben, von denen hier nur stellvertretend genannt werden: so erschien 1971 in dritter Auflage ein Buch von Eli Rothschild, a.a.O., das den Untertitel trägt: „Zur Geschichte des Heimkehrwillens eines Volkes". Allein die Verwendung des Präfix „Heimkehr" verdeutlicht die Tendenz und den Erkenntniswillen des Verfassers. Auch eine Reihe anderer Bücher tragen die „Heimkehr" bereits im Titel. Auch der Titel Burghard Freudenfelds, a.a.O., „Experiment einer nationalen Wiedergeburt", stößt in diese Richtung.

Man mag dem zugute halten, daß sich diese Diktion allgemein eingeschlichen hat und daß sie rein feuilletonistisch gewisse Verlockungen bietet, ihre historische Stichhaltigkeit dagegen muß dahingestellt sein.

134 Vgl. dazu: Flavius Josephus, Der jüdische Krieg.
Bekannt ist, daß ein israelischer Truppenkommandeur die Vereidigung seiner Offiziersaspiranten auf Massada bei Fackelschein um Mitternacht vornimmt. So nimmt denn die Archäologie überhaupt in Israel einen bedeutenden Platz ein; wie der ehedem hohe Offizier und Universitätsprofessor Ygal Yadin im Vorwort eines seiner Ausgrabungsberichte schreibt (Bar Kochba, Hamburg 1971), wurden im Haus des Staatspräsidenten von Zeit zu Zeit archäologische Kolloquien durchgeführt. So auch 1960, als Yadin über einige entzifferte Papyrri des Bar Kochba berichten konnte. Er teilte dem Staatspräsidenten mit, er habe hier Schreiben entdeckt, „die vom letzten Präsidenten des alten Israel vor 1800 Jahren geschrieben oder diktiert wurden".

135 Freudenfeld, Burghard, a.a.O., S. 135 f.

136 Das zeigt sich auch daran, daß die Bibel als landeskundliches Buch ungeheures Interesse besitzt. Bibelwettbewerbe sind sehr gefragt und werden ebenso wie Bibelstunden vom Rundfunk in den besten Sendezeiten ausgestrahlt.

137 Simon, Hermann, a.a.O., S. 34.

138 Der Kibbuz Yad Mordechai liegt nur wenig nördlich von Gaza und wurde wegen seiner Leistungen im Unabhängigkeitskrieg bekannt. Vgl. Darkin, Marin, a.a.O.

139 Gar in zweifacher Hinsicht ist dieser Widerstand bemerkenswert: er überwand einmal die passive jüdische Haltung, zum anderen aber stellte er sich gegen eine totale Staatsbürokratie, wie dies in dem oben angeführten Zitat von Bettelheim betont wird.

140 Von manchen wird auch die Ansicht vertreten, daß zwischen Israels Entstehen und der voraufgegangenen Massenvernichtung ein unmittelbarer Zusammenhang bestehe. Zum Kult der Totenverehrung und dem Einfluß der Massenvernichtung auf das öffentliche Leben vgl. Amos Elon, a.a.O.

141 Simon, Hermann, a.a.O., S. 37.

142 Dayan, Yael, a.a.O., S. 13; sie schreibt dort weiter, die jungen Israelis würden an biblischen Orten von Ergriffenheit gepackt, und Hakenkreuzschmierereien in Buenos Aires ließen sie die Fäuste ballen.

Genau dies doch unterscheidet den jungen Israeli vom Juden; er ballt die Fäuste – er tut dies nur, weil er in Israel eine neue Identität ohne Galuteindrücke gewonnen hat.

143 Avneri, Uri, a.a.O., S. 156.

144 Schon bei der Staatsgründung kam es zur Kontroverse um den religiösen Charakter, auf die unten noch ausführlich zu kommen sein wird. In der Diskussion um den Text der Unabhängigkeitserklärung stritt man sich, ob Gott als Gründer des Staates zu bezeichnen sei, was Implikationen für das gottgesetzte Recht gehabt hätte; man einigte sich auf die neutrale Form „Fels Israel".

145 Die Ansicht, daß die Umweltlage für den Diasporajuden und den Israeli sich ähnlich gestalte, weil der Diasporajude umgeben sei von der Mehrheit seines Gastlandes, der Israeli umgeben sei von einem übermächtigen arabischen Feind – also ebenfalls in einer Minoritätenrolle – entbehrt tieferer Reflexion. Der israelisch-arabische Konflikt – so auch Bettelheim, a.a.O., S. 15 – ist nicht ein Konflikt zwischen Majoritäts- und Minoritätsgruppen, sondern vielmehr ein Konflikt zwischen zwei Nationen über territoriale Rechte.

146 Das Seminar fand zum Jahreswechsel 1969/70 in der Nähe von Helsinki statt; einen Bericht siehe in: Emuna, 7, S. 69 f.

147 Text der Unabhängigkeitserklärung, abgedruckt an verschiedenen Orten, u.a. Tatsachen, a.a.O.

148 Avneri, Uri, a.a.O., S. 162.

149 Bentwich, Norman, a.a.O., S. 85.

150 Gerade dieses letztere hat in Israel eine andere Bedeutung, als wenn es in einem europäischen Land gesagt würde. Insgesamt erinnern diese Nationendefinitionen an das subjektive Nationalgefühl in der Ausprägung etwa eines Sment oder Rothfels.

151 Avneri, Uri, a.a.O., S. 226.

152 Die Gefahr liegt dabei auch in der Tatsache, daß publizistische Werke, sogenannte Tatsachenberichte aus Israel, die oft aus der Feder von Besuchern

fließen, dazu neigen, diese Tendenzen zu verharmlosen; Berichte wie die Erzählung Hans Habes, Wie einst David, Ascona 1971, mögen — das entzieht sich der Beurteilung durch den Verfasser — stilistisch brilliante Erlebniserzählungen sein, sie zeugen aber auch von der meisterlichen Beherrschung der Kunst der Selbstdarstellung der Israelis.

153 Bartikwa, a.a.O., S. 93 f.

154 Dabei bediente sich der Zionismus eines wesentlichen Elements, einer elementaren Funktion jeden Nationalbegriffes: seiner integrativen Wirkung, die von Herzl vielleicht nicht einmal bewußt formuliert wurde: nur eine Idee vermöchte ein ganzes Volk verpflanzen.

Das Ansprechen subjektiver gemeinsamer Gefühle als treibende Macht des Zionismus ist unübersehbar.

155 Gerade dies aber kann der israelische Nationalismus durch die sich widersprechenden Forderungen der verschiedenen Gruppen nicht leisten.

156 „Orientalen im bezeichneten Sinne sind — so sagen ihre Hauptsprecher — mehr Fremde, nicht gleichberechtigte Bürger. Sie leben getrennt, wohnen ärmlich, sind arbeitsmäßig Hilfsarbeiter und in Tätigkeiten eingesetzt, für die sich Eingesessene nicht mehr leicht bereitfinden. Sie bleiben in Grundschulen stecken, Mittel- und Hochschulen (an der Universität sind sie mit 5 % vertreten) sind fast Monopol der Eingesessenen. In den Parteileitungen (ausgenommen in den Kommunen) sind sie wenig vertreten; in der Exekutive der Sochnuth (hebräischer Name für die Jewish Agency) haben sie nur einen Vertreter. Leitende Stellungen in der Wirtschaft sind den 'Neuen' nur schwer zugänglich. In der Knesset befinden sich 20 Abgeordnete von ihnen; aber alte Sephardim und neue Afro-Asiaten unterscheiden sich ebenfalls. In der Regierung sind ihnen zwei sogenannte Nebenministerien eingeräumt. Kurz: es ist das andere Israel." Nach Schürholz, Innenpolitik, a.a.O., S. 18.

157 Vgl. Zweig, Ferdynand, a.a.O., S. 64.

158 P.R. Miller, The study of social relationshiph: situation, identity and social interaction, in: Psychology, a study of science, hrsg. von S. Koch, New York 1963, S. 674, betont, daß diese Selbstkonzeption einer Person durch soziale Interaktion entsteht. Er unterscheidet dabei subjektive öffentliche Identität, die Sicht, die sich eine Person vom eigenen Auftreten auf andere macht, objektive öffentliche Identität, die Sicht, die die anderen vom Auftreten einer Person tatsächlich haben und Selbstidentität, die persönliche Version der eigenen Verhaltensmuster. Er stellt fest, daß die subjektive öffentliche Identität die Selbstidentität beeinflußt, das heißt im Fall des israelischen Einwanderers, daß die israelische Gesellschaft sich ein Bild vom Auftreten des Einwanderers macht, er dies weiß und auf dem Weg sozialer Interaktion zu einem gewissen Ausmaß rezipiert. Latent in seiner Persönlichkeit vorhandene Verhaltensmuster, die sich mit denen der subjektiven öffentlichen Meinung decken, werden nun besonders hervorgekehrt.

159 Zweig, Ferdynand, a.a.O., S. 67.

160 So wurde aus Golda Myerson Golda Meir, aus Schertok Sharett.

161 Mann, Thomas, Freud und die Zukunft, Wien 1936, S. 53.

162 Beide Zitate: Grimal, Pierre, a.a.O., S. 19.

163 Nach einem persönlichen Brief Dr. Jacobys, Botschaftsrat an der israelischen Botschaft in Bonn.

164 Erikson, Erik, a.a.O., S. 123.

165 Eisenstadt, Von Generation zu Generation, a.a.O., S. 18.

166 Ebenda.

167 Ebenda, S. 19.

168 Wobei dieser Rezipierung noch zu Hilfe kam, daß in der Diaspora das Familienleben engstens gepflegt wurde; rechnet man die endogene Ausrichtung der jüdischen Gemeinden hinzu, ist anzunehmen, daß Kontakte mit anderen als jüdischen Werten kaum möglich waren.

169 Erikson, Erik, a.a.O., S. 137.

170 „Das Kind pflegt sich in den verschiedenen Stadien seiner Entwicklung mit gewissen Teilaspekten der Menschen zu identifizieren, die, sei es in Wirklichkeit oder Phantasie, am Stärksten auf es einwirken." Erikson, a.a.O., S. 139.

In diesem Zusammenhang muß die Beobachtung bedenklich sein, von der Zweig, Ferdynand, a.a.O., S. 204, spricht: Israelische Kinder spielen nicht, wie ihre Altersgenossen in anderen Ländern, Indianer und Cowboy, sondern mimen den Krieg gegen die Araber. Im Zusammenhang mit Israels Tendenz zur Gewalt, von der unten noch zu sprechen sein wird, muß dies als Element gesehen werden, folgt man Erikson, das am Stärksten auf Kinder einwirkt.

171 Erikson, Erik, a.a.O., S. 139.

172 Diese Auserwähltheit von der bereits wiederholt gesprochen wurde, ist in der Sprache der biblischen Diktion das, was in der Terminologie der „heutigen Psycho-Soziologen (der) Identitätssinn" genannt wird. Werblowski, Israel und Eretz Israel, a.a.O., S. 219.

173 Erikson, Erik, a.a.O., S. 188.

174 Hierher gehört wohl auch Ben Gurions Ausspruch, daß ein erfülltes jüdisches Leben nirgends anders möglich sei als in (seinem) Israel.

175 Freud, nach Erikson, Erik, a.a.O., S. 189.

176 Der Anspruch, Israel verlöre seine Originalität, verzichte es auf die judaistische Ausformung, entstammt dieser Sicht. Vgl. Simon, Hermann, a.a.O., S. 24.

177 Erikson, Erik, a.a.O., S. 189.

178 Die auch bevorzugtes Untersuchungsobjekt für derartige Phänomene geworden sind.

179 Eisenstadt, Von Generation zu Generation, a.a.O., S. 183.

180 Bettelheim, Bruno, Die Kinder. . ., a.a.O., S. 277.

181 Zweig, Ferdynand, a.a.O., S. 7.

182 Und dies ist nicht nur von ihrem politischen Kampfstil her, sondern auch von den demographischen Vorteilen, die sie auf ihrer Seite haben.

183 Eine Reihe dieser Mythen bespricht der Soziologe Zweig, a.a.O., S. 76: so stammen aus der einen Ecke: the myth of the holy book, the myth of the holy land, the myth of redemption, the myth of the continutity of Israel, the myth of the exile; aus der anderen Ecke kommen: the myth of special creativity in Israel, the myth of the state of Israel as the embodiement of jewry, the myth of the founding fathers, the myth of solving the jewish question, the myth of the centrality of Israel, the myth of the fuller jewish life; von den Sabres nun stammt der Mythos der Gewalt.

Wie immer man die jeweiligen Mythen beurteilt, man darf nicht vergessen, daß sie unabhängig von ihrer tatsächlichen Richtigkeit als Instrument zur Legitimation einer Politik dienen – und zwar als letzte Legitimation, denn als Mythen sind sie nicht mehr hinterfragbar.

184 Für die jungen Israelis dagegen ist die Verwendung des Hebräischen nicht einmal mehr Anlaß nachzudenken.

185 Der Zionismus muß sich weiter von Seiten der Sabres heute einen zweiten Vorwurf gefallen lassen, den der Phrasendrescherei. Die Sabres reagieren allergisch auf die alten pathetischen zionistischen Schlagwörter.

186 Darüber berichtet auch Erikson in seinen Ausführungen zu einem von den Professoren Eisenstadt und Frankenstein, von der Hebräischen Universität einberufenen Seminar; Erikson, Erik, a.a.O., S. 206.

187 Erikson, Erik, a.a.O., S. 207.

188 Ebenda, S. 168.

189 Ebenda, S. 11.

190 Ebenda, S. 11.

191 Ebenda, S. 14.

192 Plack, Arno, a.a.O., S. 261.

193 Simon, Hermann, a.a.O., S. 14.

194 Erikson, Erik, Einsicht und Verantwortung, Die Rolle des Ethischen in der Psychoanalyse, Stuttgart 1966, S. 84.

195 Bentwich, Norman, Education. . . , a.a.O., S. 79. Eine Aufstellung der verschiedenen Jugendverbände vgl. in: Tatsachen, a.a.O., Ausgabe 1972, S. 146 f.

196 Hanning, Hugh, a.a.O., S. 120.

197 Erikson, Erik, a.a.O., S. 51.

198 Erikson, Erik, a.a.O., S. 51.

199 Erikson, Erik, a.a.O., S. 124.

200 Freud, Siegmund, zitiert nach: Erikson, Erik, a.a.O., S. 124.

201 Goffmann, Erving, a.a.O., S. 7.

202 Ebenda, S. 13.

203 Goffmann, Erving, S. 14.

204 Ebenda, S. 26.

205 So erklärt sich auch eine innerhalb einer Stadt „vollausgebildete, ethnische, rassische oder religiöse Wohngemeinschaft(en) mit einer hohen Konzentration stammesmäßig stigmatisierter Personen, die (. . .) die Familie, nicht das Individuum als Basis der Organisation haben." Goffmann, Erving, a.a.O., S. 34.

206 Diese Flucht in den Traum wird von Georges Friedmann, a.a.O., als Beispiel der Ghettomentalität angeführt; sie steht in krassem Gegensatz zur Sabrementalität, der Bettelheim, Kinder. . . , a.a.O., S. 277, eine „matter of facts objectivity, which has no place for emotions" zubilligt.

207 Goffmann, Erving, a.a.O., S. 142.

208 Daß die In-Group-Haltung ein Gegenmittel gegen die Assimilation darstellt, ist offensichtlich. Daneben muß aber verstanden werden, daß der Assimilationswillige nicht nur deshalb eine Gefahr für die Minderheit darstellte, weil er durch seine Übertrittsbemühungen die Aufmerksamkeit auf die Eigenart seiner Mitminderheitler lenkte, ein öffentliches Bild der Andersartigkeit zeichnete.

209 Goffmann, Erving, a.a.O., S. 178.

210 Freudenfeld, a.a.O., S. 23.

211 Schürholz, Franz, Innenpolitik, a.a.O., S. 31.

212 Inwieweit ein Jude außerhalb Israels heute sich seines Stigmas bewußt ist, sei dahingestellt, da hier nicht auf die subtile Problematik der Visibilität eines Stigmas eingegangen werden kann; ebenso sei dahingestellt, inwieweit Judaismus bei den westlichen Gesellschaften noch als ein Stigma betrachtet wird oder welcher Prozentsatz von Bürgern an der Gesamtgesellschaft dies noch als Stigma wertet.

213 Oz, Amos, a.a.O., S. 2.

214 Weingrod, Alex, a.a.O., S. 37.

215 Erikson, Erik, a.a.O., S. 207.

216 Gerade in Gefahren für den Staat können die rivalisierenden Gruppen in Kompromissen zueinander finden; hat sich die Lage beruhigt, brechen die alten Spannungen wieder auf.

217 „Since the jewishness of the Israeli is taken for granted unless there are indications to the contrary he does not need to demonstrate his jewish identification in order to be seen as a jew"; Eisenstadt, Israeli identity, a.a.O., S. 679, meint in Ergänzung zu diesem Zitat aus Simon, Hermann, a.a.O., S. 20, daß jewishness ein Bestandteil des Israelischen sei, daß aber jüdisch dabei nicht mehr in den Kategorien von mehrheitlich und minderheitlich zu fassen sei. Jude in Israel zu sein, bringt nicht mehr die Notwendigkeit

mit sich, sich selbst in Abgrenzung zu einer majoritären Kultur alltäglich zu definieren, es bestehen nicht mehr die Ängste und Unsicherheiten, die integraler Bestandteil des Diasporadaseins waren.

218 Eisenstadt, Israeli Identity, a.a.O., S. 20.

219 Vom 27. November 1967.

220 Raymond, Aron, Zeit des Argwohns – de Gaulle, Israel und die Juden, Frankfurt 1968, S. 14; vgl. dazu Ben Gurion, Israel, a.a.O., S. 636; die Verwendung von Vokabeln wie 'herrschsüchtig', 'Elitevolk', 'selbstbewußt' sprechen für sich; sie lassen sich nicht in ein traditionelles Judentumsverständnis einpassen.

221 St. John, Robert, a.a.O., S. 59.

222 Auch an der amerikanischen Negerbewegung läßt sich dies feststellen; Schlagworte wie „Afro-americans", „Black-Muslims", „Black Americans" lassen sich mit einer jeweils anderen Vorstellung der Ich-Identität verbinden.

223 Khan, Shlomo, a.a.O., S. 2.

224 Ebenda.

225 Ebenda, S. 3.

226 Fein, Leonard, a.a.O., S. 80.

227 Sykes, Christopher, a.a.O., S. 441.

228 So schreibt der Leiter des Pressebüros der Jewish Agency Zinger, Zvi, a.a.O., S. 75.

229 In Israel herrscht folgender ethnischer Schlüssel: Juden 85,3 %, Moslems 10,9 %, Christen 2,5 %, Drusen u.a. 1,3 %, nach: Israel im Profil, hrsg. von der Informationsabteilung des Außenministeriums, Jerusalem 1972.

230 Rentdorff, Rolf, a.a.O., S. 82 ff.

231 In den Fragen der Orthodoxie und der Säkularisation ist es sehr schwierig, Unterschiede zwischen den Zionisten und den Sabres festzustellen; beide wehren sich gleichermaßen gegen die orthodoxe Bevormundung.

232 Dies ist der Titel eines Werkes von Ervin Birnbaum, a.a.O., über das Zusammenleben von Orthodoxen und Säkularisten in Israel.

233 Vgl. Birnbaum, a.a.O., S. 29.

234 Pearlman, Moshe, a.a.O., hier S. 217 ff.

235 Vgl. Badi, Joseph, a.a.O., S. 24.

236 Es mag in dieser Hinsicht bezeichnend sein, daß in den 14 ersten Kabinetten nach 1948 die Mapai durchgehend folgende Ministerposten für sich beanspruchen konnte: Premierminister, Finanzminister, Außenminister, Minister für Kultur und Erziehung, das Landwirtschaftsministerium, das Polizeiministerium. Im gleichen Zeitraum wurde das Religionsministerium 13 mal von der NRP (National Religiöse Partei), einmal von der Mapai und zweimal von Unabhängigen besetzt; die Überzahl ergibt sich aus öfteren

Wechseln von Ministern während der Kabinettsperiode. Das Ministerium für Soziales gehörte zweimal, das Innenministerium zehnmal der NRP. Tabellarische Übersicht vgl. in: Birnbaum, a.a.O.

237 So Zvi, Rudi, a.a.O., S. 193.

238 Wenn BG meint, es sei ihm gelungen, die Religion aus dem Staat herauszuhalten, nicht aber aus der Politik, so mutet das befremdend an; Pearlman, Moshe, a.a.O., S. 220; die Religion ist innerhalb des Staatswesens so verankert, daß BG's Ausspruch als reine Haarspalterei betrachtet werden muß.

239 Es handelt sich um eine Stelle aus dem zweiten Buch Moses; BG bezweifelt die Richtigkeit der Zahlenangabe, Moses sei mit 600.000 Juden aus Ägypten ausgezogen; die Zahl erschien ihm zu hoch.

240 Heuss, Theodor, a.a.O., S. 83 f.

241 Wobei sich hinter dieser Aussage unausgesprochen und unausgewiesen die Annahme verbirgt, daß die russischen Juden areligiös sein sollen.

242 Ben Gurion, Israel. . ., a.a.O., S. 514.

243 Die Unfähigkeit der Orthodoxie, sich an ein modernes staatliches Leben anzupassen, wurde auch von den amerikanischen Rabbinern in einem Bericht über den Stand der Religion in Israel, dem sogenannten Blauen Papier, erschienen im Frühjahr 1962, kritisiert; dort heißt es, die Orthodoxen zeigten eine „dynosauerlike unability to ajust to new realities", nach Zweig, a.a.O., S. 91.

244 Birnbaum, a.a.O., S. 64.

245 Bernstein, a.a.O., S. 69.

246 So Birnbaum, a.a.O., S. 69; anders Bernstein, a.a.O., S. 7: er datiert ihre Gründung auf das Jahr 1902 und will ihr erst ab 1918 das Attribut einer Politischen Partei zugestehen.

247 Vgl. dazu: Bernstein, a.a.O., S. 70 und Birnbaum, a.a.O., S. 71.

248 Tatsachen. . . , a.a.O., S. 70.

249 Birnbaum, a.a.O., S. 71; andere 1912.

250 Ihre Forderung erstreckt sich dabei auch auf die Arbeit der Krankenkassen, der Arbeitsvermittlung usw.; vgl. Gutmann, a.a.O., S. 107.

251 Tatsachen. . . , a.a.O., S. 70.

252 1955 bildeten die Mizrachi und Hapoel Hamizrachi einerseits und die Agudat Israel und Hapoel Agudat Israel andererseits ein Wahlbündnis. Die Ergebnisse lagen meist um die 14,15 %.

253 Friedmann, Georges, a.a.O., S. 156.

254 Die politische Partei muß sich nach dem Wählerwillen richten, das Rabbinat dagegen handelt mit einer Machtbefugnis, die davon nur indirekt betroffen wird.

255 Godmann, Eliezer, a.a.O., S. 20.

256 Es sei nochmals daran erinnert, daß diese Gerichte nicht nur religiöse Fragen im Sinne eines mitteleuropäischen Religionsverständnisses entscheiden, sondern privatrechtliche Fragen mit handfesten Konsequenzen.

257 Zu diesen Ausnahmen gehört Rabbi Maimon; er formulierte, daß ohne eine Wiederherstellung der Rechtssätze und Grundsätze der Thora Israel einem Körper ohne Seele gleiche. Aber er leitete daraus nicht die Forderung ab, den Staat der Thora anzugleichen und ihn an ihr auszurichten, er sah vielmehr die Notwendigkeit, die Bedürfnisse eines modernen Staates zu diskutieren und danach die Thora zu modifizieren. Badi, Joseph, a.a.O., S. 21. Er unterstützte die Idee der Bildung eines Synhedrions, einer geistlichen Autorität, die über dieser Anpassung des jüdischen Gesetzes zu wachen hätte. Doch dieser Vorschlag traf auf den Widerstand der Rabbinatskreise, die eine Veränderung des Status quo befürchteten.

258 Die Meinungen des Rabbinats scheinen ihm unangreifbar. Verschanzt hinter einem Monopol der Gesetzesauslegung der Thora, ist jede Hinterfragung seiner Urteile ein Sakrileg.

259 Hier ging das Rabbinat also einen Gegner an, der in Israel über geraumen Einfluß verfügt; deshalb wurde dieser Streit auch bis vor die höchsten Gerichte getrieben.

260 Frei, Bruno, a.a.O., S. 44.

261 Haifa, 4. August 1964.

262 Ebenda.

263 Vgl. Jewish Chronicle, März 1968.

264 Abramov, a.a.O., S. 6.

265 Insoweit ergeben sich auch Überschneidungen mit anderen Religionsgemeinschaften, für die eine eigene Abteilung zuständig ist.

266 Davon betroffen sind auch die staatlichen Transportgesellschaften, etwa EL AL; die staatliche Luftfahrtgesellschaft sucht aus dieser Verpflichtung „flying kosher" einen Werbenutzen zu ziehen.

267 Zu den Fragen der Wahl zum Rabbinat vgl. Badi, Joseph, a.a.O., S. 40.

268 Außerdem wurden weiterhin religiöse Schulen aufrechterhalten, die nur unter schwacher staatlicher Aufsicht stehen; der Präfix „religiös" staatliche Schulen kann nach Bentwich, Education. . . , a.a.O., S. 71, inhaltlich nur treffend umschrieben werden durch „judaistisch-orthodox".

269 Siehe Leslie, a.a.O., S. 53.

270 Pinchas, H. Peli, Israels religious component, in: Confrontation, viewpoints of zionism, WZO, Jerusalem 1971, S. 6 ff. Dahinter steht die unausgesprochene Tatsache, daß diejenigen, die Sport betreiben, nicht aus den religiösen Schulen kommen.

271 Leslie, a.a.O., S. 54.

272 Bentwich, a.a.O., S. 10.

273 Vgl. Abramov, a.a.O., S. 7.

274 Bentwich, a.a.O., S. 81.

275 Friedmann, Georges, a.a.O., S. 156.

276 Werblowski, in: Emuna, a.a.O., S. 120.

277 Die britische Mandatspolitik beruhte, wie bereits dargestellt wurde, auf den Prinzipien einer in religiösen Dingen weitgehend liberalen Handhabung. Sie gestattet nicht nur den einzelnen Religionen freie Ausübung und Selbstverwaltung, sondern setzte auch die Zugehörigkeit zu den einzelnen religiösen Gemeinden in die persönliche Entscheidung des Individuums. So konnten sich neben den offiziellen Gemeinden und ihrer Hierarchie einzelne Gruppen zusammenfinden. Zu diesen Gruppen gehört die Neturei Carta. Sie entstammt ganz der Tradition der Schule, die in politischer Aktivität eine Verletzung der Heilsverheißung sieht.

278 Zoller, a.a.O.

279 Schröder, Manfred, Pockern. . . , a.a.O.

280 Schürholz, Franz, Innenpolitik, a.a.O., S. 14.

281 Pearlman, Moshe, a.a.O., S. 220.

282 Zur Neturei Carta vgl. auch Leslie, a.a.O., S. 59 ff.

283 Vom 29. Juni 1970.

284 Leslie, a.a.O., S. 48.

285 Marmorstein, a.a.O., S. 209.

286 Badi, a.a.O., S. 87 ff.

287 Wie groß dieses Opfer für die Säkularisten war, sei dahingestellt. Das ändert aber nichts an der Tatsache, daß die Orthodoxen, die ihre Gebote auf alle im Staat bezogen haben wollen und mit ihren Vorschriften alle im Staat bevormunden, eine in ihren Augen Todsünde forderten.

288 Leslie, a.a.O., S. 58.

289 Imhoff, Christoph von, a.a.O., S. 203.

290 Die „League for the prevention of religious discrimination"; noch im selben Jahr hatte Schürholz, a.a.O., Innenpolitik. . . , S. 14, die Prognose gestellt, keine Partei oder kein Verein 'gegen religiösen Zwang' wage den Religionskampf offen aufzunehmen.

291 Schürholz, Franz, Innenpolitik. . . , a.a.O., S. 14.

292 Goldmann, Nachum, a.a.O., S. 453.

293 Bentwich, Norman, a.a.O., S. 83.

294 Wobei die Spekulation der Orthodoxen dahinläuft, daß der Durchschnittsbürger leichter zu beeinflussen ist, als ein Arzt; so ist auch die von ihnen geforderte Formulierung des Gesetzes zu verstehen.

295 Vgl. Der Spiegel, Januar 1972, S. 67 ff.; auch Zweig, Ferdynand, a.a.O., S. 87 und Jerusalem Post, 14. Mai 1967.

296 Der Spiegel, Januar 1972, S. 67; diese Befürchtung wurde geäußert vom israelischen Gesundheitsminister.

297 Weizmann, a.a.O., S. 675 f.; dieses Wort von Weizmann erinnert auch an eine Forderung, die schon von Herzl erhoben worden war: „Heer und Klerus sollen so hoch geehrt werden, wie es ihre schönen Funktionen erfordern und verdienen. In den Staat, der sie auszeichnet, haben sie nichts dreinzureden." Herzl, Judenstaat, Nachdruck, a.a.O., S. 75.

298 Schröder, Manfred, Pockern, a.a.O.

299 Abramov, in: Midstream, a.a.O., S. 7.

300 Von diesem Buch schreibt Hans Lamm in Emuna Horizonte, 1971, S. 69, es sei mehr als eine Autobiographie, nämlich eine Judentumskunde und eine Darstellung der religiösen, kulturellen und nationalen Probleme des Judentums; Zitate hier S. 448.

301 Ähnlich wird ja das ursprünglich christliche Weihnachtsfest beibehalten, ohne daß damit immer die religiösen Gedanken verbunden bleiben.

302 Simon, Ben David, a.a.O., S. 89.

303 Bartikwa, a.a.O., S. 41.

304 Die Antworten schlüsseln sich auf:
ja 23 %, eher ja 20 %, bejahend zusammen 43 %;
nein 37 %, eher nein 16 %, ablehnend also 53 %;
vgl. Friedmann, Georges, a.a.O., S. 157 und eine Zusammenfassung Jendges, Landeskunde, a.a.O., S. 41.

305 Von der Unterschicht bejahten 46 %, von der Arbeiterschicht 34 %, von der Mittelschicht 25 %; Mittelschicht, oberer Teil und Oberschicht zusammen 22 %.

306 Dies wird bedeutend im Hinblick auf die Bemühungen in der Armee jeden Soldaten mindestens auf das Niveau eines Schulabschlusses zu bringen.

Unter den Bürgern ohne abgeschlossene Schulbildung fühlten sich 48 % zur Religion hingezogen, mit abgeschlossener Schulbildung 29 % und unter Israelis mit höherer Ausbildung nur 16 bis 20 %; siehe Friedmann, a.a.O., S. 159; abweichend davon nennt Zweig, a.a.O., S. 88, ohne Angabe seiner Quelle 62 % der Israelis mit höherer Schulbildung Atheisten; trotz der Differenz von runden 20 % ist sicher, daß der Prozentsatz von Nichtgläubigen unter den Gebildeten hoch ist.

307 Man beachte aber auch die Akzentverschiebung in der Fragestellung; Simon, Hermann, fragt nach dem Anteil am öffentlichen Leben, wogegen Antonovsky von der Regierung gesprochen hatte; das erstere könnte abzielen auf Freiwilligkeit, das zweite dagegen auf Institutionalisation; dies mag sich in den unterschiedlichen Ergebnissen niedergeschlagen haben. Nach der Formulierung ist die Umfrage von Antonovsky für die vorliegende Arbeit aufschlußreicher; Quelle der zweiten Umfrage siehe Simon, Hermann, a.a.O., S. 120 f.; andere Ergebnisse erhielt Simon, Hermann (ebenda), auf die Frage nach der persönlichen Praxis: auf die Parallelfrage: „Halten Sie es für wünschenswert, daß die Religion eine bedeutende Rolle im

Leben des einzelnen Juden in Israel spielen solle", antworteten 18 % mit sehr wünschenswert, 47 % mit wünschenswert, 27 % mit unwünschenswert und 8 % mit sehr unwünschenswert.

Eine andere Umfrage nach der täglichen Praxis von 1968 referiert Rentdorf, a.a.O., S. 95; Frage und Antwort: Beachten Sie alle religiösen Gebote – 15 %; beachten Sie die Gebote im allgemeinen – 15 %; beachten Sie die Gebote gelegentlich – 46 %; lassen Sie die Gebote völlig unbeachtet – 24 %.

308 Schürholz, Innenpolitik, a.a.O., S. 14.

309 Goldmann, Eliezer, a.a.O., S. 47.

310 Dies obwohl man durchaus anfangs eine Verfassung wollte; nicht etwa, weil man sich entschlossen hatte, dem Vorbild der Mandatsmacht zu folgen.

311 Es muß wohl gefragt werden, inwieweit sich dieses Verlangen, ein bestehendes Gesetz in einem Staat einem Volk auferlegen zu wollen, wenn nötig, auch gegen den Willen der Mehrheit, mit einem Demokratieverständnis vereinbaren läßt; in der Tat widerspricht eine Reihe gerichtlicher Entscheidungen, die auf Gesetzen basieren, die als Kompromisse mit den Religiösen zustande kamen, auf formal demokratisch zustandegekommenen Normen, dem Willen der Mehrheit; die Orthodoxie, durchdrungen von religiösem Sendungsbewußtsein, kann keine Rücksicht auf demokratische Mehrheiten nehmen; mit dem Totalitätsanspruch desjenigen, der sich im Besitz der „Wahrheit" glaubt, muß sie ihre Normen um jeden Preis durchzusetzen vermögen; in geistlichen Dingen, solange die Glaubensfreiheit gewahrt bleibt, mag dies angehen; dann aber, wenn sich diese „Geistlichkeit" auf Bereiche ausdehnt, die als Domäne des Staates anzusehen sind, dort, wo der demokratische mehrheitliche Beschluß eintreten muß, greift dies bedenklich an die Wurzeln der Demokratie, als die sich Israel ausgibt und als die es verstanden sein möchte.

312 Band 4 der Knessetprotokolle.

313 Goldmann, Eliezer, a.a.O., S. 81. Diese Stellung mag zugleich als Beleg dienen für die oben erstellte Behauptung orthodoxer Arroganz.

314 Goldmann, Eliezer, a.a.O., S. 57.

315 Aus den Knessetprotokollen, nach Goldmann, Eliezer, a.a.O., S. 64.

316 Vgl. Freudenheim, Yehosua, a.a.O., S. 39 f.

317 Leslie, a.a.O., S. 35.

318 Imhoff, Christoph v., Ende. . . , a.a.O., S. 71.

319 Ihre höchste Autorität ist der Oberrabbinatsrat, zusammengesetzt aus je einem Oberrabbiner askenasischer und sephardischer Herkunft und zehn beisitzenden Rabbinern. Er bildet das Appelationsgericht; seine Angehörigen sind den zivilen Richtern gleichgestellte Beamte.

320 Auf diese Unterscheidung wurde bereits verwiesen.

321 Badi, Joseph, a.a.O., S. 39 f.

322 Rentdorff, a.a.O., S. 85.

323 Nach der Allgemeinen Deklaration der Menschenrechte vom 10. Dezember 1948, Artikel 16, 1, sind Menschen berechtigt zu heiraten und Familien zu gründen, ungeachtet eines Unterschiedes der Rasse, Nation oder des Glaubensbekenntnisses. Vgl. Emuna Horizonte; Werblowski, a.a.O., S. 119 f.

324 Vgl. Schürholz, Franz, Innenpolitik, a.a.O., S. 16.

325 Die Reformrabbiner werden vom Rabbinat nicht als den orthodoxen Rabbinern gleichgestellt anerkannt, dennoch kann ihnen die Befugnis, Konversionen abzunehmen, nicht abgesprochen werden; zum Zweck von Schnellkonversionen hatte sich in Wien eine Gruppe von Reformrabbinern gebildet. Die Möglichkeit, in manchen Tagen, bisweilen in Stunden, zum Judentum zu konvertieren, erregte den Unwillen der Orthodoxen. Das Oberrabbinat entsandte deshalb eine Delegation nach Wien, um die Gültigkeit dieser Konversionen zu prüfen; dies kam zu dem Schluß, daß an diesen nichts auszusetzen sei. Die dort Konvertierten mußten als Juden anerkannt werden. Vgl. Phillip, Peter, a.a.O.; über die Auseinandersetzung über die Art der Konversion siehe Leslie, a.a.O., S. 44 ff.

326 Zur Stellung der Frau in Gesellschaft und Recht siehe den Artikel von Beba Idelson, Vorsitzende des Verbandes arbeitender Frauen und ehemalige Parlamentssprecherin, a.a.O., S. 61 ff.

327 In der Diaspora in Form der Verstoßung; dazu Birnbaum, a.a.O., S. 83.

328 Vgl. Falk, Zev, a.a.O., S. 251.

329 Essentials israelischer Politik prallen aufeinander in der Frage der Einwanderung von Juden aus der SU; israelische Schätzungen schwanken zwischen 10.000 und 300.000. Nach Berichten aus Moskau sollte rund 1.000 pro Jahr die Ausreise gestattet werden; ihre Einwanderung steht in Übereinstimmung mit der zionistischen Forderung nach Einwanderung und Sammlung des Judentums; die Schwierigkeit aber liegt darin, daß viele der russischen Juden sich weit vom orthodoxen Judentum entfernt haben und weiterhin, daß viele von ihnen „Mischehen" eingegangen sind, was problematische Auswirkungen für die nichtjüdischen Ehepartner hat, insbesondere für deren Kinder.

330 Siehe Wolff, a.a.O., S. 100.

331 Casper, a.a.O., S. 11.

332 Die Liste der Gesetze, die orthodoxen Einfluß aufweisen oder unter orthodoxen Boykott fielen, ist lang. So versteht sich auch die folgende Aufstellung nicht als eine vollständige Aufzählung, sondern als Anzeiger für die Bandbreite der Gesetze, auf die die Orthodoxie Einfluß ausübte oder auszuüben versuchte:

Verordnung über die Rechtspflege und Regierung Nr. 1, besonders Paragraph 2; Verordnung über die israelische Verteidigung Nr. 4, 1948; Verordnung über koshere Speisen für Soldaten Nr. 14, 1948; Wehrdienstgesetz, 1949, besonders Paragraph 2, Absatz 4; Gesetz zum Budget religiöser jüdischer Dienste, 1949; Erbschaftssteuergesetz, 1949 und 1964; Heiratsaltergesetz, 1950; Gesetz über die Gleichberechtigung der Frau, 1951, besonders die Paragraphen 2 zum Eigentumsrecht der Frau und 3 zum Erziehungsrecht der Frau; Arbeits- und Ruhestundengesetz, 1951; Staatsangehörigkeitsgesetz, 1951; Gesetz über die Einwanderung nach Israel, 1952; Schulpflichtgesetz, 1952; Gesetz über die Todeserklärung, 1952; Gesetz über die Rechtsprechung rabbinischer Gerichtshöfe (Heirat und Scheidung), 1952; Gesetz über rabbinische Gerichtshöfe, 1952; Status Law, 1952; Gesetz über das staatliche Erziehungswesen, 1953; Gesetz über Volksdienstpflicht, 1953; Gesetz über die Jurisdiktion der Rabbinatsgerichte, 1953; Gesetz über Anatomie und Pathologie, 1953; Mieterschutzgesetz, 1955; Dayanim (religiöse Richter) Gesetz, 1955; Namensgesetz, 1956, Gesetz zur Familienrechtsreform (Unterhaltspflicht), 1959; Strafrechtsreformgesetz (Polygamie), 1959; Gesetz über die Adoption von Kindern, 1960; Nachkommenschaftsgesetz (succession law), 1965; Gesetz über Bevölkerungsregistration, 1965.

333 Zur Entstehung des israelischen Rechts siehe Akzin, Benjamin, Codification in a new state; a casestudy of Israel, in: The American Journal of contemporary Law, 1956, vol. 5, S. 44 - 77 und Yadin, U.: Sources and tendencies of Israeli Law, in: University of Pensylvania Law Review, vol. 99, 1950/51, S. 561 - 671.

334 Leslie, a.a.O., S. 38.

335 Oft auch nur „Gesetz" genannt.

336 Vgl. Herzberg, a.a.O., S. 32.

337 Zur Besprechung eines ähnlichen Falles vgl. in: MB, Tel Aviv, 17. März 1972. Ein weiterer Fall, der Aufsehen erregte und über Israel hinaus bekannt wurde, ist die Geschichte der Tochter eines österreichischen Juden, die unter Hitler verfolgt wurde, nach Israel einwanderte und sich aktiv am Aufbau des Landes beteiligte; sie heiratete jüdisch und erzog ihre Kinder im Sinne des Judentums. Ihr wurde das Recht auf israelische Staatsbürgerschaft verweigert mit der Begründung, sie stamme nicht von einer jüdischen Mutter ab. Dieser Fall beschäftigte die Knesset längere Zeit. Man einigte sich, der Frau auf dem Weg der Naturalisierung die Staatsbürgerschaft anzuerkennen, nicht aber über das Rückkehrgesetz.

Die meisten dieser Fälle sind deshalb im Ausland nur wenig bekannt, weil Protokolle der Verhandlungen wie Urteile selten aus dem Hebräischen übersetzt sind. Eine Besprechung vgl. in Falk, Family Law, a.a.O.

338 Ben Gurion, Israel. . . , a.a.O., S. 561.

339 Goldmann, Eliezer, a.a.O., S. 47.

340 Aus einem persönlichen Brief von Professor Falk, Jerusalem, Februar 1972.

341 Professor Falk bei einem Vortrag im Leopold-Wenger-Institut in München vom 15. Januar 1973.

342 Goldmann, Nachum, a.a.O., S. 444.

343 Das jüdische Recht betont bei verschiedenen Gelegenheiten, daß Gegensätze der Auffassung im Gespräch zu klären seien. Um allen die Teilnahme an diesen Debatten zu ermöglichen, wurde das Thorastudium zur Verpflichtung (was natürlich gewisse präjudizierende Momente beinhaltet).

344 Schröder, Manfred, Kein Ort. . ., a.a.O.

345 Ebenda.

346 Die sozialistische Zeitung Al Hamishmar bezeichnet dies als „Faschismus".

347 Vgl. SZ vom 9. 3. 73.

348 Vgl. SZ vom 20. 2. 73.

349 Vgl. SZ vom 21. 4. 73.

350 Ökumenespezialist, der nach einer Professur für NT selbst seit Jahren in Israel in der Ökumene tätig ist und einem Kreis von 8 christlichen Gelehrten angehört, die sich regelmäßig zu Religionsdiskussionen treffen.

351 Vgl. SZ vom 21. 4. 73.

352 Bentwich, a.a.O., S. 81.

353 In einem persönlichen Brief vom Juni 1973 meinte Nachum Goldmann, daß die Hilfe, die Israel von der BRD aus dem Wiedergutmachungsabkommen erhielt, teilweise höher war als die Hilfe Amerikas und des Weltjudentums zusammen.

354 Nach Hollstein, a.a.O., S. 168 f., flossen in den drei Jahren von 1966 bis 1969 mehr als drei Milliarden Dollar aus den Quellen zionistischer Organisationen nach Israel. Wobei anzuführen ist, daß nach aller Wahrscheinlichkeit Gelder zionistischer Organisationen nicht in orthodoxe Hände flossen. Sammlungen der amerikanischen Jugend für Israel 1968 erbrachten rund 153 Millionen Dollar; nach dem American Jewish Yearbook, vol. 1969, S. 122; die amerikanische Unterstützung für Israel beziffert der amerikanische Diplomat David Nes (in: The Times, 5. 2. 71, America's very special relationship with Israel) auf 36 Milliarden Dollar; auf eine andere Summe kommt für einen vergleichbaren Zeitraum, 1948 bis 1970, Kurt Grossmann (Juden und Judentum in den Vereinigten Staaten, in: Emuna Horizonte, Juni 1971, S. 255 ff.), wenn er die Summe mit 3,5 Milliarden Dollar angibt. Auch Nachum Goldmann, a.a.O., S. 427 f., nennt 3,5 Milliarden Dollar.

355 Unnütz zu sagen, daß dabei die amerikanische Gemeinde an der Spitze steht; Shapir, a.a.O.
Ein interessanter Teilaspekt dieser Frage ist, ob die Unterstützung Israels durch die USA allein auf den Willen der Juden in Amerika zurückzuführen ist, etwa im Sinne der Fullbright'schen Ansicht, der Kongreß stehe unter dem Druck der jüdischen Wähler in Amerika; diese These von der jüdischen Lobby bezeichnete David Lindlau (in: Kompaß, ARD, 24. 10. 73) als eine „Stammtischvorstellung aus längst vergangenen Zeiten". In der Tat äußern nicht nur die amerikanischen Juden Sympathien für Israel: bei Sammlungen für Israel während des vierten Nahostkrieges kamen in zwei Wochen

450 Millionen Dollar zusammen, zum freiwilligen Einsatz meldeten sich 30.000, das sind mehr, als sich je Freiwillige für Vietnam gemeldet hatten; beide Male waren nicht nur Juden beteiligt. Und Fullbright kann nur mit 3 % Anteil jüdischer Stimmen in den USA-Wahlen rechnen. „Der Umfang und die Bedeutung des Druckes, der durch die jüdische Gemeinschaft auf die amerikanische Regierung ausgeübt wird, sind wohl umstritten, aber nicht bestritten.“ Ernst Menze, in: Tribüne 32, 1969.

356 Simon, Ben David, a.a.O., S. 88. Bemerkungen zum Gehalt der jewishness des amerikanischen Judentums vgl. Simon, Hermann, a.a.O., S. 5 ff.

357 Wohl aus dem gleichen Grund wie die israelischen Orthodoxen den Staat ablehnen – geht von ihnen eine Unterstützung aus, so ist die Orthodoxie der Empfänger.

358 Weingrod, a.a.O., S. 74.

359 Ernst Simon, Tradition und Zukunft, in: MB (Mitteilungsblätter), Wochenzeitung der mitteleuropäischen Juden, 9. 9. 66, S. 17.

360 Professor Lamm von der Yeshivauniversity, USA, auf dem bereits erwähnten Seminar zur Ideologie des jüdischen Volkes, siehe: Emuna Horizonte, Juli 1970, S. 69 f.

361 Falk, a.a.O., S. 253; siehe auch Leslie, S. 39.

362 Hampe in: Merian. . . , a.a.O., S. 92.

363 Diese Verhaltensweisen der Sabres begründen vielleicht auch mit, warum viele Juden nicht nach Israel einwandern, ganz neben den Überlegungen, warum sie ein Leben im jetzigen Staat aufgeben sollten, um in ein fremdes, klimatisch nicht sehr attraktives, hartes Aufbauland zu gehen, zumal dann, wenn selbst dort der Status des Jüdischen umstritten ist.

364 Die klassische Zionismuslehre Herzls kennt dieses Problem nicht, da nach ihrer Theorie innerhalb kürzester Zeit alle Juden in den neu gegründeten Staat einwandern sollten. Die nicht einwandernden Juden hätten nach zionistischer Ansicht damit kundgetan, daß sie auf ihren jüdischen Status fürderhin verzichteten.

365 Auch dahinter verbirgt sich ein gewisser Totalitätsanspruch; der zitierte Ausspruch stammt vom Direktor des Presse- und Public Relations Büro der Jewish Agency, zugleich Dozent für jüdische Philosophie und Theologie, Zvi, Zwinger, a.a.O., S. 72 ff.

366 Die Diskussion beispielsweise unter den französischsprachigen Juden ist dokumentiert in: Israel dans la conscience juive, Paris 1971; es ist dies ein Bericht vom 7. und 9. Seminar der „jüdischen Intellektuellen französischer Sprache“, organisiert von der französischen Sektion des jüdischen Weltkongresses.

367 Plessner, in: . . . , a.a.O., S. 807.

368 in: Emuna Horizonte 6, S. 237.

369 Rund 6 Millionen davon leben in den USA, eine weitere große Gruppe in der SU, deren potentielle Auswanderung ein Explosivum für Israel in mehreren Hinsichten bedeutet.

370 Eine Umfrage von Simon, Hermann, a.a.O., S. 286, hatte zu erfahren versucht, wie verbunden sich die Israelis den Juden in den USA fühlten; man unterschied in zwei Gruppen: Juden aus den USA, die willens waren, in Israel einzuwandern, fühlten sich verbunden, sehr nahe 38 % der Israelis, nahe 39 %, gemäßigt 17 %, kaum nahe 4 %, gar nicht nahe 2 %; bei Juden aus den USA, die nicht einwandern wollten, fühlten sich 1 % sehr nahe, 3 % nahe, 17 % gemäßigt nahe, 40 % kaum nahe, 36 % gar nicht nahe; Pinchas, H. Peli, a.a.O., kleidete das Problem in die Umschreibung: „Was werden in zwei Generationen unsere Enkel in Israel und Eure Enkel in Amerika gemeinsam haben?"

371 Vgl. Emuna Horizonte 7, S. 69.

372 Imhoff, a.a.O., S. 79.

373 Dem wurde auch Rechnung getragen; die strikte Beibehaltung des Mischehenverbots kann auch unter diesem pragmatischen Aspekt gesehen werden. Die Aufgabe dieses Verbots im Staat – so wünschenswert dies wäre – wurde verweigert, um nicht einen Präzedenzfall für die Diaspora zu schaffen, wo „the intermarriage is the greatest danger facing jewish national existence"; Goldmann, Eliezer, a.a.O., S. 76.

374 Dies wäre wohl ein echtes Indiz für einen jüdischen Staat.

375 Ben Gurion, Israel. . . , a.a.O., S. 359.

376 Selbst Nachum Goldmann, bis 1968 Präsident der zionistischen Weltorganisation, bestätigt, daß er in seiner Position nur einen unerheblichen Einfluß auf die Gestaltung der israelischen Politik ausübte. Vgl. das Kapitel Israel und die Araber in seiner Autobiographie, a.a.O.

377 So Schweid, Eliezer.

378 Was einem Nichtanerkennungsvotum Jerusalems als geistigem Zentrum des Judentums gleichkommt; vgl. Imhoff, a.a.O., S. 65.

379 Sontheimer, Kurt, Auf der Suche. . . , a.a.O.

380 Kongreß veranstaltet vom American Jewish Congress, 1964; vgl. in: Frei, Bruno, a.a.O., S. 17. Dahinter verbirgt sich nicht nur die israelische Forderung an die Juden, Hebräisch zu lernen, sondern auch die israelische Gefahr, in eine geistige Isolation zu geraten dadurch, daß „die linguistische Begabung der im Lande geborenen. . . einem allgemeinen Verkümmerungsprozeß zu unterliegen" scheint. Kahle, Wolfgang, Bericht. . . , S. 17.

381 Sontheimer, Kurt, Auf der Suche. . . , a.a.O.

382 Zvi, Rudi, a.a.O., S. 182. Mit dieser Souveränität geht einher die alleinige Kompetenz in inneren Belangen, wozu auch die Festlegung der Einwanderungsraten gehört. Hier bildet die Souveränität das „Mittel zum Zweck". Aba Eban, Mein Volk, S. 394. Wer das Ringen der jüdischen Gemeinde Palästinas vor der Staatsgründung um die illegale Einwanderung, die damit

verbundenen Rückschläge, Kämpfe und Schicksale kennt, kann ermessen, welche tiefe emotionale Befriedigung darüber in Israel herrscht.

383 Heuss, a.a.O., S. 74.

384 Die Zusammenziehung der ersten Buchstaben des hebräischen Ausdruckes für israelische Verteidigungsstreitkräfte; oft auch abgekürzt mit I.D.F. (Israeli Defense Forces).

385 Der neueste Stand der israelischen Truppenstärken nach Herbst, Klaus, in: . . . , a.a.O., S. 229, nach den Veröffentlichungen des Internationalen Institutes für strategische Forschungen, London, ist der folgende: Gesamtstreitkräfte 30.000 Mann aktiv; 85.000 Mann Einsatzreserve zuzüglich 300.000 Mann, die durch das Zahal eigene System innerhalb 72 Stunden mobilisiert werden können. Wehrpflicht besteht für Männer 36 Monate, für Frauen mit Einschränkungen 20 Monate. Der Verteidigungshaushalt für 1972/73 war eingeschätzt auf 1,47 Milliarden US-Dollar bei einem geschätzten Bruttosozialprodukt von 6,85 Milliarden Dollar.

386 Jendges, Landeskunde, a.a.O., S. 100.

387 Ebenda.

388 Perlmutt, a.a.O., S. 120.

389 Jendges, Landeskunde, a.a.O., S. 102.

390 Jendges, Landeskunde, a.a.O., S. 103.

391 Avneri, a.a.O., S. 230; und der Oppositionspolitiker streicht die Qualitäten der Offiziere hervor; er betont, daß das Kommando in der israelischen Armee 'Mir nach' heißt, wo anderorts 'Vorwärts' befohlen wird und rechtfertigt diese Ausführung: „. . . dieses Klischee entspricht den Tatsachen; man denke nur an die unglaublich hohe Quote von gefallenen Offizieren", S. 232. Dies bildet einen festen Bestandteil israelischen Bewußtseins. Hier ist nicht darüber zu befinden, ob dies den Tatsachen entspricht; bedeutsam ist, daß diese Betonung einen bestimmten Zweck erfüllen muß.

392 Andererseits verhindert dieses System die Entstehung eines massiven korporativen Interesses des Offizierscorps. Das Rotieren in Verbindung mit schnelleren Karrieren durch schneller frei werdende Posten und der frühe Ruhestand verhindern die Bildung fester Kasten und vermindern den Einfluß der Generäle auf die Politik, solange sie noch aktiv sind.

393 Perlmutt, a.a.O., S. 115.

394 Die israelische Doktrin dabei ist, in Übereinstimmung von zivilen und militärischen Behörden, daß die sicherste Methode eine unsichere Grenze zu befestigen, ihre Besiedelung sei.

395 Ben Gurion, Israel . . . , a.a.O., S. 327.

396 Tatsachen, a.a.O., S. 90.

397 Hanningh, Hugh, a.a.O., S. 127; so kann ein israelischer Soldat bis zu 180 Stunden Hebräisch, 40 Stunden je in Geschichte und Geographie von Israel bekommen, 50 Stunden Bibelunterricht, 80 Stunden Arithmetik, 35 Stunden Weltgeographie und 40 Stunden allgemeine Geschichte; nicht be-

rücksichtigt dabei sind Spezialkurse für Offiziersgruppen; vgl. Hanning, a.a.O., S. 39. In bezug auf die Religion kann der israelische Soldat Freistellungen verlangen für die Teilnahme an religiösen Seminaren, Dienstbefreiung für Gebete und jährliche Totenklage. Der Satz von Samuel Rolbant, a.a.O., S. 231, „needless to say all this applies to peacetime conditions and not to states of emergency or war", erlangt durch die Literatur zum Ausbruch des 4. Krieges eine besondere Bedeutung.

398 Nationalismus ist nach der Theorie von Deutsch beispielsweise nur möglich beim Vorhandensein einer gemeinsamen sprachlichen Kommunikationsmöglichkeit; diese wird hier durch die Armee geschaffen.

399 Jendges, Landeskunde, a.a.O., S. 100.

400 Jendges, Landeskunde, a.a.O., S. 63.

401 Karl-Heinz Maag in einer Rezension zu Allon, a.a.O., S. 134.

402 Nahezu alle Autoren stimmten überein, daß Faktoren wie Organisation, Ausbildung, Logistik daran beteiligt wären.

403 Zu den Aufgaben der Palmachemissäre gehörte es, die illegale Einwanderung zu organisieren oder sie aufrechtzuerhalten, unter schwersten Bedingungen in bedrängten jüdischen Gemeinden außerhalb Palästinas Widerstand zu entfachen; weitere Beispiele werden angeführt in Allon, a.a.O.; durch die Veröffentlichung von Dokumenten, die er als Kommandant der Palmach an Emissäre schrieb, die das Ghetto im Irak verteidigen sollten. Zur illegalen Einwanderung siehe Kimche, Des Zornes und des Herzens wegen.

404 Vgl. Tophoven, a.a.O., S. 86.

405 Zum Einfluß des englischen Obristen Odre Wingate vgl. Tophoven, a.a.O., S. 13 f.

406 Vgl. Churchill, Randolph; die Zahal hat ein eigenes System zur Einberufung der Reservisten, das enorm effizient arbeitet.

407 Amad, a.a.O., S. 134.

408 Hier wird die Effizienz dieser Taktik durch trockene Statistik bewiesen. 2.175 Feddayin wurden getötet, 2.800 sitzen in israelischen Gefängnissen; die Israelis verloren 204 Soldaten, 980 Armeeangehörige wurden verletzt; nach einigen israelischen Angaben – nicht gerechnet sind die palästinensischen Verluste in den Auseinandersetzungen mit der jordanischen Monarchie, Quelle: Tophoven, a.a.O., S. 87.

409 Vgl. FAZ vom 9. 9. 72 und den Ausspruch von General Chaim Herzog, Militärsprecher: Jerusalem Post Weekly, 3. 10. 73: „Israel task today is to size the initiative and to turn the hunter into the hunted."

410 So genannt in der israelischen Terminologie, in der arabischen heißt dies „Terroraktionen".

411 330 waren es nach israelischen, 7.000 nach arabischen Angaben.

412 Der Spiegel, 49/1969; in der Tat ist dies eine auf Sympathisanten erweiterte Sippenhaftung.

413 Bartikwa, a.a.O., S. 100; weiter von der Gewißheit, auch in Zukunft von der Diaspora unterstützt zu werden.

414 Jendges, Nahostkonflikt, a.a.O., S. 81.

415 Warner aber gab es genug, vgl. Der Spiegel 18/1970; Nachum Goldmann.

416 Auch im zivilen Leben: von 114 Personen, die dem „Who is Who in the Middle East" wichtig genug erschienen, genannt zu werden, abgesehen von Personen aus dem kulturellen Leben, waren 10 Generäle; 6 von ihnen sind heute in der Politik, 4 in der Wissenschaft tätig.

417 Zudem in tendenziöser Absicht, denn das Merkmal der Gewalt soll bewußt herausgestellt werden.

418 Die in dieser Arbeit verwendete Methode, einen Trend innerhalb einer Nation dadurch zu charakterisieren, daß die Biographien nationaler Führer oder von Menschen, die sich besonderer Achtung ihrer Mitbürger erfreuen, beschrieben werden, hat auch Amos Elon verwendet. Auf seine Ergebnisse zu Har Zion soll hier nicht verzichtet werden; sie sollen referiert werden, ergänzt durch die korrespondierenden Berichte aus Dayans Biographie von Shabtai Teveth, a.a.O.

419 Shabtai Teveth, a.a.O., S. 255.

420 Ebenda, S. 256.

421 Elon, a.a.O., S. 260.

422 Ebenda.

423 Doch muß es als äußerst bedenklich erscheinen, wenn ein offensichtliches Delikt nur deshalb niedergeschlagen wird, weil es an einem Kriegsgegner begangen wurde oder weil der Delinquent ein nationaler Held ist.

424 Elon, a.a.O., S. 262.

425 Daß Har Zion durchaus als wenn auch extremer Prototyp gesehen werden kann, bestätigt Nachum Orland in seiner Rezension zu Elon in Emuna Horizonte 7/72, S. 292, wo er Elons Unterscheidung anführt in nationalistische Israelis, die jederzeit bereit seien, die Araber zu bekämpfen und die Intellektuellen, die sich dieser Haltung schämten. Die Kritik Elons an den nationalistischen Tendenzen Israels brachte ihm die Gegnerschaft vieler Israelis ein, die einen bekannten Juristen und Staatsrechtler Israels, Rubinstein, zu der Bemerkung veranlaßte, allein die Kritik sei bereits eine teilweise Verifizierung der These und in sich sehr bedenklich.

426 „The world press – Times, Newsweek, l'express, Der Spiegel – apointed Dayan as the hero of the brilliant campain (1967) and his dashing, 'piratelike' appearence was propagated by right and left journalists alike"; Perlmutt, Amos, a.a.O., S. 112; dort wird Dayan auch als Held zweier Kriege und neuer charismatischer Führer stilisiert, S. 113; wie Ben Gurion ist auch Dayan ein effizienter, guter ziviler Verwalter neben seinen Qualitäten als hervorragender militärischer Experte.

427 Goldmann, Nachum, a.a.O., S. 412.

428 Ebenda, S. 413.

429 Es kann hier nicht sein gesamter Lebenslauf abgehandelt werden, vielmehr soll ein Charakterportrait versucht werden; dennoch seien die folgenden Lebensdaten herausgestellt; auch sie können Aufschluß geben über seinen Willen, Gewalt zu gebrauchen. Dayan wurde am 20. Mai 1915 im Kibbuz Deagania geboren; 1929 begann sein Training in der Haganah; 1937 unterstand er dem Kommando Captain Wingates; 1939 wurde er von den Briten in der Festung von Akko festgesetzt; 1941 nach seiner Freilassung diente er als Aufklärer in Syrien; 1945 wurde er zum Oberst; 1948 und 1949 spielte er eine bedeutende Rolle in den israelisch-arabischen Auseinandersetzungen, sowohl als Kommandant im Unabhängigkeitskrieg als auch als Stadtkommandant von Jerusalem; 1950 General und Befehlshaber der Südfront; 1951 Befehlshaber der Nordregion; 1953 - 1958 Generalstabschef; 1959 - 1964 Landwirtschaftsminister; 1967 - 1974 Verteidigungsminister; nach dem „Who is Who in the Middle East".

430 Dies geht hervor aus den Aussagen seiner ehemaligen Klassenkameraden und Kindheitsfreunde, siehe Teveth, a.a.O., S. 71.

431 Ebenda, S. 87.

432 Eine israelische Schriftstellerin, Naomi Fränkel, beschreibt in einer Kurzbiographie Har Zions den Drang junger Israelis, die Grenzen zu überschreiten, als eine typische Reaktion der Kinder dieser Zeit. Sie hatten ein ganzes eigenes Land, das sie durchstreifen konnten, an dessen Grenzen sie aber immer auf Verbotsschilder stießen, die direkt zur Übertretung reizten, vgl. Elon, a.a.O., S. 259.

433 Sein Lebensweg führte ihn nicht nur auf die militärischen Schlachtfelder, sondern er war auch in den bekanntesten Polizeistäben der Welt in der Verbrechensbekämpfung tätig; er beherrschte seinen Beruf vom „Schnellschießen, Kidnapping und Töten"; Teveth, a.a.O., S. 149. Die Lektionen, die dieser Major Dayan und seinen Auszubildenden einlernte, gipfelten in der Technik, „sich von einem immanenten Widerwillen gegen das Töten zu befreien"; Teveth, a.a.O., S. 159. Einer seiner Kernsätze war: „Einen Nazi umlegen ist nichts anderes, als zerklatschten sie eine Fliege. Beherzigen Sie das und legen Sie ein paar um, dann werden Sie sogar nach der blutigsten Schweinerei wie ein Baby schlafen. Nur zwei Sachen haben Sie zu interessieren, Sie müssen den Job ausführen und sich dann aus dem Staub machen." Teveth, a.a.O., S. 159.

434 Teveth, a.a.O., S. 249.

435 Ebenda, S. 253.

436 Ebenda, S. 264.

437 Die Aggressivität der '101' wurde so auf die gesamte Armee zu übertragen versucht. Doch rief die Etablierung von solchen Einheiten auch das Mißtrauen der Politiker hervor. Diese Truppen, die ausgebildet waren in partisanenhafter Art zu kämpfen und Vergeltungsschläge strategisch einwandfrei auszuführen, hätten sich auch gegen die innere Ordnung des Staates wenden können.

438 Teveth, a.a.O., S. 278.

439 Ebenda, S. 291.

440 Der Spiegel, 1, 2/1969, S. 54.

441 Der Spiegel, 33/1969.

442 Teveth, a.a.O., S. 355.

443 Ebenda, S. 421.

443 Perlmutt schreibt, daß die harte Linie, die er dabei verficht, nicht dem Willen einer militärischen Machtclique entspricht, sondern eher den Realitäten eines von Feinden umgebenen Staates und dem Gefühl der israelischen Wähler, ihrem Bedürfnis nach physischer Sicherheit entspringend; a.a.O., S. 121.

444 Teveth, a.a.O., S. 426.

445 Kahle, Wolfgang, Geschichte eines Lebens, a.a.O.

446 Doch ist es zweifelhaft, ob zwischen dieser antijudaistischen Verfolgung und Ben Gurions Einwanderung nach Israel ein direkter kausaler Zusammenhang hergestellt werden darf. Später nämlich sagte Ben Gurion über sich selbst, er sei kein Flüchtling, er sei nicht in Israel eingewandert, weil er verfolgt worden sei, sondern weil er spürte, daß Israel seine Heimat sei; vgl. Robert St. John, a.a.O., S. 17. Doch muß die Möglichkeit eingeräumt werden, daß der Staatsmann Ben Gurion mit diesem Ausspruch eine berechnete Wirkung erzielen wollte. Es darf als gesichert angenommen werden, daß diese Kindheitserlebnisse Einfluß auf die adoleszente Identitätsgewinnung ausübten.

447 Kahle, Wolfgang, a.a.O.

448 Robert St. John, a.a.O., S. 29.

449 Ebenda, S. 30.

450 Ebenda, S. 67.

451 Ebenda, S. 68.

452 In der fraglichen Sitzung sollte erörtert werden, ob Israel Verhandlungen mit der BRD aufnimmt oder nicht.

453 Begin wurde 1913 in Brest Litowsk geboren; er studierte an der Universität Warschau Rechtswissenschaften und war als Anwalt tätig; aktiv war er auch als Mitglied der jüdischen Jugendbewegung Betar, ehe er 1940 vom NKWD nach Sibirien in ein Arbeiterlager geschickt wurde. Mit der polnischen Armee kam er 1942 nach Palästina und trat 1943 der Irgun bei. Nach dem Tod des Leiters der Irgun übernahm er das Kommando dieser Gruppe; sie war darauf spezialisiert, Terroraktionen gegen die britische Mandatsmacht zu unternehmen; deshalb waren auch zeitweise Prämien bis zu 2.000 Pfund Sterling auf seine Ergreifung ausgesetzt. Auf das Konto seiner Organisation, die nach Schätzungen bis zu 10.000 Mitglieder umfaßte, gingen auch eine Reihe bekannter Gewalttaten. Nach der Staatsgründung sollte diese „Privatarmee" aufgelöst werden, was Begin in Widerspruch zu Ben Gurion stellte und teilweise bürgerkriegsähnliche Zustände im Gefolge hatte; Höhepunkt dieser Auseinandersetzung war die Beschie-

ßung der Atalena durch Regierungstruppen. Nach der Auflösung dieser paramilitärischen Organisation gründete Begin die rechtsgerichtete Partei Cherut mit nationalistischen und – in der Hoffnung auf ein Eretz Israel – expansionistischen Tendenzen. Begin machte von sich reden, als der die Bevölkerung gegen das Wiedergutmachungsabkommen aufhetzen wollte. Seine verbalen Injurien im Parlament brachten ihm vorübergehend Redeverbot ein; als Parteigänger der Gewalt zeigte er sich, als er Pressevertretern 1954 bekanntgab, wäre er in der Regierung, würde er einen präventiven Angriff auf Gaza empfehlen.
Begin war in bisher allen Legislaturperioden in der Knesset vertreten, teilweise hatte er sogar Ministerrang. Die Fälle, in denen er sich als Befürworter eines harten Kurses profilierte, sind Legion; eines der letzten Beispiele im Zuge der Partisaneninfiltration im Norden Israels war seine Forderung nach Aufstellung einer Untergrundorganisation, die mit Billigung und stillschweigender Hilfe der Regierung in aller Welt arabische Terroristen jagen sollte; vgl. SZ vom 22./23. 5. 74 und Who is Who in Israel, S. 824 f. und Politische Studien, Zweimonatsschrift für Politik und Zeitgeschichte, Heft 184, 20. Jg., 1969, S. 213.

454 Ben Gurion, Israel. . ., a.a.O., S. 405.

455 Robert St. John, a.a.O., S. 256.

456 Schneider, Thilo, a.a.O.

457 Pearlman, a.a.O., S. 150.

458 Ben Gurion, David und Goliath in unserer Zeit, München u.a. 1961, S. 28 f.

459 Als die Knesset am 13. Juni 1956 den Rücktritt Moshe Sharetts als Außenminister diskutierte.

460 Ben Gurion, David und Goliath, a.a.O., S. 112.

461 Zum Eichmannfall siehe den nächsten Abschnitt.

462 Ofner, Francis, a.a.O.

463 Der Spiegel, 50/73.

464 Der Spiegel, 50/73, S. 100.

465 Ben Gurion war einer der ersten, der die Unvermeidbarkeit starker Spannungen mit den arabischen Nachbarn voraussagte: „Der Krieg ist unvermeidlich", erklärte er 1947 vor Offizieren der Untergrundarmee; vgl. Schröder, Manfred, Symbol für das Wagnis, a.a.O.

466 Le Monde, 3. 12. 73.

467 „BG was exceeding the norms of legitimate political controversy – he called the government not only incompetent but corrupt, Eskol was a liar"; Syrkin, a.a.O., S. 327.

468 Le Figaro, 3. 12. 73.

469 So die arabische Zeitung Al Anuar, vgl. Le Figaro, 3. 12. 73. Wenn diese Tendenzen hier nur an drei Persönlichkeiten aufgeführt wurden, so heißt das nicht, an anderen Personen wären dieselben Züge nicht darstellbar.

Gewählt werden können hätte auch Isaak Ben Zvi, der so populäre spätere Staatspräsident, der der erste Führer der Hashomerorganisation war, jener Wächtergruppe, die die erste jüdische Verteidigungsmöglichkeit darstellte. Ben Zvi war, ehe er kurz nach Ben Gurion nach Israel kam, in Rußland Mitglied einer jüdischen Verteidigungsgruppe gewesen. Als die dazu im elterlichen Haus versteckten Waffen bei einer Durchsuchung gefunden wurden, wurde die gesamte Familie nach Sibirien verbannt, nur Ben Zvi entkam und floh nach Palästina, wo er seine Tätigkeit in der jüdischen Schutzorganisation aufnahm. Auch der heutige Oppositionelle Avneri beschreibt in seinem Buch seine aktive Zeit als Mitglied in Begins Irgun. Eine biographische Charakterisierung des israelischen Generalstabschefs aus dem vierten Krieg, David Elazar, die gut neben die oben von Dayan gezeichnete paßt, siehe in: Konzelmann, a.a.O., S. 26 ff.

470 Bigart, Homer, International Herald Tribune, a.a.O.

471 Arendt, Hannah, Eichmann. . . , a.a.O., S. 28.

472 Ebenda, S. 30.

473 Die Anklage vor einem internationalen Gerichtshof hätte gelautet: Verbrechen gegen die Menschheit, begangen am jüdischen Volk, statt wie in Israel: Verbrechen gegen das jüdische Volk.

474 Arendt, a.a.O., S. 30. Hannah Arendt verwendet hier den Begriff „jüdisch" – doch ist die Reaktion, Gericht zu sitzen über seine Feinde, eher „israelisch" im Sinne der in dieser Arbeit verwendeten Terminologie.

475 Dies soll nicht betrachtet werden als Vorwurf gegen das Gericht, das nach den Angaben Hannah Arendts – auf die sich der Verfasser weitgehend verlassen muß – durchaus fair handelte; dies jedoch trifft nicht zu für den den Staat vertretenden Ankläger; auch muß die Tatsache, daß in Israel prinzipiell die Todesstrafe abgeschafft ist, befremden, wenn dort ein eigenes Gesetz von 1950 existiert, das die Todesstrafe für Nazis und ihre Helfershelfer ausdrücklich beibehält. Es setzt sich leicht jeder, der das anschwärzt, den bekannten Vorwürfen aus, doch muß diese Praxis aus rechtsstaatlichen Erwägungen sehr befremden.

476 Arendt, a.a.O., S. 34.

477 In einem Brief an die israelische Zeitung Dawar vom 27. 5. 60 und in seiner Geschichte Israels, a.a.O., S. 543. Vgl. auch Arendt, a.a.O., S. 34. Inwieweit es sich rechtfertigen läßt, einen Täter zu Demonstrationszwecken zu instrumentalisieren, als Form einer gleichsam speziellen Generalprävention, sei dahingestellt.

478 Rouleau, a.a.O., S. 42.

479 Freudenfeld, a.a.O., S. 84 ff.

480 Einmal nennt er die Bereinigung der Atalenaaffäre; vgl. dazu auch Ben Gurions Buch Israel. . . , a.a.O., S. 198 ff. Dort verwendet Ben Gurion auch den bezeichnenden Satz: Mit Gewaltanwendung könne man nicht drohen, wenn man nicht auch zu ihr entschlossen sei.

Als zweites Ereignis wird genannt die Durchsetzung der Annahme bundesrepublikanischer Wiedergutmachungsleistungen, eine Sache, deren Entscheidung zwar im Parlament getroffen wurde, deren Behandlung aber von handfesten Demonstrationen außerhalb des Parlaments begleitet wurde. Als dritter Punkt wird angeführt der Sinaifeldzug.

481 Gespräche mit israelischen Soldaten, a.a.O., S. 221.

482 Daß dann auch das Recht zu hinterfragen ist, liegt auf der Hand. In der israelischen Perzeption jedoch steht dahinter die Überzeugung, daß „die drüben" nur die Sprache der Gewalt verstehen.

483 Im Zuge der Freischärlerinfiltrationen im Norden Israels beschloß das Kabinett (vgl. SZ vom 16. 7. 74) die Einrichtung von Zivilwachen; diese sollen aus Freiwilligen gebildet werden, nach kurzer Zeit hatten sich dazu bereits 10.000 Israelis gemeldet.

484 Kampmann, a.a.O., S. 29; man grenzt an „moralische Indifferenz" und „zynischen Pragmatismus", man duldet Zwangsumsiedlungen usw. Doch darf man über all dem nicht vergessen, daß dieser Geist aus einer Festungsmentalität entsteht, einer Mischung aus „Trotz, Machtgefühl und Furcht" erwächst.

485 Dabei ist hinzuzurechnen, daß die Abschreckung durch die Leiden von Mal zu Mal abnimmt.

486 Elon, a.a.O., S. 256.

487 Bisher 36 Monate für die jungen Männer, aber ab 1. 4. 74 30 Monate; vgl. SZ vom 17. 7. 73.

488 Elon, a.a.O., S. 257, nennt Morde an friedlichen Dorfbewohnern, wobei die Täter dann zwar vor Gericht gestellt, bald wieder entlassen wurden.

489 Elon, a.a.O., S. 262.

490 Halpern, Benjamin, a.a.O., S. 215.

491 The Revolt, London 1951, hier S. 380.

492 Weingrod, a.a.O., S. 7.

493 Vgl. Ben Gurion, Israel. . . , a.a.O., S. 43 f.

494 Die ursprünglich nur auf die Abwehr arabischer Überfälle eingestellte Schutztruppe wurde zur schlagkräftigen Armee; bei der Staatsgründung „gingen wir von der Defensive zur Offensive über"; Ben Gurion, Israel. . . , a.a.O., S. 280.

495 Vgl. dazu den Roman von Mary Larkin, die die Kämpfe des Unabhängigkeitskrieges in einem Kibbuz beschreibt.

496 Goldmann, Nachum, a.a.O., S. 393.

497 Arendt, Macht und Gewalt, a.a.O., S. 8.

498 Was die israelische Affinität zur Gewalt so bedrohlich macht, ist, daß der Besitz von atomaren Waffen durch die Israelis nicht mehr ernstlich bezweifelt werden kann. Ohne sich in die Reihe derer einreihen zu wollen, die

Spekulationen über die Wahrscheinlichkeit eines Einsatzes solcher Waffen anstellen, muß festgehalten werden, daß gerade dann, wenn einmal im Verlauf einer neuen kriegerischen Auseinandersetzung die Israelis mit dem Rücken zum Meer stehen sollten, eine israelische Furcht-Trotz-Machtgefühl-Stimmung eine ungeheure Bedrohung darstellt; zu den Spekulationen siehe: Der Spiegel, 19/1969, S. 149 f.

499 Hacker, a.a.O., S. 63.

500 „Zwischen Realität und Wahn läßt sich schwer unterscheiden, wenn mittels Macht Wahngebilde zu Realitäten werden. Weil sich Stalin paranoid von Feinden umringt wähnte, rottete er sie sehr real aus"; Hacker, a.a.O., S. 63.

501 Hacker, a.a.O., S. 74.

502 Ein Problem, das die Wissenschaft in bisher noch nicht ausreichendem Maße erörtert hat. „Die kollektive Aggression ist kaum Gegenstand psychologischer Forschung, während die individuelle, also das Verbrechen, sorgfältig – kriminologisch – analysiert wird"; Plack, a.a.O., S. 267.

503 Hollstein, a.a.O., S. 241.

504 Hacker, a.a.O., S. 39.

505 Hacker, a.a.O., S. 97.

506 Dayan, Yael, a.a.O., S. 19.

507 Gespräche mit israelischen Soldaten, a.a.O., S. 17.

508 Dayan, Yael, a.a.O., S. 19.

509 Es sei erinnert an die Gewaltrechtfertigungen eines Sartre, Fanon; Che Guevara.

510 Hacker, a.a.O., S. 79.

511 Toynbee, Arnold, Krieg und Kultur, Fischer TB, 1958, S. 8.

512 Hacker, a.a.O., S. 64.

513 Zweig, a.a.O., S. 108.

514 Nirgends ist die Orthodoxie so militant wie in Israel, nirgends wird die Orthodoxie so militant bekämpft wie in Israel.

515 So etwa bei dem Attentat gegen den UN-Vermittler Bernadotte in Jerusalem im September 1948, vgl. dazu Ben Gurion, Israel. . ., a.a.O., S. 296 und 316.

516 Die Urheber waren in der Hauptsache nordafrikanische Juden, die in den Straßen von Haifa und Bersheba gegen Polizeibrutalität und schwarze Ghettos protestierten, vgl. Weingrod, a.a.O., S. 41.

517 Hollstein, a.a.O., S. 247.

518 Vgl. auch die Schrift einer bekannten israelischen Terroristenkämpferin: Gheula Cohen, The woman of violence, London 1966.

519 Dort S. 615, Ausgabe 1965.

520 Gedankenlosigkeit nimmt dagegen Bartikwa an; a.a.O.; ein tieferes Nachdenken über diese Probleme glaubt er bei jungen Israelis nicht vorhanden, sie seien mit „Schießen und Bombenwerfen voll beschäftigt".

521 Womit meist die chiliastische Hoffnung auf eine Belohnung eines guten Lebens verbunden ist.

522 Davis, a.a.O., S. 106. Erstaunen muß auch General de Gaulles Anspruch im Zusammenhang mit israelischer Gewalt; er sagte, die Israelis hätten die ihnen von Frankreich gelieferten Mirage als ein Werkzeug der Aggression gebraucht und meint damit mißbraucht. Vgl.: Der Spiegel, 3/1967. Welche Auffassung von Kampfflugzeugen und Strategie muß ein General haben, um sich darüber zu wundern? Oder war dies nur gespielte moralische Entrüstung, um das eigene Embargo abzudecken; vgl. Der Spiegel, 3/1969.

523 Dieses Schlagwort entstammt ursprünglich den sowjetischen Deklarationen, die Israel als die aggressive Macht im Nahen Osten kasteiten (allerdings erst zu einem Zeitpunkt. als deutlich wurde, daß Israel einen westlichen Kurs steuern wollte). Heute wird dieses Attribut auch von chinesischer Seite für Israel verwendet, wo es meist in Verbindung mit den USA und amerikanischer Militärhilfe genannt wird; vgl. exemplarisch: Pekingrundschau 1970, Hefte 6, 7, 11 und 16.

524 Zu israelischer Aggressivität und arabischer Gegenaggressivität das teilweise tendenziöse Buch von Rubin, a.a.O., S. 33 ff.

525 Humbach, Helga, a.a.O., S. 215.

526 Vgl. dazu Schweidt, Eliezer, a.a.O., S. 40 ff.

527 Elon, a.a.O., S. 242.

528 Es scheint kennzeichnend und doch völlig einleuchtend, daß die Nation in dieser Phase nationaler Gefahr ihr Zusammengehörigkeitsgefühl bekannte. Ein bekannter israelischer Satyriker, Kishon, schrieb dazu in seinem Buch 'Wie unfair, David' eine Kurzgeschichte mit dem Titel 'Das waren Zeiten'. Er schildert darin die zuvorkommende Behandlung, die sich Israelis auch in zivilen Bereichen und der zwischenmenschlichen Höflichkeit gegenseitig angedeihen ließen, als der Krieg vor der Tür stand und daß nach dem Krieg der Hinweis auf neue Kriegsgefahr reichte, um die in ihr Alltagsleben zurückgefallenen Israelis wieder an diese Höflichkeit zu erinnern.

529 Wenn gleich, wie oben angeführt, historisch sich keine Parallelen ziehen lassen, wurde diese Nähe von einigen Israelis subjektiv so empfunden. Viele Israelis spürten, daß die israelische Isolation nur durchbrochen wurde durch die vorbehaltlose Unterstützung ihres Staates durch die Diaspora. Welche Auswirkungen dies für Israels Einstellung zur Diaspora hat, kann hier nicht erörtert werden. Doch hatte der israelische Kampf auch Auswirkungen für das Verhalten der Diasporajuden. In den USA stoppten die Assimilationsbestrebungen; zum ersten Mal in der Geschichte folgte dem Krieg eine große Einwanderungswelle aus den USA, deren Ausmaß mit 10.000 beziffert wurde; in Frankreich konstituierte sich eine Gemeinschaft zur Bekämpfung der nunmehr israelfeindlichen Haltung des Generals. Die jüdische Jugend begeisterte sich für die erfolgreiche israelische Nation, das

gilt „für Skandinavien so gut wie für Westeuropa, für Südafrika und Südamerika so gut wie für Australien"; Imhoff, Ende. . . , S. 67.

530 Die Frage stellt sich besonders für die, die dafür keine religiöse Begründung geben konnten.

531 Von manchen Beobachtern wurde das daraus resultierende Verhalten einfach als die „israelische Arroganz" bezeichnet.

532 Konzelmann, a.a.O., S. 17.

533 Vor allem bei den arabischen Militärs gelang den Israelis dies ausgezeichnet; nach dem Krieg 1967 konnten sich Soldaten in den Straßen von Kairo nur in Zivil sehen lassen; erst durch den Krieg von 1973 wurden sie in den Augen der Bevölkerung rehabilitiert.

534 Der Spiegel, 1/1969.

535 Konzelmann, a.a.O., S. 61.

536 Ebenda, S. 138; in dieser Hinsicht also herrscht Meinungsidentität zwischen beiden Seiten.

537 Ebenda, S. 77.

538 Ebenda, S. 57.

539 Ebenda, S. 205.

VERZEICHNIS DER VERWENDETEN LITERATUR

Abramov, S.Z: The danger of a religious split in jewry, in: Midstream, 1966, oct., S. 3 - 13.

Adar, Zvi: The teaching of the bibel in Israel and the problems of religious education, in: Studies in education, ed. by A.M. Dushkin and C. Frankenstein, Jerusalem 1963.

Agmon, Ja'acov: The nature of zionism – symposium broadcast over the Israeli Defense Forces Radio, in: Seminar series 4, The Jewishness of Israel, WZO, Jerusalem 1971.

Allon, Ygal: The making of Israels Army, London 1970, übersetzt: Und David ergriff die Schleuder, Berlin 1971 (Rezension vgl. Maag).

Allon, Ygal: Erziehungsprobleme in Israel, in: Israel – 25 Jahre, hrsg. von der Informationsabteilung des israelischen Außenministeriums, Jerusalem 1973.

Amad, Adnan: Die israelische Bedrohung in der allgemeinen Vorstellung der Araber und in Wirklichkeit, in: Carl Christoph Schweitzer und Manfred Nemitz, Hrsg., Krisenherd Nahost – Analysen, Wertungen, Dokumente, Köln 1973.

Amerikaner in Israels Armee, in: Der Spiegel, 44/1969.

Amery, Jean: Israel, Land ohne Gnade, Land ohne Hoffnung, in: Tribüne, 32/1969, 8. Jhg.

Amery, Jean: Juden, Linke, linke Juden, in: Axel Silenius, Hrsg., Antisemitismus, Antizionismus, Analyse, Funktionen, Wirkung, Frankfurt 1973.

Area-Handbook of Israel, hrsg. von Harvey Smith u.a., Washington 1970.

Arendt, Hannah: Eichmann in Jerusalem, aus dem Amerikanischen von B. Granzow, von der Autorin durchgesehene und ergänzte deutsche Ausgabe, München 1964.

Arendt, Hannah: Macht und Gewalt, München 1970.

Arian, Alan: Ideological Change in Israel, Cleveland 1968.

Aron, Raymond: Zeit des Argwohns, de Gaulle, Israel und die Juden, Frankfurt 1968.

Auch Auslandsjuden jetzt Bürger Israels, dpa, Jerusalem, nach: SZ vom 19./20. 5. 1971.

Auge in Auge, in: Der Spiegel, 1/2 1969.

Avnery, Uri: Israel ohne Zionisten, Gütersloh 1969.

Baeck, Leo: Wege im Judentum, Aufsätze und Reden, Berlin 1933.

Baeck, Leo: Der Sinn der Geschichte, Berlin 1946.

Backer, Henry: Law, in: Emanuel Muriel, Hrsg., Israel – a survey and bibliography, London, o.J.

Baeyer, Walter von: Über die Auswirkungen rassischer Verfolgung und Konzentrationslagerhaft vom Standpunkt des Psychiaters, in: Emuna Horizonte 5/1970.

Badi, Joseph: Religion in Israel today, The relationship between state and religion, New York 1959, übersetzt: Religion und Staat in Israel, Gütersloh 1961.

Barschalom, Geri: Erinnerungen an die Haganah, Sonderdruck im Auftrag des deutschen Instituts für Bildung und Wissen, Landesstelle Berlin, o.O., o.J.

Bartikwa, J.: Das unheilige Land, Sozialgeschichte des Staates Israel, Darmstadt 1970.

Bar Zohar, Michel: Ben Gurion, le prophete arme, o.O., 1966.

Ben David, Simon: Qui dirige Israel?, Biarritz 1970.

Ben Gavriel, Y.: Israel – Wiedergeburt eines Staates, München 1957.

Ben Gurion, David: David und Goliath in unserer Zeit, München u.a. 1961.

Ben Gurion, David: Wir und die Nachbarn, Tübingen 1968.

Ben Gurion, David: Briefe an meine Frau, München 1969.

Ben Gurion, David: Erinnerungen und Vermächtnis, Frankfurt 1971.

Ben Gurion, David: Israel – Geschichte eines Staates, Frankfurt 1973.

Ben Gurion, Nachruf, in: Der Spiegel, 50/1973.

Bentwich, Joseph: Education in Israel, London 1965.

Bentwich, Norman: Israel – two fateful years, 1967 - 1969, London 1970.

Begin, Menachem: The Revolt, London 1951.

Bernstein, Marver Hill: The politics of Israel, The first decade of statehood, Princeton 1957.

Bettelheim, Bruno: The informed heart, Autonomy in a Mass-age, Glencoe Ill 1960. Übersetzt: Aufstand gegen die Masse, Die Chancen des Individuums in der modernen Gesellschaft, München 1964.

Bettelheim, Bruno: The children of the dream, London 1970, übersetzt: Die Kinder der Zukunft, Wien 1971.

Bigart, Homer: Ben Gurion, The Father of Israel, A life-time of turmoil and triumph, in: International Herald Tribune, dec., 3, 1973.

Birnbaum, Ervin: The politics of compromise: state and religion in Israel, Rutherford u.a. 1970.

Bloch, Jochanaan: Judentum in der Krise: Emanzipation – Sozialismus – Zionismus, mit einem Nachwort von Hellmut Gollwitzer, Göttingen 1966.

Branstein, Thomas R., Hrsg.: David Ben Gurion, Recollections, London 1970.

Brod, Max: Mein Land, mein Schicksal, in: Merian, Heft 6/XXI.

Buber, Martin: Zion and the other national concepts, in: Seminar series 4, The jewishness of Israel WZO, Jerusalem 1971.

Casper, Bernard M.: Religiöses Leben in Israel, Schriftenreihe Israel, 13, Zürich 1963, auch: Religious Life, Israel Today series, Jerusalem 1965.

Chaliand, Gerard: Kann Israel noch besiegt werden – oder: die Kommandos kämpfen weiter, Hamburg 1971 = rororo TB 1409 - 1410.

Chazan, Barry: Towards a theory of Israel in jewish education, in: Dispersion and unity 13/14, Jerusalem 1971/72.

Christman, Henry M., Hrsg.: This is our strength, Selected papers of Golda Meir, Foreword by Eleanor Roosevelt, New York 1962.

Churchill, Randolph and Winston, S.: ... und siegten am siebten Tag, Bern u.a. 1967.

Chronik, Seminar über die Ideologie des jüdischen Volkes, Kiljava bei Helsinki, 28. 12. 69 - 2. 1. 70, in: Emuna-Horizonte 5/1970.

Cuau, Yves: David Ben Gurion inhumé trés simplement dans son kibbouz de Sde Boquer, in: Le Figaro, 3 dec 1973.

Czudnowski, Moshe: Government and Politics, in: Emanuel Muriel, Hrsg., Israel – a survey and bibliography, London, o.J.

Dayan, Yael: Jugend, in: Merian, Heft 6/XXI.

Dayan, Moshe: Journal de la campagne du sinai, o.O., 1966.

Dayans sichere Grenzen, in: Der Spiegel, 33/1969.

Davis, John H.: Israel als Provokation, Freiburg i.Br. 1969.

Dirks, Walter und Sterlin, Eleonore: Glaube, Volk oder Rasse, in: Franz Boehm und Walter Dirks, Hrsg., Judentum und Schicksal, Wesen und Gegenwart, Bd. 1, Wiesbaden 1965.

Dubnov, S.M.: Die jüdische Geschichte, Ein geschichts-philosophischer Versuch, autorisierte Übersetzung aus dem Russischen von Israel Friedländer, 2. Aufl., Frankfurt 1921.

Eban, Aba: Extracts from 'Israel among the nations', Tenth anniversary of the state of Israel lecture by Aba Eban, Ambassador to Great Britain, March, 1958, in: Seminar Series 4, The Jewishness of Israel, WZO, Jerusalem 1971.

Eban, Aba: Dies ist mein Volk, Zürich 1970 (Rezension vgl. Humbach).

Ehrlich, Ernst-Ludwig: Der antike jüdische Staat, hrsg. von der Niedersächsischen Landeszentrale für politische Bildungsarbeit, Hannover 1964.

Eisenstadt, S.N.: Von Generation zu Generation, Altersgruppen und Sozialstruktur, München 1966.

Eisenstadt, S.N.: Israeli Identity, Problems in the development of the collective identity of an ideological society, in: S.N. Eisenstadt u.a., Integration and development in Israel, Jerusalem 1970.

Eisenstadt, S.N. und Bar, Josef und Adler, Ch., Hrsg.: Integration and development in Israel, Jerusalem 1970.

Elon, Amos: Die Israelis – Gründer und Söhne, Wien u.a. 1972 (Rezension vgl. Orland).

Erikson, Erik H.: Identität und Lebenszyklus, suhrkamp theorie, Frankfurt 1966.

Erikson, Erik H.: Ghandis Truth – on the origins of militant non-violence, New York 1969.

Falk, Z.W.: Religious Law and the modern family in Israel, in: J.N.D. Anderson, Hrsg., Family Law in Asia and Africa, London 1968.

Falk, Z.W.: Rabbinisches Recht und öffentliche Meinung, Vortrag vom 15. Jan. 1973 im Leopold Wenger Institut München, eigene Notizen des Verf.

Fein, Leonard: Israel – politics and people, New and comprehensive analysis of Israels national development, Boston u.a. 1967.

Fraenkel, Josef: Zionism, in: Emanuel Muriel, Hrsg., Israel – a survey and bibliography, London, o.J.

Frei, Bruno: Israel zwischen den Fronten, Utopie und Wirklichkeit, Wien u.a. 1965.

Freudenfeld, Burghard: Israel, Experiment einer nationalen Wiedergeburt, München 1959.

Freudenheim, Yehoshua: Die Staatsordnung Israels, München u.a. 1963.

Friedensplan für Nah-Ost, in: Der Spiegel, 5/1969.

Friedländer, Albert: Leo Baeck – Leben und Lehre, Stuttgart 1973.

Friedmann, Georges: Das Ende des jüdischen Volkes, Hamburg 1968.

Friedmann, Georges: Considerations on 'End of the jewish people', Final Comments, in: Dispersion and unity 13/14, Jerusalem 1971/72.

Gespräche mit israelischen Soldaten, hrsg. von der Kibbuzbewegung, Frankfurt 1970, auch: The seventh day, Soldiers talk about the Six-Days-War, London 1970.

Glaser, Hermann: Aspekte der Aggressivität, in: Axel Silenius, Hrsg., Antisemitismus, Antizionismus – Analyse, Funktionen, Wirkung, Frankfurt 1973.

Goffmann, Erving: Stigma – Über Techniken der Bewältigung beschädigter Identitäten, suhrkamp theorie, Frankfurt 1967.

Goldman, Eliezer: Religious issues in Israels political life, Jerusalem 1964.

Goldmann, Nachum: Staatsmann ohne Staat, Köln 1970.

Goldmann sieht Assimilationsgefahren, ddp., London, in: SZ vom 4. Jan. 1972.

Gollwitzer, Helmut: Vietnam, Israel und die Christenheit, München 1967.

Grimal, Pierre: Mythen der Völker I, Frankfurt 1967 = Fischer TB 789.

Grossmann, Kurt R.: Juden und Judentum in den Vereinigten Staaten, in: Emuna Horizonte 6, 1971.

Gruber, Edmund: Jerusalem – Testfall für die Koexistenz, in: Merian Jerusalem, Heft 12/XXVI.

Gütt, Dieter: Jüdische Lobby, Sendung des ARD, Kompass, vom 24. Okt. 1973, Notizen des Verf.

Gutmann, Emanuel: Das politische System, in: Jacob Landau, Hrsg., Israel, Reihe Kultur der Nationen, 13, Nürnberg, o.J.

Hacker, Friedrich: Aggression, Die Brutalisierung der modernen Welt, Hamburg 1973.

Halevi, Nadav: The Economy, in: Emanuel Muriel, Hrsg., Israel – a survey and bibliography, London, o.J.

Halpern, Ben: The idea of a jewish state, Cambridge, Mass. 1961.

Hampe, Christoph Johann: Dieses Volk ist eine Frage von Gott, in: Merian, Heft 6/XXI.

Hanning, Hugh: The peaceful use of military forces, New York 1968.

Herbst, Claus: Militärische Daten Israels und seiner Nachbarn, in: Carl Christoph Schweitzer und Manfred Nemitz, Krisenherd Nah-Ost, Analysen, Wertungen, Dokumente, Köln 1973.

Herman, Simon: Israelis and Jews, the continuity of an identity, New York 1970.

Hertzberg, Arthur: The evolution of jewish identity, in: Midstream, Aug.-Sept. 1971.

Herzl, Theodor: Der Judenstaat – Versuch einer modernen Lösung der Judenfrage, in: Gesammelte zionistische Schriften, Berlin 1934, auch in Neuauflage, hrsg. von Helmut Rosenfeld und Otto Zeller, Osnabrück 1968.

Heuss, Theodor: Staat und Volk im Werden, München 1960.

Hollstein, Walter: Kein Frieden um Israel – Zur Sozialgeschichte des Palästinakonflikts, Frankfurt 1972 = Fischer TB 1226.

Horowitz, Dan: Israel – die Schaffung einer demokratischen Gesellschaft, in: Israel – 25 Jahre, hrsg. von der Informationsabteilung des israelischen Außenministeriums, Jerusalem 1973.

Humbach, Helga: Aba Eban, Dies ist mein Volk, Rezension, in: Emuna Horizonte, 5/1970.

Idelson, Beba: Frauen in Israel, in: Israel – 25 Jahre, hrsg. von der Informationsabteilung des israelischen Außenministeriums, Jerusalem 1973.

Imhoff, Christoph von: Israel – die zweite Generation, Stuttgart 1964 = dva: politische Bücherei.

Imhoff, Christoph von: Zionismus – Ende des Exils, in: Axel Silenius, Hrsg., Antisemitismus – Antizionismus, Analyse, Funktionen, Wirkung, Frankfurt 1973.

Israel dans la conscience juive, Congrès juif mondial, VII et IX colloques d'intellectuels juifs de langue francaise organisé par la section francaise du congrès juif mondial, Paris 1971.

Israel and the dispersion, symposium, in: Dispersion and Unity, 13/14, Jerusalem 1971/72.

Israel im Profil, hrsg. von der Informationsabteilung des Außenministeriums, Jerusalem 1972.

Jendges, Hans: Israel – eine politische Landeskunde, Bonn 1970 = Schriften der Bundeszentrale für politische Bildung.

Jendges, Hans: Der israelisch-arabische Konflikt, Kontrovers, hrsg. von der Bundeszentrale für politische Bildung, o.O., o.J.

Jehosua, Jacob: Moslem and Druze communities, in: Emanuel Muriel, Hrsg., Israel – a survey and bibliography, London, o.J.

Jerusalem will Gewaltakte gegen Missionare nicht dulden, epd., in: SZ vom 9. März 1973.

Jogev, Carmi: Transmitting the jewish heritage, in: Dispersion and Unity, 10/1970.

Kämpfer, der Einsame, zum Tode David Ben Gurions, in: Neue Zürcher Zeitung vom 3. Dez. 1973.

Kahle, Wolfgang: Bericht aus Israel, Ein Tag mit Zahava, Hamburg 1964.

Kahle, Wolfgang: David Ben Gurion, Geschichte eines Lebens, Geschichte eines Staates – Sendung der ARD vom 1. Dez. 1973, Notizen des Verf.

Kampmann, Wanda: Israel und das jüdische Selbstverständnis, in: Aus Politik und Zeitgeschichte, Beilage zur Wochenzeitung Das Parlament vom 21. April 1973.

Kampmann, W., Hrsg.: Israel, Gesellschaft und Staat, Stuttgart 1973.

Kapeliouk, Amon: Le prophète arme de la renaissance juive, la mort de David Ben Gurion, in: Le Monde, 2 - 3 dec. 1973.

Keller, Werner: Und wurden zerstreut unter alle Völker, München u.a. 1966.

Khan, Shlomo: Israeli, Hebrew, Jew — the semantic problem, in: Seminar series 4, The jewishness of Israel, WZO, Jerusalem 1971.

Kimche, John and David: Des Zornes und des Herzens wegen, Die illegale Wanderung eines Volkes, Berlin 1956.

Kimche, Jon: Zeitbombe Nah-Ost, Von der Bagdadbahn zur El Fatah, Hamburg 1970.

KNA — Bayerischer Dienst Nr. 175a für die Kirchenpresse in Bayern — Affekte abbauen, ein Teil der Erziehung zum Frieden (Prof. Ernst Simon).

Kollat, Israel: Theories on Israel Nationalism, in: Confrontation: Viewpoints of zionism, Jerusalem 1969.

Kollat, Israel: The jewish state and the state of Israel, in: Dispersion and Unity, 13/14, 1971/72.

Kollektivstrafe für Nachbarn, in: Der Spiegel, 49/1969.

Konzelmann, Gerhard: Die Schlacht um Israel, Der Krieg der heiligen Tage, München 1974.

Kühnl, Reinhard: Zu Ursachen und Funktion faschistischer Ideologie, in: Axel Silenius, Hrsg., Antisemitismus — Antizionismus, Analyse, Funktionen, Wirkung, Frankfurt 1973.

Lamm, Hans: Kennedy über Israel, in: David Ben Gurion, David und Goliath in unserer Zeit, München u.a. 1961.

Lamm, Hans: Ein Volk aus vielen Völkern, in: Merian, Heft 6/XXI.

Lamm, Hans: Gibt es heute jüdischen Antizionismus?, in: Tribüne, 32/1969.

Lamm, Hans: Nachum Goldmann, Staatsmann ohne Staat, Rezension, in: Emuna Horizonte, 6/1971.

Landau, Jacob, Hrsg.: Israel, Reihe Kultur der Nationen, 13, Nürnberg, o.J.

Landmann, Salcia: Jiddisch — Abenteuer einer Sprache, München 1968 = dtv TB 252.

Landmann, Salcia: Jüdische Witze (Einleitung), München 1970 = dtv TB 139.

Langmuir, Gavin I.: Majority History and Post-biblical jews, in: Journal of the History of Ideas, 27/1966.

Lankin, Doris: High Court Ruling, in: 'Who is a jew' case, in: Jerusalem Post, Jan 25th, 1970.

Larkin, Mary: Die sechs Tage von Yad Mordechai, Yad Mordechai, o.J.

Leslie, S. Clement: The rift in Israel, religious authority and secular democracy, London 1971.

Levenberg, Sneier: History, in: Emanuel Muriel, Hrsg., Israel — a survey and bibliography, London, o.J.

Lewin, Kurt: Die Lösung sozialer Konflikte, Ausgewählte Abhandlungen über Gruppendynamik, Bad Nauheim 1953.

Loewenberg, Peter: Theodor Herzl, A psychoanalytic study in charismatic political leadership, in: Benjamin B. Wolman, Hrsg., The psychoanalytic interpretation of History, New York u.a. 1971.

Loewenstein, Rudolph M.: Psychoanalyse des Antisemitismus, 2. Aufl., 1968, o.O. = edition suhrkamp.

Lorch, Netanel: Nationalismus und nationale Identität in Israel, in: Carl Christoph Schweitzer und Manfred Nemitz, Hrsg., Krisenherd Nah-Ost, Analysen, Wertungen, Dokumente, Köln 1973.

Lueth, Erich: Der Traum vom eigenen Staat, in: Merian, Heft 6/XXI.

Maag, Karl Heinz: Samuel Rolbant, Der israelische Soldat, Rezension, in: Emuna Horizonte, 6/1971.

Maag, Karl Heinz: David Ben Gurion, Sochronot (Erinnerung), Rezension, in: Emuna Horizonte, 7/1972.

Maag, Karl Heinz: Ygal Allon, . . . und David ergriff die Schleuder, Rezension, in: Emuna Horizonte, 7/1972.

Marmorstein, Emile: Heaven at Bay, The jewish Kulturkampf in the Holy Land, London 1969.

Medzini, Meron: Jerusalem, geistiges Zentrum oder Zankapfel, in: Carl Christoph Schweitzer und Manfred Nemitz, Hrsg., Krisenherd Nah-Ost, Analysen, Wertungen, Dokumente, Köln 1973.

Menze, Ernst A.: Amerika, Israel und der Mittlere Osten, in: Tribüne, 32/1969.

Meir, Gertner: Hebrew Language, in: Emanuel Muriel, Hrsg., Israel — a survey and bibliography, London, o.J.

Meir, Golda: Das unabhängige Israel, in: Israel — 25 Jahre, hrsg. von der Informationsabteilung des israelischen Außenministeriums, Jerusalem 1973.

Meir, Golda, betont Israels Friedenswunsch, dpa, in: SZ vom 7. März 1973.

Middle East, the and North Africa 1973, 19. Aufl., London 1972.

Mitscherlich, Alexander, Hrsg.: Bis hierher und nicht weiter, Ist die menschliche Aggressivität unbefriedbar, München 1969.

Modek, Gabriel und Pessah, Chaim: Modern Hebrew Literature, in: Emanuel Muriel, Hrsg., Israel — a survey and bibliography, London, o.J.

Muriel, Emanuel, Hrsg.: Israel — a survey and bibliography, London, o.J.

Nave, Pina: Die neue hebräische Literatur, Bern 1962 = Dalp TB 362.

Neusner, Jacob: Judaism in the history of Religions, in: History and Theory, Beiheft 8/1968.

Nichts schreiben, in: Der Spiegel, 3/1969.

Oettinger, Schaul: Gespräche israelischer Soldaten aus den Kibbuzim, in: Emuna Horizonte, 5/1970.

Ofner, Francis: Der Löwe von Israel, David Ben Gurion, Der Prophet, der in der Wüste starb, in: Die Welt vom 3. Dez. 1973.

Orland, Nachum: Amos Elon, Die Israelis — Gründer und Söhne, Rezension, in: Emuna Horizonte, 7/1972.

Oz, Amos: The meaning of homeland, in: Seminar series 4, the jewishness of Israel, WZO, Jerusalem 1971.

Palmon, Ya'akov: Israel sucht den Weg in die Zukunft, Wirtschafts- und Gesellschaftsprobleme des Staates der Juden, Hannover 1966 = Schriften der niedersächsischen Landeszentrale für politische Bildung.

Pathologen lauern, in: Der Spiegel, 1, 2/1972.

Pearlman, Moshe: Ben Gurion looks back in talks with Moshe Pearlman, New York 1970.

Peled, Nathan: Die Einwanderung nach Israel, in: Israel – 25 Jahre, hrsg. von der Informationsabteilung des israelischen Außenministeriums, Jerusalem 1973.

Perez, Shimon: Defence, in: Emanuel Muriel, Hrsg., Israel – a survey and bibliography, London, o.J.

Perlmutter, Amos: Military and Politics in Israel, London 1969.

Personalien, in: Politische Studien, 184/1969.

Pfisterer, Rudolf: Alter Feind in neuem Kleid, Erwägungen über den Antisemitismus, in: Axel Silenius, Hrsg., Antisemitismus – Antizionismus, Analyse, Funktionen, Wirkungen, Frankfurt 1973.

Pfisterer, Rudolf und Amery, Jean: Antizionismus – Antisemitismus, in: Tribüne, 32/1969.

Philipp, Peter: Ein Punkt im Paß behindert das Heiraten, in: SZ vom 26. Mai 1971.

Philipp, Peter: Ruhestand lockt 90jährigen nicht, in: SZ vom 29./30. Jan. 1972.

Pinchas, H. Peli: Israels religious component, in: Confrontation – viewpoints of zionism, WZO, Jerusalem 1970.

Pincus, A.L.: Die Beziehungen zwischen Israel und den Juden in aller Welt, in: Israel – 25 Jahre, hrsg. von der Informationsabteilung des israelischen Außenministeriums, Jerusalem 1973.

Plack, Arno: Die Gesellschaft und das Böse – eine Kritik der herrschenden Moral, München 1967.

Plessner, Martin: Israel, in: Judentum, Schicksal, Wesen und Gegenwart, hrsg. von Franz Boehm und Walter Dirks, Wiesbaden 1965.

Pomper, Philip: Erik H. Erikson, Ghandis Truth, Rezension, in: History and Theory, 1970.

Rabin, Chaim: Sprache, Bibel und Religion, in: Jacob Landau, Hrsg., Israel, Reihe Kultur der Nationen, 13, Nürnberg, o.J.

Reichmann, Eva G.: Die Flucht in den Haß, Die Ursachen der deutschen Judenkatastrophe, Frankfurt 1968.

Rentdorff, Rolf: Religion und Gesellschaft in Israel, Hannover 1970 = edition Zeitgeschehen.

Rolbant, Samuel: The Israeli soldier, profile of an army, New York u.a. 1970.

Rotenstreich, Natan: On the historical position of the state of Israel, in: Seminar series 4, the jewishness of Israel, WZO, Jerusalem 1971.

Rothschild, Eli: Die Juden und das heilige Land, Hannover 1971.

Rouleau u.a.: Die dritte Schlacht, Israel und die Araber, Frankfurt 1967.

Rubin, Jacob A.: True, false about Israel, New York 1972.

Rudy, Zvi: Soziologie des jüdischen Volkes, Hamburg 1965.

Rustow, Dankwart A.: Middle Eastern Political Systems, Englewood Cliffs 1971.

Sänger, Fritz: Philosemitismus – nutzlos und gefährlich, in: Axel Silenius, Hrsg., Antisemitismus – Antizionismus, Analyse, Funktionen, Wirkung, Frankfurt 1973.

Sartre, Jean-Paul: Betrachtungen zur Judenfrage, Zürich 1948.

Sharett, Moshe: The reneval of the zionist movement, from: Study-meeting in preparation of the 18th anniversary celebration of the independance of the state of Israel, 5726 - 1966, Jerusalem, WZO, in: Seminar series 4, the jewishness of Israel, Jerusalem 1971.

Silenius, Axel, Hrsg.: Antisemitismus – Antizionismus, Analyse, Funktionen, Wirkung, Frankfurt 1973, Sonderausgabe für die Bundeszentrale für politische Bildung.

Sontheimer, Kurt: Auf der Suche nach der Identität – ein Versuch über Israel und die Juden heute, Sendung des Südwestfunks vom 4. Sept. 1967.

Sontheimer, Kurt, Hrsg.: Israel – Politik, Gesellschaft, Wirtschaft, München 1968.

Spiegelgespräch mit Israels Außenminister Aba Eban, in: Der Spiegel, 5/1969.

Stahl, Karl Heinz: Von der 'Bewältigung der Vergangenheit' zur Bewältigung der Zukunft, in: Axel Silenius, Hrsg., Antisemitismus – Antizionismus, Analyse, Funktionen, Wirkung, Frankfurt 1973.

Süssmuth, Hans: 'Heiliger Krieg' – Barriere des Friedens, in: Saeculum, 22/1971.

Sykes, Christopher: Cross Roads to Israel, Palestine from Balfour to Bevin, London 1965, übersetzt: Kreuzweg nach Israel, München 1967.

Syrkin, Mary: Golda Meir, woman with a cause, New York 1963.

Schaked, Gershon: Die hebräische Literatur in Israel, in: Jacob Landau, Hrsg., Israel aus der Reihe Kultur der Nationen, 13, Nürnberg, o.J.

Schneider, Thilo: Ben Gurion, Kommentar der Tagesschau ARD vom 1. Dez. 1973, Notizen des Verf.

Scholem, Gerschom: Drei Typen jüdischer Frömmigkeit, in: Ariel, Jubiläumsausgabe, 17/1973.

Schroeder, Manfred F.: Jesus-Sekte beunruhigt Israels Orthodoxe, in: SZ vom 20. Febr. 1973.

Schroeder, Manfred F.: Kein Ort für Nathan den Weisen, in: SZ vom 21./22./23. April 1973.

Schroeder, Manfred F.: Symbol für das Wagnis Israel, David Ben Gurions Werk bleibt in Gefahr, in: SZ vom 3. Dez. 1973.

Schroeder, Manfred F.: Pokern mit den Gläubigen, Golda Meir auf der Suche nach Koalitionspartnern, in: SZ vom 9. Jan. 1974.

Schroeder, Manfred F.: Koalitionsgespräche mit Jerusalem, in: SZ vom 17. Jan. 1974.

Schürholz, Franz: Werkstattmodell Israel, Frankfurt 1962.

Schürholz, Franz: Innenpolitische Kräfte in Israel, Bonn 1966 = Schriften der Bundeszentrale für politische Bildung.

Schweid, Eliezer: New ideological directions after the Six Day War, in: Dispersion and Unity, 10/1970.

Schweitzer, Carl Christoph und Nemitz, Manfred, Hrsg.: Krisenherd Nah-Ost, Analysen, Wertungen, Dokumente, Köln 1973.

Strauss, Heinrich: Kunst in Israel oder israelische Kunst, in: Ariel, 5/1968.

Strothmann, Dietrich: Streiflichter aus Israel, in: Tribüne, 32/1969.

St. John, Robert: Erreichte Ben Gurion sein Ziel?, in: David Ben Gurion, David und Goliath in unserer Zeit, München u.a. 1961.

St. John, Robert: Ben Gurion, München 1961.

Tadmor, Shlomo: Education, in: Emanuel Muriel, Hrsg., Israel – a survey and bibliography, London, o.J.

Talmud, babylonischer, hrsg. von Reinhold Mayer, München 1963 = Goldmann TB 1330 - 1332.

Tatsachen über Israel 1972, hrsg. vom israelischen Außenministerium, o.O., o.J.

Teveth, Shabtai: Moshe Dayan, Politiker, Soldat, Legende, Hamburg 1973.

Tod aus der Textilfabrik, in: Der Spiegel, 19/1969.

Tophoven, Rolf: Fedayin – Guerilla ohne Grenzen, Gesichte, soziale Struktur und politische Ziele der palästinensischen Widerstandsorganisation, Die israelischen Konterguerilla, Bonn 1973 = Schriftenreihe der Bundeszentrale für politische Bildung.

Trepp, Leo: Das Judentum, Geschichte und lebendige Gegenwart, o.O., 1966.

Ullmann, Arno: Israels Weg zum Staat, Von Zion zur parlamentarischen Demokratie, München 1964 = dtv Dokumente 181.

Voegelin, Eric: Order and History – Israel and revelation, Louisiana 1956.

Volk, das jüdische, in der Weltgeschichte, Teil 1, Von den Ursprüngen bis zur Emanzipation, Bonn 1970, hrsg. von der Bundeszentrale für politische Bildung.

Volk, das jüdische, in der Weltgeschichte, Teil 2, Vom Zionismus bis zum Staat Israel der Gegenwart, Bonn 1970, hrsg. von der Bundeszentrale für politische Bildung.

Weingrod, Alex: Israel – Grouprelations in a new society, London 1965.

Weizmann, Chaim: Trial and Error, London 1950, übersetzt: Memoiren – das Werden des Staates Israel, Hamburg 1951.

Werblowski, Zvi: Eine Nation, geboren aus der Religion, in: Emuna Horizonte, Original in: Israel Magazine (USA), 1/1968, Nr. 5.

Werblowski, Zvi: Israel und Eretz Israel, in: Heinz Abosch, Hrsg., Der israelisch-arabische Konflikt, Darmstadt 1969.

Who is who in the Middle East and North Africa, in: The Middle East and North Africa, 1972/73, 19. Aufl., London 1972.

Wittmayer, Baron Salo: Nationalismus und Religion in der heutigen Welt, in: Saeculum, 22/1971.

Wolfensohn, Abraham: Zur Geschichte der Staaten Israels (!), in: Jacob Landau, Hrsg., Israel, aus der Reihe Kultur der Nationen, 13, Nürnberg, o.J.

Wolff, Richard: Israel heute, Wuppertal 1970.

Zborowski, Mark und Herzog, Elizabeth: Life is with people, The jewish little-town of Eastern Europe, New York 1952.

Zinger, Zvi: Jewish Identity – in Israel and in America, in: Dispersion and Unity, Jerusalem, 10/1970.

Zoller, Henri: Ghetto der Orthodoxen – Mea Shearim, in: Merian, Heft 12/XXVI.

Zweig, Ferdynand: Israel – the sword and the harp, London 1969.

Das politische Portrait: "Ein tuduv-Buch"

Yuan Chyuan Chen, **Das Opfer.**
Nationalchina und die amerikanische Fernostpolitik.
280 Seiten, Folieneinband, Preis: DM 38,–
Bestell-Nr. 040

Der Wandel der amerikanischen Chinapolitik geht zu Lasten des nationalchinesischen Regimes von Chiang Kai-Schek und seinem Nachfolger Chiang Ching-kuo.
Der Autor zeichnet anhand einer sehr genauen Auswertung der nationalchinesischen Presse die Kritik Nationalchinas an der amerikanischen Fernostpolitik auf. Nationalchina, das als einer der treuesten Bündnispartner der USA galt, wurde ein Opfer der Großmachtinteressen. Seinem Ausschluß aus der UNO folgte das Communique von Shanghai, in dem Washington Peking zustimmt, daß es nur ein China geben kann.
Nach der politischen Kapitulation Amerikas in Vietnam erscheint die Zukunft Taiwans immer fraglicher.

Günther Schmid, **Politik des Ausverkaufs?**
Die Deutschlandpolitik der Regierung Brandt/Scheel.
320 Seiten, Folieneinband, Preis: DM 28,–
Bestell-Nr. 024

Hat die Regierung Brandt/Scheel mit ihrer umstrittenen Deutschlandpolitik deutsche Interessen verraten, Rechtspositionen aufgegeben und den systematischen Ausverkauf Deutschlands betrieben?
Dieses außergewöhnliche Buch analysiert erstmalig Strategie, Instrumentarium und Methodik der Bonner Deutschlandpolitik zwischen 1969 und 1973 sowie die typischen Reaktionen der DDR und zeigt exemplarisch die Bedeutung der „Politik der Entkrampfung" für die gesamte Ost-West-Entspannung auf.
Hochinteressant, informativ und sachlich geschrieben, wird dieses Buch jeden fesseln, egal ob man der Deutschlandpolitik der Regierung Brandt/Scheel positiv oder negativ gegenübersteht.

Kai M. Schellhorn, **Vietnam ohne Amerika.**
Die Strategie Hanois.
330 Seiten, Folieneinband, Preis: DM 38,–
Bestell-Nr. 067

Mit dem im Januar 1973 geschlossenen Waffenstillstandsabkommen von Paris und dem daraufhin folgenden Truppenabzug der USA aus Vietnam begann die Endphase des Indochina-Konflikts. Bereits zwei Jahre später konnten der Vietcong und die Streitkräfte Hanois als Sieger im vietnamesischen „Waffenstillstandskrieg" die Macht in Saigon ergreifen.
Schellhorn stellt das Ende des Vietnam-Krieges dar und zeigt die auf allen Seiten vorhandenen konträren Interessenstrukturen auf. Ein zweiter Teil dieses Buches enthält erstmals ins Deutsche übertragene Dokumente aus dem kommunistischen Zentralorgan „Hoc Tap" und anderen nordvietnamesischen Zeitschriften. In Ergänzung zum analytischen ersten Teil kann so prägnant die Strategie Hanois in der Schlußphase des Krieges verfolgt werden.
Nach der traumatischen Erfahrung des Verlustes von Südvietnam gewinnt diese Analyse der kommunistischen Angriffsstrategie eine erhebliche Bedeutung. Denn die freie Welt muß sich die Frage stellen, wie die rote Flut in anderen Konflikträumen wirksam eingedämmt werden kann.

Chen/Malla/Schellhorn, **Politik zwischen Staaten.**
Ein Studienbuch in Frage und Antwort.
440 Seiten, Folieneinband, Preis: DM 25,80
Bestell-Nr. 059

Dieses Buch ermöglicht es dem Leser, sich in kurzer Zeit einen systematischen Einblick in die Grundlagen der auswärtigen und zwischenstaatlichen Politik zu verschaffen.
Die Autoren, ein Nationalchinese, ein Nepalese und ein Deutscher, die seit Jahren das Fach Internationale Politik an der Universität München lehren, gehören der Denkschule des Politischen Realismus an, dessen prominente Vertreter u.a. Hans Morgenthau und Henry Kissinger sind.
In 120 systematischen Fragen und Antworten werden knapp und präzise die Grundlagen der Politik zwischen Staaten, der Bezugsrahmen der Außenpolitik, die Ausprägungsformen der Außenpolitik, die Möglichkeiten und Grenzen der Außenpolitik, die Grundzüge der Weltpolitik im Atomzeitalter und die Kriterien der Analyse zwischenstaatlicher Politik dargestellt.
Das Buch eignet sich auf Grund seiner leichten Lesbarkeit auch gut für den wissenschaftlich nicht vorgebildeten Leser. Es schafft Klarheit und ermöglicht Einsicht in die komplexen Zusammenhänge des uns bestimmenden Atomzeitalters.

Marius Haas, **Husseins Königreich.**
Die Stellung Jordaniens im Nahen Osten.
730 Seiten, Folieneinband, Preis: DM 48,–
Bestell-Nr. 032

Wie kaum ein anderes arabisches Land steht das Königreich Jordanien seit Jahrzehnten im Mittelpunkt des allgemeinen Interesses. Seine direkte Nachbarschaft zu Israel, die kluge Politik König Husseins und das Palästina-Problem sind nur einige Gründe, die auf die politische Bedeutung dieses Landes hinweisen.
Dieses Buch ist die erste umfassende Darstellung Jordaniens seit seiner Gründung im Jahr 1921. Neben den politischen Aspekten erhält der Leser einen interessanten Einblick in Wirtschafts- und Bevölkerungsstruktur, Zusammensetzung der Eliten und Stellung der Armee. Ebenso beschäftigt sich das Buch mit den auswärtigen Beziehungen Jordaniens zu seinen arabischen Nachbarn, zu Israel und zur Schutzmacht USA. Es ist ein im Inhalt bisher einzigartiges Standardwerk! Trotz seines hohen Grades an Genauigkeit versteht es der Autor, den Leser in verständlicher und packender Weise mit der Geschichte und Politik Jordaniens vertraut zu machen.